सिंधुपति महाराज श्री दाहर

श्याम सुन्दर भट्ट

INDIA • SINGAPORE • MALAYSIA

ISBN 979-8-88986-909-2

।। श्री जगतगुरु श्री चन्द्राय: विजयतेतराम् ।।

महामण्डलेश्वर स्वामी हंसराम उदासी महाराज

हरी शेवा उदासीन आश्रम, सनातन मंदिर

हरी शेवा मार्ग, हरी शेवा सर्किल, भीलवाड़ा 311 001 (राज0)

फोन (01482) 226733, 231531 email: hansramji632@gmail.com

दिनांकः 02.07.2022

प्रिय भक्त परिकरं,

'हरि ॐ'

यह अत्यन्त ही हर्ष का विषय है कि श्री श्याम सुन्दर भट्ट द्वारा ''महाराज श्री दाहर'' नामक पुस्तक का लेखन किया गया है। श्री भट्ट ऐसा प्रयास लगभग 10 वर्षो पूर्व हरीशेवा उदासीन आश्रम सनातन मंदिर, भीलवाड़ा से प्रकाशित सिन्ध आधारित तीन पुस्तकों के लेखन द्वारा कर चुके है।

यह तथ्य विश्व प्रसिद्ध है कि वैदिक परम्परा का निर्वहन कश्यप सागर से लेकर जावा–सुमात्रा के बीच बसे जन समुदायों द्वारा किया जाता था। सिन्धु नदी तत्कालीन आर्यावर्त की मध्य रेखा थी। पश्चिम में दजला–फरात नदियों से लेकर पूर्व में इरावती और हिन्द एशिया के द्वीपों के बीच प्रवहमान सिन्धु के तटों पर वैदिक ऋचाओं का जन्म हुआ, किन्तु वर्तमान में वही सिन्धु हमारे लिए विदेशी नदी होकर रह गई। सिन्धु और इसके पूर्व में फैले गंगा–यमुना के मैदानों की समृद्धि के लालच में शक, हूण, कुशाण जैसी जातियों का प्रहार भारतभूमि पर होता गया और हम सिकुड़ते चले गए। क्या कारण थे कि बृहत्तर भारत एक लघु आकार में आ गया? यह शोध का विषय रहा है। सभी बाहरी जातियां भारतवर्ष में कहां समा गई, इसे खोजना भी आज कठिन है।

सातवीं शताब्दी के आरम्भ में अरब देशों से डटी इस्लाम की आँधी का प्रभाव न केवल भारत अपितु मध्य एशिया और अफ्रीका के उत्तरी तटों पर जिस तीव्रता से फैला, इसका उदाहरण विश्व इतिहास में मिलना कठिन है। सन् 712 ई. में सर्वप्रथम भारत की अर्गला कही जाने वाला सिन्धु देश हत्या, लूटपाट, धोखा और मातृशक्ति के शील भंग के हथियारों के आधार पर पराभूत हुआ। इस पराभव के मूल में भारत की ही उस श्रमण विचारों वाला मानव समूह का सहयोग था, जिसने सम्राट अशोक के समय राज्याश्रय के आधार पर स्वयं को देश से बड़ा मान लिया। कुछ श्रमणों की यही जयचंदी सोच विदेशियों को भारत में अपनी जड़े जमानें में सार्थक रही।

उस काल खण्ड के सिन्ध के उत्कर्ष और पराभव के अन्तर्निहित ऐतिहासिक सूत्रों को औपन्यासिक विधा में बांधने का सफल प्रयास, ''महाराज श्री दाहर'' नामक इस ग्रन्थ के रूप में श्री श्याम सुन्दर भट्ट द्वारा किया गया है, जिसके लिए खूब–खूब साधुवाद। पुस्तकें हार्ड कॉपी में उपलब्ध रहती है, पुस्तकें ही इतिहास बनाने में साक्षी भी रहती है। बड़ोदरा (गुजरात) के सिन्धी समाज द्वारा प्रकाशित किए जा रहे इस ग्रंथ हेतु बहुत–बहुत शुभकामनाऐं।

महाराज श्री दाहर के चरित्र पर आधारित यह ग्रंथ समाज के लिए उपयोगी एवं स्मरणीय रहेगा, ऐसी उदासीनाचार्य जगतगुरू श्री श्रीचन्द्र जी महाराज, सतगुरू बाबा हरीराम साहब, सतगुरू बाबा शेवाराम साहब, सतगुरू बाबा गंगाराम साहब से प्रार्थना करते है। प्रभु सभी का मंगल करे.......

शुभाशीष,

महामण्डलेश्वर स्वामी हंसराम उदासीन

मो.नं. 7820000108, 8553313131

ईमेल– hansramji632@gmail.com

।। श्री राम हरे श्री चन्द्र हरे, जो नित्य जपे सो भव से तरे ।।

सुख चाहो तो सेवा करो – सुख चाहो तो सुमिरन करो

घर में सुख समृद्धि चाहो तो गौ–माता व सनातन संस्कृति (धर्म) की सेवा करो

प्राक्कथन
(द्वितीय संस्करण)

लगभग एक दशक पूर्व "हरिसेवाधाम" भीलवाड़ा के पीठाधीश्वर पूज्य महन्त श्री हंसरामजी की प्रेरणा से "सिन्धु पुत्र महाराज दाहर" नामक ग्रंथ प्रकाशित हुआ था। उस पुस्तक की प्रतियाँ निशुल्क वितरित की गई। कुछ ही माह पूर्व वड़ोदरा (गुजरात) से श्री पीताम्बर जी चितलानी ने फोन पर बताया कि वे सिन्धी समाज़ के आग्रह पर मेरे उस ग्रंथ का पुनर्लेखन कराना चाहते हैं। उन्होंने राष्ट्रीय स्वयंसेवक संघ के अखिल भारतीय स्तर के अधिकारी श्री मनमोहन जी वैद्य से फोन पर मुझसे बात भी कराई। कुल मिलाकर आग्रह था कि इस ग्रंथ को दुबारा संपादित किया जाए।

इसी बीच कुछ वर्षो पूर्व स्वर्गीय श्री भानु कुमार जी शास्त्री, पूर्व संसद् सदस्य द्वारा मुझे उदयपुर के श्री हरिश जी तलरेजा द्वारा संपादित "चचनामाह" नामक ग्रंथ उपलब्ध कराया गया। इस ग्रंथ के अध्ययन से भारत की तत्कालीन पश्चिमी सीमा के प्रहरी महाराज दाहर के कार्यकाल की घटनाओं से संबंधित कई भ्रान्तियों का निवारण हुआ। इस निमित्त मै श्री भानुजी एवं श्री हरीश जी के प्रति हृदय से आभार प्रकट करता हूँ। इस नवीन संस्करण के कई प्रसंगों को संशोधित एवं परिवर्धित किया गया है। नवीन प्रकाशन के अवसर पर पूज्य स्वामीजी महाराज महंत श्री हंसरामजी ने अपना लिखित आशीर्वाद भिजवा कर अपनी सदाशयता का परिचय दिया है। उनके श्री चरणों में मैं प्रणाम निवेदन करता हूँ। श्री चितलानी जी इस पुस्तक का सिन्धी भाषा में अनुवाद भी कर रहे है। आशा करता हूँ की इस ग्रंथ के माध्यम से सिंध की तत्कालीन परिस्थितियों को वर्तमान के भारत-पाकिस्तान के संबन्धों के ऐतिहासिक परिप्रेक्ष्य को ठीक से परिभाषित किया जा सकेगा। इतिहास स्वयं को नए कलेवर में दोहराता है, इसकी अनुभूति पाठकों को होगी, ऐसा विश्वास है। पुस्तक को टाइप करने में श्रीमती रमा जोशी ने सहयोग किया है, एतदर्थ उनको धन्यवाद देता हूँ। पाठकों द्वारा प्रेषित ग्रंथ की त्रुटियों के संकेतों का सदा स्वागत रहेगा।

सादर
श्याम सुन्दर भट्ट
रविवार, आश्विन शुक्ल प्रतिपदा
विक्रमी संवत २०८०
१५ अक्टूबर २०२३ ईस्वी
15/6 सागर एनक्लेव, विद्या भवन रोड, फतहपुरा
उदयपुर (राजस्थान)

प्रथम संस्करण की भूमिका

सिन्धु की पवित्र प्रवहमान जलधारा ने इतिहास के कई उतार-चढ़ाव के साक्षीभूत महापुरुषों, कुटिल सेनापतियों, दो मुँहें वणिकों और सर्वस्व समर्पण करने वाले सैनिकों की गतिविधियों का स्पर्श किया है। ये ही वे सुरम्य तट रहे हैं, जहाँ प्रलय के बाद मनु संतति ने "सप्त सैंधव" से आवृत्ता भू-भाग पर अपनी अठखेलियाँ की थी। आदि मानव की इस क्रीड़ा स्थली पर वेदों की ऋचाओं का गुंजन, फैलता सुगंधित वायु प्रवाह, अविचल मौन व्रतधारी वृक्षावलियों के अंतराल से इतस्ततः कूदते फाँदते मृग समूह, रंभाती गऊओं और दहाड़ते शेरों के एक ही साथ पानी पीने के दृश्यों और वल्कलधारी शिष्यों द्वारा ईंधन एकत्रित करने के प्रतिबिम्बों की स्मृतियों की तरंगों को आज भी सिन्धु के सतत बहने वाले अमृत में अवगाहन कर अनुभव किया जा सकता है। धन्य है वे अनादि सभ्यता और संस्कृति के सर्जक और उनके वंशधर, जिन्होंने अपने चरित्र के बल पर "स्वं स्वं चरित्रं शिक्षेरन् पृथिव्यां सर्वमानवाः" की शाश्वत घोषणा की। यही वह भूमि है, जहां के निवासियों के शौर्य, बलिदान और कर्मशीलता के बल पर शेष भारतवर्ष पश्चिमी झंझावतों से सुरक्षित रह सका।

भगवान परशुराम ने इसी सिन्धु सलिल का पान कर सत्तासेवियों के अहंकार का पराभव किया था। सौवीर नाम से प्रसिद्ध इसी सिन्धु देश को अयोध्यापति राम ने भरत को सौंपा था। कैकयी और मंथरा भी इसी भू-भाग की देन थी। लवपुर (लाहोर), पुरुषपुर (पेशावर), मूलस्थान (मुल्तान) और स्कंधहार (गांधार) जैसे महानगर सदियों के इतिहास को अपने में समेटे हुए है। महाभारत के दुर्धर्ष युवराज दुर्योधन की बहिन दुष्शला के पति जयद्रथ का साम्राज्य इसी सिन्धु देश पर फैला हुआ था। यहां बसे कबीलों एवं जातियों की आपसी युद्ध प्रियता का शमन करने एवं उन्हें संस्कारित करने का कठिन प्रयास, दुर्योधन द्वारा इस क्षेत्र में भेजे गए तीस हजार ब्राह्मण परिवारों द्वारा ही किया गया था। दूध और मलाई खा-पीकर बलवान बने जयद्रथ की वीरता का वर्णन महाभारतकार ने बड़े ही रोचक ढंग से किया है।

गीता को प्रारंभ करने वाला "संजय उवाच" का संजय भी इसी सौवीर देश का था। संजय की माता विदुला ने उसे प्रोत्साहित कर कौरव राज्य में ऊँचा पद प्राप्त करने के योग्य बनाया था।

जैन सम्प्रदाय के ग्यारहवें तीर्थंकर श्रेयसनाथ का जन्म भी सिन्धु क्षेत्र में हुआ था। भगवान बुद्ध ने समीपस्थ पर्वतों में बसने वाले लोगों की कठिनाइयों को अनुभव कर केवल सिन्धु देश के श्रमणों को जूते पहनने की आज्ञा प्रदान की थी। अशोक महान जैसे दिग्विजयी सम्राट ने न केवल स्तूपों द्वारा अपितु तक्षशिला के समीप बुद्ध की शिक्षाओं के शिलालेख लगवाकर सामान्य जन को बुद्ध धर्म के मर्म की ओर आकर्षित किया था। तिब्बती ग्रंथ दिव्यावधान के अनुसार उस समय में ज्ञात संसार में केवल दो ही नगर ख्यात नाम थे-पाटलीपुत्र और अलोर सिन्धु नदी भी मध्यघाटी में नदी के पूर्वीतट पर स्थित आलोर नामक राजधानी की महिमा सातवीं और आठवीं शताब्दी में अपने सर्वोच्च शिखर पर थी।

कर्त्तव्य निष्ठा एवं त्वरित बुद्धि सम्पन्न नागरिकों से सेवित और कठिन परिस्थितियों में भी भारतीयता को न छोड़ने वाले लोगों की यह मातृभूमि सदा से वंदनीय रही है। पुराणों में वर्णित जर्तुक (जाट), मद्र, शिवि एवं मालव जनसमूहों की जन्मभूमि होने का सौभाग्य भी इसी धरती को मिला है। तक्षशिला, रावलपिण्डी और नमक की पहाड़ियों के समीप अपने कबीलों की जीवन यात्रा आरंभ करने वाला जाट समाज न केवल सिन्ध के दक्षिण में अधिसंख्य हो गया अपितु पश्चिमी थपेड़ों ने उसे काठियावाड़, हड़ौती से लेकर धुर पश्चिमी की ओर अरब और सीरिया तक विस्तरित कर दिया। मद्र या मेढ़ लोगों का तो अपना राज्य ही था, सप्त सिन्धु क्षेत्र में। मालवगणराज्य और शिवियों के जन समूह ने सिकन्दर तक को युद्ध भूमि में स्तब्ध कर दिया था। वैभवशाली अतीत की स्मृतियों में लोहानों का लखपत, देवल, नारायणकोट से लेकर सिन्ध की ऊपरी घाटियों तक का फैलाव भी तरोताजा सा दिखाई देता है। इनके अतिरिक्त सूमरा, सामा, लंघा, भुट्टो, भट्टी, लक्खा, सहेता़, मोहनो, दाहर, इन्धर, चाचर, धरेजा, राठौड़ दसान जैसी क्षत्रियोचित जातियों ने सिन्ध को सँवारने बिगाड़ने और पुरर्निर्मित करने में अपना अभूतपूर्व योगदान दिया है।

पैगम्बर मुहम्मद साहब भी सिन्धियों की क्षमाताओं से परिचित थे। उनकी सेवा में अदरख का आचार सिन्ध से ही जाता था। उनकी पत्नि आयशा की सेवा में अदरख का आचार सिन्ध से ही जाता था। उनकी पत्नि आयशा जब असाध्य रोग से पीड़ित हुई तो एक सिन्धी जाट चिकित्सक ने ही उसका उपचार किया था। सिन्धियों की वाणिज्यिक कुशलता का परिचय इस विवरण से मिलता है कि जिस अरब सौदागर के पास सिन्धी लेखापाल एवं प्रबंधक होता, उस व्यवसाय की प्रगति की रेखा का उधर्वगामी होना ध्रुव समझा जाता था। सिन्धी पहलवानों और युवकों की शूरवीरता का ही प्रभाव था कि खलीफाओं और सीरिया के सेनाओं में सिन्धियों

का चयन वरीयता के आधार पर किया जाता था। मध्ययुग में सिन्ध नरेश चचदेव के निजी सुरक्षा कर्मियों में जाटों का प्रभुत्व था। लोहानाओं का नारायणकोट (आज का हैदराबाद) पर अधिकार था।

सिन्ध निवासी आरंभ में वैदिक परंपराओं के आधार पर अपनी जीवन यात्राओं का संचालन किया करते थे। तक्षशिला जैसे विश्व विख्यात विश्वविद्यालय को केन्द्र बनाकर, न केवल भारत वर्ष अपितु चीन, मंगोलिया, एवं मध्य एशिया के विद्यार्थियों की ज्ञान पिपासा को शांत करने का कठिन प्रयास सिन्ध समाज ने किया था। कालान्तर में भगवान बुद्ध की शिक्षाएँ इती लोकप्रिय हुई कि किंचित् अपवादों को छोड़कर मकरान-उपगणस्थान (अफगानिस्थान) और सप्त सैंधव से आवृत भूमि पुत्रों की भूमि बुद्ध स्तूपों शिलालेखों, मंदिरों एवं श्रमण शिविरों से पट गई। बीच-बीच में महावीर के जिनालयों ने भी अपने मंदिरों की ध्वजाएँ ऊँची की। समय के अंतराल ने कुमारिल भट्ट और शंकराचार्य के प्रभाव से सनातन धर्मियों के मंदिरों, मठों और आश्रमों की भी यहां धूम मच गई। इस्लाम की खूनी तलवारों के कारण धर्म परिवर्तन की आंधियां भी यहां प्रचुर वेग से चली। गुरु गौरखनाथ, मत्स्येन्द्रनाथ, लकुलीश सम्प्रदाय के ऋषि हारीत ने इस्लाम के हरे रंग को पुनः भगवा रंग में रंगने का सतत प्रयास किया। बलात् धर्म परिवर्तन कर घर वापसी करने वालों को पथ प्रदर्शन करने वाले ऋषि देवल ने "देवल स्मृति" का सर्जन सिन्धु और महार्णव के संगम पर स्थित आश्रम में ही किया था।

इस ग्रंथ में हम सिन्ध के उस संधिकाल की घटनाओं को आधार बनाना चाहते हैं जो इस्लाम के उदय से लेकर इस्लाम के भारत में प्रवेश की शैशवावस्था में घटित हुई थी। सिन्ध का क्षत्रिय राज्य (अथवा चीनी यात्री ह्नेनसांग के शब्दों में शूद्र राज्य) जब फिसलकर एक अज्ञात ब्राह्मण चचदेव के हाथों में आ जाता है, तब सभ्य संसार का चौंकना स्वभाविक हो जाता है।

सत्तासीन क्षत्रपों, ठाकुरों और राजाओं का अहँ पहली बार सिन्धु के तट पर चोट खाकर व्याकुल होता है। यही दमित अहँकार इस्लाम की तलवार का स्वागत कर चच पुत्र दाहर की धोखे से हत्या कर देता है। राजनैतिक उठा पटक का पटाक्षेप, भारतीय सुरक्षा की अर्गला भंग के रूप में सामने आता है। क्या हिन्दू रक्त सब कुछ सहन कर बैठ गया? समय ने पुनः अंगड़ाई ली। बप्पा रावल के पराक्रम और हारीत ऋषि की दूरदर्शिता न केवल सिन्धु घाटी, अपितु कुभा नदी और स्कंधहार तक दिग्विजय के रूप में इतिहास के पन्नों पर उभरी थी। इन्हीं तीन विशिष्ठ एवं स्थाई प्रकृति की घटनाओं को औपन्यासिक विधा के माध्यम से पाठकों की सेवा में प्रस्तुत किया जाता है। ये हैं:-

1. सिन्धु पति महाराज श्री चचदेव
2. सिन्धु पुत्र महाराज श्री दाहर
3. सिन्धु मित्र श्री बप्पा रावल

प्रथम दो कृतियों का आधार रही है, एक प्रमुख पुस्तक जिसे "चचनामा" कहा जाता है। विजेताओं की सुनी सुनाई कहानियों को आधार मानकर घटनाओं के लगभग पांच सौ वर्ष बाद अरबी भाषा में लिखी गई पुस्तक का अंग्रेजी अनुवाद मिरजा कलीच बेग ने वर्ष 1904 में किया, जिसे सिन्धी भाषा में 1923 में प्रकाशित किया गया। इस पुस्तक का पारसी भाषा में अनुवाद हिजरी संबत 613 में किया गया। यह मूल पुस्तक कहीं भी नहीं है। अनुवाद की प्रतियों की प्रतियाँ उपलब्ध है और वे भी अरबी से पारसी, पारसी से अंग्रेजी और अंग्रेजी से सिन्धी तक की यात्रा करने के बाद। विजेताओं की इस्लामी जिव्हा क्या सिन्ध के हिन्दू शूरवीरों के पराक्रम को सत्य सत्य कह पाई होगी- इस प्रश्न का बहुत ही सुन्दर वर्णन अजमेर निवासी स्व. श्री नानकराम इसराणी द्वारा लिखी गई पुस्तक "सिन्धुपति महाराज दाहरसेन" में दिया गया है। चचनामा की विसंगतियों का लेखा-जोखा इस पुस्तक में सप्रमाण दिया गया है। अतः चचनामा को आधार मानते हुए भी, उसकी तार्किक त्रुटियों को प्रथम दो पुस्तकों में स्थान नहीं दिया गया है।

क्षत्रिय राजकुमार बप्पा रावल को चिड़गढ़ का राज्य हारीत की कृपा से मिला था। हारीत लकुलीश सम्प्रदाय का स्तरीय संत था और गुरू गौरखनाथ का समकालीन था। इन दोनों सन्यासियों का प्रभाव बप्पा रावल पर था, इसे राजस्थान के इतिहासकार स्वीकार करते हैं। मेवाड़ के स्वदेशी साक्ष्य बप्पा की काबुल कंधार विजय और नोशेरवां पठान (पख्त) के खानदान की कन्या के साथ विवाह की बात कहते है। हारीत और गौरखनाथ का प्रभाव उपगणस्थान (अफगानिस्तान) तक था, वह तत्कालीन मठों/आश्रमों के भाग्नावशेषों एवं उल्लेखों से स्पष्ट है। इन ऋषियों को इस्लाम के प्रवेश एवं उस समय हुए नरसंहार की घटनाओं की जानकारी थी अतः इनका सहयोग बप्पा को काबुल कंधार तक खींच लाया था, यह गले उतरने जैसी बात है। अतः तीसरी उपन्यास सिन्धु मित्र बप्पा रावल के रूप में लिखा जा रहा है। वैसे भी दाहर का पुत्र जयसिंह सिन्ध की घटनाओं की व्यथा सुनाने एवं सैनिक अभियान चलाए जाने की प्रार्थना कश्मीर, कन्नौज एवं चित्तोड़गढ़ के शासकों के समक्ष कर चुका था। इस प्रकार समझा जा सकता है कि बप्पा रावल ही वह नरपुंगव था, जिसके प्रत्याक्रमण के कारण इस्लामी तलवार लगभग तीन शताब्दियों तक सिन्ध की सीमा पर कदमताल करती रही।

मुझे प्रसन्नता है कि मेरे इन प्रयासों को श्री हरिसेवा उदासीन आश्रम, भीलवाड़ा (राजस्थान) के पीठाधीश्वर पूज्य स्वामी जी श्री हंसरामजी ने प्रोत्साहित किया। स्वामीजी की मानव सेवा को केवल एक उदाहरण से समझा जा सकता है। भीलवाड़ा के राजकीय एवं अराजकीय चिकित्सालय में असंख्य रोगी, अपने सहयोगियों के साथ गांवों से आते हैं। उन गरीब लोगों के लिए भीलवाड़ा में आवास और भोजन की सस्ती व्यवस्था नहीं थी। श्री हँसराम जी ने इनके लिए राजकीय चिकित्सालय में आवास हेतु बड़ा हॉल, रसोईघर एवं सुविधा स्थलों का निर्माण करवाकर जनसेवा का उत्कृष्ट उदाहरण प्रस्तुत किया है। आप श्री के ही प्रयत्नों का परिणाम है कि आगुंतक ग्रामीणों को महँगाई के समय में एक रुपये के शुल्क पर भोजन सुलभ होता है। चिकित्सा, शिक्षा, सत्संग और साहित्य के क्षेत्र में विविध प्रकल्पों के माध्यम से समाज सेवा के विविध सेवा कार्य गतिमान हैं। संस्कृत भाषा के प्रचार प्रसार हेतु आपने बोधगम्य साहित्य सुलभ कराया है। विद्यार्थियों के भौतिक उत्थान हेतु प्रतियोगिताओं, शिविरों एवं शिक्षकों की गोष्ठियों के आयोजन अनवरत चलते रहते हैं। आपने मेरी रचनाओं को प्रकाशित कराने का दायित्व वहन कर मुझ पर ही नहीं सेकड़ों पाठकों पर भी अनुग्रह किया है। आपके श्रीचरणों में शतशः नमन।

आपके एक शिष्य श्री गुलाब जी मीरचन्दानी को भी मैं धन्यवाद अर्पित करता हूँ। मध्यम वर्ग की आर्थिक स्थिति के श्री मीरचन्दानी ने हजारों पुस्तकों को एकत्रित कर अपने आवास पर एक दर्शनीय एवं अभिनन्दनीय पुस्तकालय का सृजन किया है। इस पुस्तक के अंत में दी गई संदर्भ साहित्य की सूची में से अधिकांश पुस्तकें श्री गुलाब जी ने मुझे सुलभ कराई हैं। सत्य तो यह है कि यदि ये पुस्तकें मुझे अध्ययन हेतु नहीं मिलती तो मेरा प्रयास अधूरा ही रहता।

श्री हरि सेवा आश्रम भीलवाड़ा के कारण मेरी कृतियाँ आप तक पहुँचने को संयोग बना है, इसे मैं दैविक अनुग्रह के रूप में स्वीकार करता हूँ। आप के अंतःकरण को उद्वेलित करने में पुस्तकें यदि सफल रही जो मेरा लिखना सार्थक होगा।

इन विषय पर लिखने वाले पूर्व लेखकों के चरणों में भी यह अल्पज्ञ प्रणाम निवेदन करता है। पाठकों की प्रतिक्रियाएँ अगले संस्करण को सँवारने में सहायक होगी, ऐसी अपेक्षा करता हूँ।

भवद्सद्भावी

गुरू पूर्णिमा
आषाढ़ शुक्ल पूर्णिमा
विक्रम संवत् 2066

श्याम सुन्दर भट्ट
15/6, सागर एनक्लेव
विद्या भवन रोड,
उदयपुर (राज.)

1

वर्तमान भारतवर्ष की पश्चिमी सीमा से लगे हुए पाकिस्तान की दक्षिण - पश्चिम दिशा में हिंगलाज देवी का पूजास्थल है। पर्वतीय खुली गुफा में विराजमान इस प्रतिमा एवं यहां के प्रभामण्डल का आस्वादन कई ऋषियों, तपस्वियों एवं राष्ट्रभक्तों ने किया है। हालार नामक पर्वतश्रेणी के दक्षिण में आभादेवी भवानी के इस तीर्थस्थल से कुछ दूर प्रसिद्ध "मोहन-जो-दड़ो" नामक प्रसिद्ध स्थान है, जिसके वैभव की, विश्व के पुरातत्ववेत्ता प्रशंसा करते हुए नहीं थकते है। ब्रह्महत्या के प्रायष्चित के निमित्त भगवान रामचन्द्र जी ने भी इस देवी की शरण में आकर अपने मन के भार को समाप्त किया था। श्री कृष्ण जब महाभारत युद्ध में संलग्न थे, उनके भाई श्री बलरामजी हिंगलाज स्वरूपा भगवती पार्वती जी की आराधना में इसी स्थान पर डूबे हुए थे। महर्षि श्री अत्री और उनके सुपुत्रों ने जब कश्यपसागर (केस्पियन सी) की जलापूर्ती करने वाली अत्रिका नदी के तट से विस्थापित होकर भारतभूमि की ओर कदम बढ़ाए, तब हिंगलाज में ही उन्होंने कुछ वर्षोंतक कालक्षेप किया था। कालान्तर में गुरूनानकदेव, योगी श्री श्री चन्दजी महाराज, समर्थगुरू रामदास के चरणों से भी यहां की भूमि पवित्र हुई थी।

स्थानीय जनमानस में यह तथ्य भी बड़ा प्रचारित है कि दैत्यराज बली को जब अपनी राजधानी मुल्तान को छोड़ना पड़ा तब भगवान विष्णु ने हिंगलाज में ही बामनरूप धारण कर राजा बली से मांगे गए तीनकदम जमीन के बहाने संपूर्ण ब्रह्मांड को नाप लिया था। राम-रावण युद्ध के समय जिस अहिरावण का वर्णन आता है, वह भी इसी प्रदेश का शासक था।

इसी प्रदेश में बहनेवाली सिंधु नदी एवं इसकी उपजाउ घाटियों मे कुरूवंश के दामाद जयद्रथ का साम्राज्य फैला था। योगी भर्तृहरि, वैद्य वाग्भट्ट एवं महाभारतकालीन विदुला पुत्र संजय, जिसने भगवान से दिव्य दृष्टि पाकर धृतराष्ट्र को युद्ध का विवरण सुनाया था, इन सभी का संबंध सिन्धु नदी और हिंगलाज से रहा था। समीपस्थ पर्वतीय श्रेणियों में पशुमानवों की एक प्रजाती "मम" का भी वर्णन आता है जिनकी घातक चेष्टाओं का आतंक सार्थवाहों (कारवाँ) को सदा सताता रहता था। औघड़ जैसी वृत्तियों की एक प्रजाती का संबंध सिंधु नदी के बीहड़ स्थलों से लेकर संपूर्ण नर्मदा नदी की घाटी में बसे औघड़ परिवारों से रहा था।

इसी तीर्थ स्थान के समीप शासकीय सुरक्षाबलों के भवन बने हुए थे, जहां सिंधदेश की सेना का एक दल स्थाई रूप से आसपास के परिक्षेत्र की सुरक्षा का दायित्व वहन करता था। राजकीय अतिथियों, अधिकारियों एवं राजा के परिवारजनों के लिए भी यहाँ स्थाई आवासीय सुविधाएँ सुलभ थी। इसी स्थान से कुछ दूरी पर शैवमत के लकुलीश संप्रदाय का एक बहुत बड़ा मठ बना हुआ था, जहाँ आचार्यों, शिक्षार्थियों एवं साधकों के लिए आवश्यक सुख सुविधाओं का प्रबंध था। गुजरात एवं सिंधप्रांत के कई विद्‍यार्थी यहां अध्ययन करने हेतु रहा करते थे। ज्योतिष, कर्मकाण्ड, वेदान्त, तंत्र-मंत्र, शिल्पशास्त्र, तर्क, पुराणादि के अध्ययन अध्यापन की सुविधाएँ यहां उपलब्ध हुआ करती थी।

हम चर्चा कर रहे हैं, महाराज हर्ष के दिवंगत होने के पूर्व की परिस्थितियों की। मठ में उत्सव जैसी स्थितियां थी। आज उनके मठ में नए सन्यासी का प्रथमबार पदार्पण था, जिसे पश्चिमी भारत के समस्त लकुलीश संप्रदाय के मठों का आचार्य प्रमुख का भार सौंपा गया था। लकुलीश संप्रदाय का प्रारंभ महाभारत युद्ध के बाद आजके बड़ौदा (वटभद्रपुर के समीप) गुजरात में हुआ था। लकुलीश संप्रदाय के चार प्रारंभिक आचार्यों में से कुशिक आचार्य को पश्चिमी भारत में मत प्रचार का भार सौपा गया था। उसी कुशिक आचार्य की शिष्य परंपरा में इन दिनों एक युवा सन्यासी को संपूर्ण पश्चिमी भारत के शैव संप्रदाय के प्रमुख के रूप में प्रतिष्ठित किया गया था। इस युवा सन्यासी के प्रबंधन क्षेत्र में वर्तमान के कश्मीर, अफगानिस्तान, ईरान ईराक, अरबदेश, पंजाब, सिंध, गुजरात एवं राजस्थान के मंदिर, मठ, आश्रम, तीर्थ एवं अन्नक्षेत्र आदि सम्मिलित थे।

युवासन्यासी हिंगलाज तीर्थ से लगभग एक कोस दूर से ही अपने अश्व से नीचे उतर आया। वहां उपस्थित सैन्य अधिकारियोंने नवागंतुक सन्यासी के अश्व की वल्गा को थामा। अभ्यर्थना में उपस्थित सिन्धुपति महाराज साहसी के निजी कार्यालय प्रमुख श्री चचदेव ने युवा सन्यासी के समक्ष चरणों में सिर झुका कर प्रणाम निवेदन किया।

“आप यह क्या कर रहे हैं, चचदेवजी। आप मेरे पिताश्री की उम्र के हैं। आप गुरूकुलों में अध्ययन कर चुके हैं, अतः शास्त्रज्ञान की दृष्टि से भी आप मेरे लिए गुरू समान है” कहते हुए सन्यासी ने चचदेव के हाथ पकड़ कर उन्हें खड़ा किया। चचदेव अभिभूत था इस दिव्य युवा सन्यासी के दर्शन करके, क्योंकि उसने सुना हुआ था कि यह सन्यासी योगमार्गी है, अलौकिक शक्तियों का स्वामी है, और बटभद्रपुर के समीप लकुलीश संप्रदाय के कायावरोहण आश्रम (बड़ौदा के निकट कारवण गांव) की शिष्य परंपरा में अपने श्रेष्ठत्व के कई प्रमाण दे चुका था।

गुप्तचरों द्वारा भी इस सन्यासी की प्रतिभाओं के विविध उदाहरण चचदेव के समक्ष आचुके थे। यही कारण था कि राजधानी आलोर (आज के सक्खर, पाकिस्तान के समीप का अरोड़ या रोरी गांव) को छोड़कर चचदेव इस युवा सन्यासी के न केवल दर्शन करने अपितु अपने मन में व्याप्त चिन्ता के निराकरण हेतु परामर्श प्राप्त करने यहां तक आया था।

एक शोभायात्रा जैसा दृश्य उपस्थित था। युवा सन्यासी की चरणपादुकाओं की खट्खट् ध्वनि, आश्रम के शिष्यों के घेरे में भी स्पष्ट सुनाई दे रही थी। श्री चचदेव का हाथ थामे यह सन्यासी हिंगलाज देवी के मन्दिर तक आया और पूजा अर्चना के बाद अपने आश्रम की ओर चला गया। चचदेव ने भी जाने की अनुमति चाही किंतु आचार्य के आग्रह पर भोजन करने के बाद ही उसे प्रस्थान करने की स्वीकृति मिली। भोजनोपरांत आचार्य ने ही कहा -"चचदेव जी, आप मन में उठे अन्तद्र्वंद से पीड़ित लगते है। उपयुक्त तो यह रहेगा कि आप आज संध्या के बाद भोजन आदि से निवृत्त होकर यहां आजाएँ।"

"आचार्य जी, आपने मेरे मन में छाए संदेह को ठीक से पहचाना है। मैं समय पर पहुंच जाउंगा।" चचदेव नें प्रणाम किया और वह विदा होगया। आश्रम में चर्चा चल पड़ी कि इस युवा सन्यासी में ऐसा क्या है कि महाराज साहसी का यह कृपापात्र स्वामीजी के दर्शन करने राजधानी से इतनी दूर तक आगया। मठ के शिष्य और यहां के आचार्य भी अभिभूत थे, इस युवा सन्यासी की सहजता एवं मित्रवत् व्यवहार के कारण।

युवा व्यक्तित्व में एक आकर्षण था। सेवकों, दर्शनार्थियों आश्रम के ब्रह्मचारियों, महिलाओं और मजदूरों तक को यह विश्वास पैदा होगया कि वह युवा साधु उन्हीं के परिवार का है। गद्दी पर बैठकर अपने आदेश और अनुशासन की बातों को छोड़, यह युवा कभी भोजनशाला कार्य में लग रहे लोगों के साथ काम करता तो कभी हलथामे आश्रम के कृषकों के बीच बतियाता रहता। संबंधों की आपसी झिझक, अलगाव एवं ऊँच नीच के विचारों से वह दूर ही रहता था।

रात्रि के प्रथम प्रहर में चचदेव सन्यासी के समक्ष उपस्थित हुआ। आश्रम के एक एकान्त कमरे में दोनों के बैठने की व्यवस्था थी ही। आसन ग्रहण के बाद आपसी संवादों का क्रम चल पड़ा। प्रारंभ सन्यासी ने ही किया -

"चचदेवजी। आप भी आश्रमों में रहे हैं। आश्रमों की व्यवस्थाओं की अच्छाई, बुराई के सभी पक्षों से आप परिचित है। आपके राज्य में हमारे कई आश्रम संचालित है। आशा करूंगा कि आप जब भी राज्यकार्य से कहीं जाँय, यदि हमारा आश्रम वहां

हो, तो आप उसका अवलोकन अवश्य करें। आपके अनुभवों का लाभ शिक्षार्थियों को मिलेगा, ऐसा मेरा आग्रह रहेगा।"

"स्वामी जी आश्रमों में जाना, मेरे लिए भी और राज्य के हित में भी आवश्यक है।"

"आपका क्या हित हो सकता है?" स्वामीजी की जिज्ञासा उनके चेहरे पर स्पष्ट प्रकट हो रही थी।

"पूज्यवर! राज्य के स्वार्थ के दो आयाम है। पहला तो यह कि भावी पीढ़ियों को ये शिक्षालय सही दिशा में ही ले जारहे है, यह देखना आवश्यक होता है। ये शिक्षा के केन्द्र ही है, जो भावी पीढ़ियों को आक्रामक, जिज्ञासु, चरित्रवान अथवा विद्रोह के स्वरों के संस्कार दे सकते हैं। दूसरा स्वार्थ हमारा यह भी रहता है कि शासन व्यवस्था में योग दे सकने वाले योग्य युवकों का चयन भी हम कर सकते है, ताकि आश्रम की शिक्षा पूरी करने के बाद वे राजकीय सेवा में आसकें।" चचदेव के कथन पर वह युवा सन्यासी बोला -

"चचदेव जी! आप भी ऐसे आश्रम के स्नातक रहे हैं। आपका चयन भी राजा साहसी के मुख्य सचिव श्री रामचन्द्र ने इसी प्रकार किया था। आप अपनी प्रतिभा से राजा के निजी सचिव के पद पर पहुँच गए हैं।" स्वामीजी के वाक्य से चचदेव सहम सा गया। क्या इस सन्यासी ने मेरे बारे में पूरी जानकारी की हुई है या इसके पास वे सिद्धियां है, जिनसे वह सामने बैठे व्यक्ति के अन्तर्मन के संवादों को पढ़ सकता है?

"आपने सत्य कहा सन्यासी जी।" चचदेव का उत्तर अति संक्षेप में था।

"सत्य की कई परतें हैं। क्या आप कटु सत्य को सुन सकेंगे?" सन्यासी का तीर चचदेव के हृदय को वेध गया। क्या इस साधु को वह सब कुछ पता है, जो मेरे मन में चल रहा है? चचदेव की चिन्ता बढ़ गई। गूरढ़ रहस्य क्या इस योगी के समक्ष गूढ़ रह पायेंगे?

"चचदेव जी! आप सीधे अपनी समस्या रखें।"

"आप तो सर्वज्ञ है। मैं अपने मुँह से क्या कहूँ?" संभवतया चचेदव सन्यासी की क्षमता का आकलन करना चाहता था।

"अच्छा तो यह रहेगा कि आप स्वयं ही आपनी समस्या रखें। तथापि आपके अन्तर्दव्न्द की एक कड़ी को खोल रहा हूँ।" युवा साधु ने चचदेव के चेहरे की ओर देखा और उसके चेहरे पर बदलती रेखाओं को ध्यानपूर्वक पढ़ना प्रारंभ किया। चचदेव मौन रहा। क्या उत्तर दे, और क्या नहीं। वह हतप्रभ सा होगया।

"आदरणीय चचदेव जी। आप घबराएँ नहीं। आपकी चिन्ताओं के मूल में सिन्ध राज्य की स्थिरता को लेकर प्रश्न उठ रहे हैं। आप निसंकोच अपनी बात कहें।"

"अब क्या बचा है, जिसे गोपनीय कह सकूं। मेरी चिन्ता का मूल यही है। महाराज श्री साहसी वृद्ध है। पहली पत्नि के देहावसान के बाद इनकी नई रानी की प्रशासकीय क्षमता को देखकर राजा साहसी के जातीय संबंधियों में ईर्ष्याभाव है। इसमें एक सत्य यह भी है कि राजा के कोई संतान नहीं है। परिवार के लोगों के मन में सत्ता प्राप्त करने के सपने, उगने लगे हैं। उन स्वप्नों को पूरा करने की दिशा में षड्यन्त्रों का जाल फैलता जारहा है।" चचदेव एक ही साँस में सबकुछ कह गया।

"क्या, परिवार की आपसी लोलुपता के तार विदेशों से भी जुड़े हैं? प्रायः सत्ता संघर्षो की योजनाओं में विदेशियों का भी हाथ दिखाई देता है।" युवा सन्यासी सतर्कतापूर्वक चचदेव के मष्तिष्क की हलचलों को परख रहा था।

"श्री साहसी जी के परिवार के एक सदस्य का शासन चित्तौड़गढ़ में है। उसके पास सैन्यबल भी है। यदि महाराज श्री साहसी जी का देवलोकगमन होता है, तो सबसे बड़ा प्रहार चित्तौड़गढ़ की ओर से संभाव्य होगा। सिंध में भी कई प्रांतपाल है जो राजा के संबंधियों के नाम भावी महाराज के रूप में फैला रहे है। अफवाहों का बाजार उष्णता की ओर दिन प्रतिदिन बढ़ता जा रहा है।" चचदेव कह तो गया किन्तु तुरंत स्वयं पर नियन्त्रण कर चुप हो गया। एक अपरिचित सन्यासी के समक्ष राज्य की समस्याओं को किस सीमा तक खोला जाए, यह भी एक प्रश्न उपस्थित था, जो चचदेव की जिह्वा पर ताला लगा गया।

"चचदेव जी! आप महाराज के सबसे अधिक समीप हैं किन्तु बाहरी व्यक्ति है। सिंध के प्रधानअमात्य श्री रामचन्द्रजी ने राज्यसेवा छोड़ने के पूर्व आपको उनके स्थान एवं पद पर स्थापित किया है, अतः आपकी सिंध को लेकर चिन्ता करना स्वाभाविक है। आपने सत्ता लोभी समर्थों के विवाद एवं दबावों को सुलझानें हेतु प्रयत्न भी किए होंगे?" सन्यासी की बातें चचदेव को झंकझोर रही थी। वह निर्णय नहीं ले पा रहा था कि क्या कहे और क्या नहीं?

युवा महर्षि भी कुछ क्षण चुप रहे। एक अन्तराल के बाद वह कहने लगे- "आपकी झिझक को मैं समझ सकता हूँ। आप मात्र कर्मचारी है। आप कितने ही सक्षम हों किन्तु राजा और राज्यपरिषद के विकल्प नहीं हो सकते है। मुझे लगता है, आप स्वयं इस समस्या से बाहर निकल आएंगे।" संत के वचनों से चचदेव को संतोष सा अनुभव हुआ।

"यदि इन राजकीय परिवारों से मैं उलझता हूँ तो मुझे सैन्यबल की आवश्यकता होगी। सेना अर्थात् युद्ध। युद्ध अर्थात् वेतन एवं जागीर भोगी सैनिकों का संहार। यह संहार दोनों और की सेनाओं का होगा। बिना युद्ध के सिंध को स्थिर एवं एक सूत्र में बांधे रखना कठिन है।"

"आपका सोच सही है यह चिन्ता इतनी महत्त्वपूर्ण नहीं है, कि युद्ध होगा एवं रक्त बहेगा, किन्तु यह अधिक चिन्तनीय है, कि राजाओं की आपसी स्पर्धाओं में मरता कौन है? नौकर, सिपाही, सेवक और प्रजा के वे युवक जिनका राजाओं के परिवारों से कोई लेना देना नहीं होता है, मरना उनको पड़ता है। युद्ध जन्य मंहगाई, पलायन एवं कृषि उत्पादन का विनाश, इन युद्धों के परिणाम होते हैं। सिंध का बौद्ध संप्रदाय तो यही तर्क देता है?"

"बौद्धों की दृष्टि तो यही कहेगी, किन्तु सन्यासीजी! संकट एक ओर भी है। अरब देशों में पनप रहे नए धर्म के अनुयायी संगठित होकर सिंध की पश्चिमी सीमा पर दस्तक दे रहे हैं। यदि देश बचाना है, संस्कृति बचानी है, सभ्यता के संदर्भों को सुरक्षित रखना है, तो कुछ युवकों को मृत्यु का निमंत्रण स्वीकारना ही होगा। मृत्यु, भूखमरी, यातना, पलायन जैसी परिस्थितियों की तुलना में हमारी मिट्टी, यहां की वनस्पति, यहां की आपसी प्रेमभरी संवादशीलता अधिक महत्त्वपूर्ण है। मृत्युभय, देशकी सुरक्षा से बड़ा नहीं है।"

"चचदेवजी! आपके कथन से मैं संतुष्ट हुआ। अहिंसा के आवरण में छिपी अकर्मण्यता और उपदेश देकर सुविधाओं के मठ स्थापित करने वाले बौद्धलोग क्या आपके विचारों से सहमत होंगे?"

"राज्य के निर्णय सर्वसम्मत हों, यह एक आदर्श विचार है, किन्तु ऐसा होना संभव नहीं है। देश, प्रजा एवं हमारे संस्कारों के संरक्षण हेतु प्रजा के एक छोटे भाग के विरोध को सहन करने की क्षमता हम लोगों में है।"

संवादों के इसक्रम की गति उस समय बाधित हुई जब एक घबराए हुए राजकीय अधिकारी ने द्वार खटखटाकर क्षमा मांगते हुए कहा- "आदरणीय महामात्य जी! आपकी चर्चा में बाधा डालने के लिए क्षमा प्रार्थी हूं, किन्तु निवेदन करना चाहता हूं कि आश्रम के बाहर एक ससैन्य दल खड़ा है। इस दल के प्रमुख ने अपना नाम अमृत बताकर सन्यासी जी से तुरंत मिलने का आग्रह किया है।"

चचदेव के चेहरे का रंग उड़ गया। एक सैन्य दल यहां तक कैसे पहुँचा? हमारी गुप्तचर व्यवस्था को किसी दल के यहां तक आने की भनक क्यों नहीं पड़ी? सैनिक दल का युवा सन्यासी से क्या संबंध है? क्या यह सन्यासी भी कोई गुप्तचर है?

कई सारे प्रश्न चचदेव के मष्तिष्क में खदबदाने लगे। युवा सन्यासी के चेहरे पर प्रसन्नता के लक्षण स्पष्ट दिखाई देने लगे। चचदेव ने सूचना देनवाले सेवक को कक्ष के बाहर कुछ समय के लिए प्रतीक्षा का निर्देश दे दिया। चचदेव ने हाथ के संकेत के साथ ही युवासन्यासी की ओर प्रश्नवाचक दृष्टि से देखा।

"आप किसी प्रकार की आशंका, संदेह अथवा चिन्ता को स्थान नहीं दें। अमृत, अब सुधर गया है। अच्छा तो यह होगा कि आप स्वयं उससे चर्चा करलें।"

"क्या उसे यहां बुलवाना उचित रहेगा?"

"क्यों नहीं,"? इसके साथ ही द्वारपाल को बुलाया गया और अमृत को उसी कक्ष में ले आने का आदेश दे दिया।

लंबी कद-काठी का एक युवा प्रहरी के साथ कक्ष में उपस्थित हुआ। उसने आते ही युवा सन्यासी के चरणों में साष्टांग लेटकर प्रणाम किया। महर्षि के आग्रह पर वह खड़ा हुआ और महामात्य को भी प्रणाम निवेदन किया। सन्यासी ने अमृत और चचदेव को आपस में चर्चा करने के आदेश देकर कक्ष छोड़ दिया।

"अमृत जी! आप जैसे संभ्रांत युवक का सैन्यबल के साथ यहां उपस्थित होना, हमारे लिए आश्चर्य का विषय हैं।"

"क्षमा करे महामात्य जी! मै संभ्रान्त वर्ग से नहीं हूं। बचपन से लेकर दो वर्ष पूर्वतक मैं दस्युदल का प्रमुख हुआ करता था।"

दस्युदल और सन्यासी जी के बीच के सम्बन्धों को कैसे समझा जाए? चचदेव को लगा, मानों वह किसी रहस्य की दुनियां में आगया है। दस्युदल, युवासन्यासी, आश्रम....... यह त्रिकोण कुछ विचित्र सा लगने लगा। चचदेव की विनम्रता क्षीण होने लगी। उसका राजस-मन कह उठा- "अमृतजी, आप स्वामी जी को कब से और कैसे जानते है?"

"पूज्यवर हमारा काम व्यापारियों, यात्रियों एवं बड़े लोगों को लूटने का रहा है। दो वर्ष पूर्व दिल्ली से अपगणस्थान (अफगानिस्तान) की ओर जा रहे एक व्यापारी दल को जंगल में हमने घेर लिया। उस समय ये युवा संन्यासी जी व्यापारियों की भीड़ में से आगे आए। व्यापारी वर्ग अपनी सुरक्षा को लेकर चिन्तित था। वे लोग सारा माल हमे सौपने को तैयार थे, किन्तु उस युवा सन्यासी ने मार्ग रोकने की चेष्टा की। व्यापारियों और हमारे दल के बीच आकर वह तनकर खड़ा हो गया। जब मैने उस युवा भगवाधारी को धक्का देकर हटाना चाहा, तभी चमत्कार हो गया। जिस हाथ से मैने उसे छुआ, वह हाथ स्थिर हो गया, और मुझे लगा जैसे मुझ पर बिजली गिरी हो। मैं बेहोंश हो गया। जो भी मेरे साथी मेरे समीप आए

वे भी गिर पड़े। सन्यासी बिना बोले खड़ा रहा। उसने व्यापारी दल को आगे बढ़ने का आदेश दिया।

समस्या गंभीर थी। हमारे दल के सदस्यों ने सन्यासी जी के पाँव में गिरकर क्षमा मांगी। उस समय सन्यासी जी ने आदेश दिया कि हम दस्युकर्म छोड़कर मार्ग में आने जानेवालों की सुरक्षा करें।" इसके बाद उन्होंने हमे छुआ और हमारी बेहोंशी धीरे धीरे समाप्त हो गई। हम सभी ने उनके वचनों को पूरा करने की प्रतिज्ञा की। जब हमने स्वयं के भोजन और वस्त्रों की भविष्य की आवश्यकताओं की ओर ध्यान दिलाया तब उन्होंने कहा कि हम एक सशस्त्र सेना का गठन करें। इस निमित्त प्रत्येक पूर्णिमा को एक निश्चित धन राशि हम तक पहुँच जाती है। उन्ही के आदेश से हमारे समूह का एक छोटा सा दल यहां उपस्थित हुआ है।" अमृत ने विनम्रता से निवेदन किया। चचदेव का माथा ठनका। सेना को यहां बुलाना, दस्युदल को धन सुलभ कराना, आश्रमों का संचालन करना, दस्युओं को स्तब्ध कर देना...... यह कैसा सन्यासी है? धन कहां से आता है? क्या यह कोई बड़ा गिरोह है, जो शत्रुदेशों के संकेतों पर हिगलाज जैसे संवेदनशील एवं पर्वतीय क्षेत्रों के एकान्त में अपनी तैयारियां कर रहा है। सोच तो यहां तक बढ़ता गया, कि क्या चचदेव को एक प्रशासक के नाते सन्यासी के सत्य को जानने के लिए गुप्तचरों को लगाना चाहिए।

"अमृत जी! आपका दल हिंगलाज में कितने दिनों तक रूकेगा?"

चचदेव ने अपने मन में उठे तूफान को संयमित करते हुए बात को दूसरा आयाम दिया।

"अभी कोई निश्चितता नहीं है। इस विषय में स्वामीजी से चर्चा भी नहीं हुई है।" रुककर उसने पूछा-

"ये स्वामीजी कहां के हैं। इनके माता-पिता भारत के किस भाग के रहने वाले हैं?" एक बार तो अमृत संदेह में पड़ गया। देश का प्रधान आमात्य मुझसे ऐसा प्रश्न क्यों कर रहा है? राज्य का संचालन करने वाला सन्यासी जी से बात करता है, और उसे यह भी पता नहीं कि वह साधु कहां का है? फिर भी उसने संक्षेप में कहा-

"माननीय मंत्री जी! मुझे इतना पता है कि इनके पिताश्री का नाम जाबालि ऋषि है। इनके पिताश्री के नाम से एक नगर भी बसा है जिसे जाबालिपुर (जालोर-राजस्थान) कहा जाता है। आबूपर्वत के समीप उनका आश्रम भी है।"

"इन युवा सन्यासी की शिक्षा -दीक्षा आदि भी आबूपर्वत के आश्रम पर ही हुई होगी।

"नहीं......। बचपन से ही इन्हे योगाभ्यास की ओर बढ़ने की ललक थी। इस निमित्त आपने गुजरात के बडोदरा नगर (वटभद्रपुर) के समीप कायावरोहण में स्थित लकुलीश सम्प्रदाय के प्रधान पीठ में वर्षों तक रहकर सिद्धस्तरीय अभ्यास किया है।"

"आपसे मिलना, और आपके दल के बारे में सुनकर अच्छा लगा। एक बात और पूछना चाहता हूँ कि आपके इस सैन्यदल का उपयोग स्वामीजी कहाँ करते है?"

"हमारा कार्य प्रारंभ होता है, नृपतियों, ठाकुरों एवं ग्रामप्रमुखों के द्वारा सामान्य प्रजा पर किए गए अत्याचारों से पीड़ित समाज को संगठित करने और उच्चपद पर बैठे लोगों के स्वार्थपरक निर्णयों के विरूद्ध जनमत खड़ा करने में। सत्ता पर बैठा व्यक्ति सेना के बल पर ही अपनी अनीतियों को महिमामंडित करता है, अतः यह आवश्यक है कि राजकीय सेना और उसके संरक्षकों में यह भय बना रहे कि न्याय के पक्ष में उनसे भी विरोध करने की क्षमता साधुओं में है।

"यह तो एक जैसा ही रूप हो गया। राजा और उसकी सेना, तथा साधु और उसकी सेना, इसमें अन्तर क्या है?"

"बहुत बड़ा अंतर है। राजा का परिवार है, संबंधी है, उसके कई प्रकार के स्वार्थ भी हो सकते है, अतः उसके लिए न्यायमार्ग से भटकना संभव है, किन्तु साधु के लिए यह भटकाव कठिन है क्योंकि साधु की सेना या उसके दल का भरणपोषण सामान्य लोगों के दान की राशी पर आधारित होता है। व्यक्ति तब देता है जब साधु और उसके कार्यों की पैठ प्रजा में होती है जबकि राजाओं द्वारा एकत्रित किया जाने वाला कर, दंड की प्रक्रिया के आधार पर चलता है। इस प्रकार हम निस्वार्थी एवं समाज के लिए समर्पित साधुओं की आज्ञाओं का पालन करते हैं।"

अमृत के तर्क को सुनकर चचदेव ने पूछा -

"अमृत जी आपको सुनकर तो ऐसा लगा जैसे आप गुरूकुल से निकले विद्यार्थी है।"

"यह आंशिक सत्य है। युवावस्था के मध्यतक हम चोरी, डकैती और लूटने का कार्य करते रहे किन्तु सन्यासी जी के संपर्क में आने के बाद सबकुछ बदल गया है। मेरे जैसे कई युवकों को दो वर्ष तक एकान्त में रखकर गहन प्रशिक्षण दिया गया। इस प्रशिक्षण में न केवल शरीर को साधने के उपाय, यथा-योगासन, प्राणायाम, एवं ध्यान का अभ्यास कराया गया, अपितु भारतवर्ष एवं विश्व के राज्यों की गतिविधियों पर भी विस्तृत जानकारियां दी गई।"

"क्या आपको सिंध के बारे में भी बताया गया"?

"जी, हाँ!सिंध के सामन्तों, यहां के बौद्धों, लोहाणों एवं जनजातियों के बारे में भी हमें कई बातें बताई गई, जिसकी जानकारी हमें नहीं थी।"

"क्या मेरे बारे में भी आपको कुछ पता है?

"कुछ पता है!

"इसमें इस कुछ का क्या अर्थ है जनसामान्य में मेरे बारे में क्या धारणाएँ है?"

"आप न्यायप्रिय हैं! योद्धा हैं। बोद्धों के प्रति अधिक कठोर हैं। बीमार महाराज साहसी की रानी सुहान्दी, यद्धपि सत्ता की वास्तविक प्रमुख हैं, किन्तु आपके सुझावों पर ही सिंध की समस्त गतिविधियां संचालित करती है।"

चचदेव के चेहरे पर हवाइयां उड़ने लगी। जिसे वह एक सेवक, एक दस्यु या एक सिपाही समझ रहा था, वह बिना संकोच के इतना कुछ कह देगा, ऐसा उसने सोचा तक नहीं था। चर्चा आगे बढ़ती किन्तु युवा सन्यासी के कक्ष में आने से वार्तालाप बंद हो गया। सन्यासी जी ने अगले दिन दोपहर के समय पुनः भेट करने का सुझाव देकर रात्रि सत्र को अगले दिन तक के लिए स्थगित कर दिया।

2

“आइए चचदेव जी!” स्वागत करते हुए युवा सन्यासी नें उन्हे निर्धारित आसन पर बैठने का संकेत करते हुए कहा और स्वयं आसन ग्रहण किया। अभिवादन की आपसी औपचारिकता के बाद चचदेव ने ही चर्चा आरंभ की।

“हारीत ऋषि जी! मैंनें अपने साथियों, गुप्तचरों एवं आश्रम के संत महात्माओं के माध्यम से आपके विचारों एवं आपके कार्यकलापों के बारे में जानकारियां एकत्रित की है। अब में चाहता हूँ कि मेरे अन्तर्दद्वन्द को आपके सामने रखूँ।”

“आप निस्संकोच अपनी बात कह सकते है। आपनें मेरे नाम के साथ मेरे कार्यों के बारे में जो कुछ पता किया, वह आपके राजकीय दायित्व की गंभीरता को प्रकट करता है। आप अपनी समस्या बताएँ।”

“स्वामीजी!मैं एक गोपनीय रहस्य उजागर करने जा रहा हूँ। आशा करूंगा कि यह रहस्य गोपनीय ही रहेगा।”

“आपको पुनः आश्वासन देता हूँ, कि आपका रहस्य बाहर नहीं जाएगा।”

“स्वामी जी!आपको पता है कि महाराज साहसी लंबे समय से अस्वस्थ चल रहे है। उनकी बीमारी चिकित्सकों की सेवा के बावजूद बढ़ती ही जाती है। उनकी अस्वस्थता के कारण राजा साहसी के कुटुम्ब के कई युवक जी तोड़ प्रयास कर रहे हैं कि राजा के दिवंगत होने के बाद वे सत्ता पर आजाँय, क्योंकि राजा साहसी निःसंतान हैं।”

“यह तो स्वाभाविक ही है। सुख की कल्पना भी मधुर होती है। किन्तु यह बताएँ कि राजा साहसी नें क्या किसी पारिवारिक युवा को गोद लेने का निर्णय लिया हैं?”

“यही तो सबसे बडा संकट है। साहसी जी को निश्चित रूप से पता है कि सिंध का कौनसा सामन्त परिवार किस सदस्य को सत्ता पर बिठाने का प्रयास कर रहा है। उन्हें यह भी पता है कि कुछ सामन्त स्वयं भी सत्ता प्राप्त कर राजा बनना चाहते है।”

“यह तो सामान्य बात हुई। आप तो यह बताएँ कि राजा साहसी स्वयं क्या चाहते है। जब समस्या उनकी है, तो उन्होंने समाधान भी सुझाया होगा।”

“यह सुझाव ही तो मेरे गले की फांस बन गया है।”

“कैसे?”

“आपको पता है कि रानी सुहान्दी महाराज की उम्र की तुलना में कम उम्र की है, क्योंकि महाराज ने प्रथम पत्नि के देहावसान के बाद सुहान्दीजी से विवाह किया है।” कुछ समय तक चचदेव ने वार्ताक्रम में विराम लेकर पुनः कहना शुरू किया। श्री हारीत चुपचाप चचदेव के मन के उतार-चढ़ाव को पढ़ने का प्रयत्न कर रहे थे।

“एक दिन उन्होंने मुझे और सुहान्दी जी को सामने बिठाया और सहजभाव में कहना शुरू किया - “चचदेव! चारों और से सत्तालोभियों के भेड़िए राजधानी आलोर का शिकार करना चाहते हैं। इन स्थितियों में केवल आप ही उनके उद्देश्यों को शक्ति के साथ समाप्त कर सकते है।”

“मैं तो राज्य का एक सेवक हूँ।” मैने कहा था।

“आप क्या है, यह मैं जानता हूँ। सेना आपसे स्नेह रखती है। राज्य के अधिकारी और कर्मचारी आपसे संतुष्ट है। आपमें क्षमता है। आप धैर्यवान हैं। किन्तु आप राजा नहीं है। मैं चाहता हूँ कि आप सिंध के राजा बन जाँय।”

“कैसे? यह कैसे संभव है? एक सेवक राजा बन जाए, यह तो कल्पनातीत है।” मेरा चौंकना स्वाभाविक था। साहसी जी ने संकेत से मुझे चुप कर कहा -

“यही उपाय बता रहा हूँ। रानी सुहान्दी जी युवा है। इन्हें मैं वह सब कुछ नहीं दे सका जो एक पति को देना चाहिए। मेरा सुझाव है कि आप मेरी मृत्यु के बाद सुहान्दी जी से विवाह कर लें और स्वयं को राजा घोषित कर सैन्यबल के सहयोग से सिंध में स्थिरता स्थापित करें।”

“महाराज! यह सर्वथा असंभव है।” मेरी व्यथा होठों से बाहर आ गई। रानी सुहान्दी को भी महाराज के सुझाव को मानने में कठिनाई का अनुभव हुआ।

“संकोच छोड़ो चचदेव जी! मेरे सुझाव को मरणासन्न राजा का आदेश माना जाय।” हम दोनों सन्न रह गए। यह सुनकर श्री हारीत ने कहा - “मित्र चचदेव जी! राजा के सुझावों को स्वीकारने में आपको क्या कठिनाई है?”

“कठिनाइयाँ कई है? मैं ब्राह्मण वह क्षत्राणी। मैं कुँआरा वह विवाहित। मै राज्य का सेवक, वह महारानी। मैं निर्धन वह संपन्न। मैं निर्बल वह सर्वशक्तिमान। क्या सामान्य जन में यह संदेश नहीं जाएगा कि मैंने अपने स्वार्थ के कारण सत्ता ग्रहण करली और वह भी सुहान्दी जी के माध्यम से?”

“क्या सुहान्दी जी को राजा के प्रस्ताव को स्वीकारने में कोई संकोच है”

"नहीं! वे स्वयं मुझसे संपर्क चाहती है। इसके संकेत वे कई बार दे चुकी है किन्तु मेरी आश्रमों में ढली मानसिकता मुझे अब तक फिसलने से बचाती रही है।"

"मुझे यह लगता है कि आपको राजा के सुझाव को मान लेना चाहिए।"

"यह आप कह रहे हैं? जातियो, वर्णो एवं आश्रम जैसी सामाजिक व्यवस्थाओं के समर्थक आप एक धर्मगुरू के रूप में मुझे प्रकारान्तर से सुझाव दे रहे है कि एक ब्राह्मण युवक एक क्षत्राणी का हाथ थाम ले?" चचदेव का ब्राह्मण पक्ष उभर आया।

"मित्र। यह मत भूलों कि मृगु पुत्र ऋचीक की पत्नी और महर्षि जमदग्नि की माताश्री क्षत्राणी थी। भगवान परशुराम जैसे पराक्रमी भी क्षत्राणी का पुत्र था।"

"किन्तु आपका सुझाव तो संभावित विधवा विवाह का पक्ष लेता हुआ दिखाई देता है।"

"आपका कथन सत्य है। मुझे यह बताएँ कि विधवा विवाह से यदि हमारा देश विगठित होने से बचता है, सामन्तों के आपसी संघर्ष से सामान्यजन का संहार बचता है, कृषि उद्योग परिवहन एवं तीर्थ सेवन जैसी गतिविधियों के विनाश से समाज बचता है, तो आप ही बताएँ कि विधवा विवाह करना चाहिए या नही?"

हारीत के स्वर चचदेव को विचलित से करने लगे।

"किन्तु समाज में मेरे इस कदम से क्या यह संदेश नहीं जाएगा कि विधवा विवाह किया जाना उचित है? क्या मेरे उदाहरण को सत्य मानकर समाज में एक नई विवाह रीति का प्रचलन नहीं चल पड़ेगा?

"आप किस रीति की बात कर रहे है? पश्चिम तलवार के बल पर धर्मान्तरित कर चुका है। सैंकड़ों पारसी परिवार भारत के कई प्रांतों में विशेषकर सिंध, भीनमाल, वल्लभी एवं पश्चिमी महासागर (अरब सागर) के तटों की ओर निरंतर पलायन कर रहे हैं। यही इस्लामी तलवार कई बार आपके मकरान, देवल एवं संपूर्ण समुद्री तट पर दस्तक दे चुकी है। आपका विधवा विवाह सिंध प्रान्त की ओर बढ़ती हरी आंधी को रोक सकता है। अब आप ही विचार कीजिए कि देश बड़ा है या वैवाहिक रीतियाँ?

क्या ऐसा नहीं हो सकता है कि वैवाहिक रीति निषेध की पालना भी हो जाए और देश भी बच जाए?"

"कल्पना करो कि आप सुहान्दी जी से विवाह नहीं करते है। राज्य के दायित्व का भार श्री साहसी के परिवार का कोई व्यक्ति ग्रहण कर लेता है, तो इसके परिणाम क्या होंगे?" आपको सर्वप्रथम राज्यसेवा से पृथक् किया जाएगा क्योंकि कोई भी राज्य का प्रतिद्वंन्दी आप जैसे योग्य और राज्य की समग्र जानकारी रखने वालों को क्यो पसंद करेगा? वह अपने शुभचिंतक को शासन में लाएगा। दूसरा

सामान्य परिणाम यह भी होगा कि सुहान्दी जी को वैधव्य अर्थात् सामान्य समाज की कथाओं के अनुसार उपेक्षित का जीवन व्यतीत करना होगा। यह इसलिए संभव है कि आप दोनों अतीत के प्रत्ययों को जीवन भर लादे रहेंगे। उपेक्षित, सेवापृथक, सदा संदेह में जीवन-यापन की अपेक्षा राजा साहसी एवं सुहान्दीजी की योजना में आपको सहयोग करना चाहिए, ऐसा मेरा मत है।"

चचदेव विचलित हुआ। चिन्ता की रेखाएँ उभर आई। अनिर्णय का दंश चचदेव के अन्तर्मन को मथने लगा। श्री हारीत ने स्थिति की संवेदनशीलता को देखते हुए कहा-

"आपके संकोच को मैं समझ सकता हूँ। आप एक बीच का रास्ता चुन सकते हैं। यदि राजा साहसी शरीर छोड़ देते है तो राज्यसभा से यह निर्णय लेने का आग्रह करें वे राज्य की आवश्यकता होने पर उत्तराधिकारी कौन होगा, इसका समाधान केवल सुहान्दीजी ही करें। इस बीच आपको सैन्य तैयारियाँ युद्ध स्तर पर आरंभ कर देनी चाहिए। यह भी प्रयत्न करें कि सत्ता संघर्ष में जो भी दावेदार हों वे आपस में उलझ जाँय।"

श्री हारीत का तीर ठिकाने पर लगा। चचदेव की तीव्र बुद्धि शब्दों के निहितार्थ समझ गई। उसने भविष्य का आकलन कर तुरंत कहा "श्री हारित जी! आपसे इस अभियान में एक बड़ा सहयोग चाहता हूँ।"

"यदि उपयुक्त प्रस्ताव आप देते हैं तो मैं विचार कर सकता हूँ।"

"सन्यासी जी! सत्ता पर बैठने का अर्थ, विद्रोहियों, राज्यों की सीमा के विस्तारकों एवं आर्थिक संपन्नता के विरोधियों से लोहा लेने हेतु छोटे-बड़े कई सैन्य अभियान चलाना होता है। आवश्यक नहीं कि विरोधियों के आक्रमण अन्य देशों यथा-अरबों, कश्मीर कन्नोज, भीनमाल की ओरसे हो, अपितु सत्ता स्वार्थियों के स्वर अपने ही देश के उन विभीषणों के भी मुखर हो सकते है, जिनकी तिजोरियों के मुँह विदेशों की राजधानियों में खुले हो।" चचदेव अब निर्णय ले चुका था उसकी वाणी में कुछ कर गुजरने के लक्षण दिखाई देने लगे।

"बन्धु! आपने अपनी समस्याओं के विस्तार की जानकारी मुझे दी है, किन्तु यह नही बताया है कि आप मुझसे क्या अपेक्षा रखते है?"

"वही कहने का साहस कर रहा हूँ। सैनिक अभियानों का अर्थ है, राजधानी से बाहर रहना। बिना प्रवास किए कुछभी संभव नहीं है। "चरैवेति" का मन्त्र हमारे लिए ही बना है। आप अन्यथा नहीं ले, किन्तु मेरा निवेदन रहेगा कि आपके शिष्य

अमृत और उसके द्वारा संगठित दल को मुझे सौंप दे।" चचदेव की बात को काटते हुए हारीत ने व्यंग्य किया-

"ताकि आप अमृत की सेना के बल पर विरोधियों पर अभियान चलाएँ। आपकी सेना विश्राम करें, और अमृत मोर्चा संभालता रहे?"

"आपने मुझे गलत समझा है। सहायता यह अपेक्षित है कि आपका दल राजधानी आलोर के समीप अपना स्थाई मुख्यालय बनाले। इससे लाभ यह होगा कि छोटे-मोटे विरोधियों का राजधानी पर अधिकार जमाना संभव नहीं हो सकेगा। मैं संपूर्ण दल का व्यय भार वहन करने का वचन देता हूँ।"

"मित्र! मैने यह दल आपकी सुविधा या आपकी सहमति से नहीं बनाया है। केवल सिंध के लिए ही हमारा दल कार्य करे, यह भी संभव नहीं है। संभव केवल यह है कि एक निश्चित समय सीमा तक हम सहयोग कर सकते है। रही बात व्यय भार को वहन करने की तो इतना ही कहूंगा कि अब तक हमें किसी के सामने हाथ फैलाने की आवश्यकता हुई नहीं और भविष्य में भी नहीं होगी। संपूर्ण धरती में और यहां की वनस्पतियों में स्वर्ण बसा हुआ है। उस स्वर्ण को निकालने वाला चाहिए। वैसे भी भरण पोषण का दायित्व परमात्मा वहन करता है। आप और हम तो केवल उस नियन्ता के हाथों की कठपुतलियां है। आप समय सीमा बताएँ,। अमृत अपने दल के साथ पहुँच जाएगा।"

"आपका बहुत बहुत आभार स्वामी जी। अब आज्ञा चाहूंगा। आपने मेरे नैत्र खोल दिए है। अब मेरा खेल देखिए।" चर्चा समाप्त हुई।

3

सिंधु नदी आज के भारतवर्ष के पश्चिम की ओर बहने वाली महानदी है। किसी युग में, विशेषतः महाराज श्री विक्रमादित्य के समय में यह नदी भारत वर्ष के मध्य में बहने वाली नदी थी। वेदों में सिन्धु सरस्वती नदियों का नाम सर्वाधिक आया है। आज की नील नदी, दजाला फरात नदियाँ, कष्यपसागर में गिरने वाली अत्रीक जैसी नदियां भारत की पश्चिमी नदियां थी, जबकि ब्रह्मपुत्र, ईरावती और वियतनाम की नदियों का समूह भारत की पूर्वी सीमा की ओर थी। सिंधु की यह भी विशेषता रही है कि उसने कई बार मैदानी भाग में विशेषतः सिंध प्रान्त में अपने प्रवाह को बदला है। यही कारण है कि तत्कालीन सिंध की राजधानी आलोर (अरोड़ या रोरीगांव) जो सिंध के प्रमुख प्रवाह के तट पर बसा था, (इन दिनों सिंधु का ही एक कटा फाटा नाला है जो रोरी गांव की सीमा बनाता है।)

सिन्धु का जल सदियों से समुद्र की ओर बहता रहा है। प्रतिवर्ष आने वाली बाढ़ समय की एक परत की भांति है, जो प्रवाह के साथ इतिहास की पुरानी परतों को दबा कर नई परते लिखती जाती है। समय की कई रेखाएं आई और गई, और चचदेव अपना इतिहास रचता गया। चचदेव नामक ब्राह्मण के सिंध देश में बढ़ते प्रभाव की अनुगूंज कई देशों की राजधानियों में सुनाई देने लगी।

इसी क्रम में राजस्थान की अरावली श्रेणियों के बीच बसे चित्तौड़गढ़ राज्य की राजधानी, चित्तौड़दुर्ग में भी सिंध राज्य के समाचारों का प्रवाह पहुँच गया। चित्तौड़गढ़ पर मेहरत (यह नाम फारसी भाषा में लिखी गई पुस्तक चचनामा से लिया गया है।) नामक राजा का राज्य था। साक्ष्य बताते है कि चित्तौड़गढ और आलोर के शासक राजा साहसी, एक ही वंश के थे। चीनी यात्री ह्वेनसांग ने इस दोनों राजाओं को शूद्रवंश का बताया है।

चित्तौड़गढ़ के पूर्वी द्वार से चढ़कर आया एक संदेशवाहक अपना परिचय देता हुआ महाराज मेहरत के राजप्रासाद में स्थित मंत्रणाकक्ष में पहुंचा दिया गया। कुछ समय के पश्चात् राज्य के पुरोहित, महामात्य एवं विदेश विभाग के अधिकारी मंत्रणाकक्ष में क्रमशः आने लगे। संदेशवाहक श्रीधर चुपचाप बैठा रहा और आंगतुकों के प्रति शिष्टाचार स्वरूप यथायोग्य अभिवादन करता रहा। महाराज मेहरात ने भी

मंत्रणाकक्ष में प्रवेश किया और अभिवादन स्वीकार करने के बाद निर्धारित आसन ग्रहण किया। महाराज ने ही मुंह खोला -

"कहो, श्रीधर! कहां कहां भ्रमण कर आए?"

"महाराज! इस बार सिंध देश में ही रहना पड़ा। घटनाओं का क्रम इतनी तीव्रता से बदला कि आलोर छोड़ना संभव नहीं हो सका।"

"यह बताओं हमारे संबंधी महाराज साहसी का स्वास्थ्य कैसा है? सुना था, वे कई महिनों से बीमार चल रहे थे।"

"महाराज! उनका स्वर्गवास हुए, कई दिन बीत गए। इस बीच आलोर में सत्ता परिवर्तन भी हो गया।

"उनके तो कोई संतान नहीं थी। परिवार के किस सदस्य को गोद लिया गया।"

"महाराज! समाचार दुःखद है। सिंध के मुख्य सलाहकार कहें या सचिव श्री चचदेव नामक ब्राह्मण ने सत्ता पर अधिकर कर लिया है?"

"यह कैसे संभव है? अपने परिवार के कई संबंधी है, क्या वे हाथ पर हाथ धर कर बैठे रहे? कैसे हुआ यह सब कुछ?"

"महाराज हमें भी इस कहानी की पूरी रूपरेखा का पता बहुत बाद में लगा। आप धैर्यपूर्वक इस दुखद समाचार के अंशों को कृपाकर श्रवण करें।"

श्री धर ने कुछ क्षणों के लिए अपने पैरों को व्यवस्थित किया और कहने लगा।

"महाराज! सुना जाता है कि महारानी सुहान्दी युवा चचदेव ब्राह्ममण पर आसक्त हो गई। जब महाराज बीमार हुए तब उसने उनकी चिकित्सा करने वाले वैद्यो (वैद्यो) को राजमहल में ही रोक दिया और उनका बाहरी दुनिया से संपर्क समाप्त कर दिया ताकि महाराज साहसी की मृत्यु का समाचार गुप्त रखा जा सके।

इसके बाद रानी सुहान्दी ने अपने परिवार के लोगों को महाराज की बीमारी की सूचना देकर बुलवाया। केवल पन्द्रह लोगों को ही प्रतिदिन एक एक कर राजमहल में महाराज से मिलने देने की आज्ञा दी गई। जब परिवार का कोई व्यक्ति राजप्रासाद के भीतरी कक्ष में जाता वहां तैनात सुरक्षाकर्मी उसे निर्धारित कक्ष में ले जाकर उसे हथकड़ी पहनाकर बिठा देता। इस प्रकार प्रथम पन्द्रह व्यक्तियों को अलग अलग कक्षों में हथकड़िया डालकर पटक दिया जाता था। अगले दिन परिवार के अन्य लोगों को बुलवाया जाता। रानी सुहान्दी एक परिवार के एक सदस्य को तलवार देकर कहती कि भीतर महाराज की हत्या करने आए परिवार के सदस्यों को पकड़कर हथकडियों से झकड़ दिया गया है। रानी उस आगंतुक परिवार के युवा

से कहती कि यदि राज्य चाहिए तो प्रतिहारी के साथ आप भीतर जांय और वहां बंद व्यक्ति का सिरकाट करके आएँ। सत्ता के लोभी परिवार का सदस्य सहर्ष तैयार हो जाता और भीतर जाकर अपने ही परिवार के एक सदस्य का सिर उड़ा देता। इस प्रकार प्रति दिन पूर्व में बंद किए गए पन्द्रह परिवार के युवकों को मारा जाता। यह भी सुना या कि जो युवा अपने ही परिवार के सदस्य का सिर उड़ाता, उसे भी तत्काल बंदी बनाकर मृत व्यक्ति की हथकड़ियों से बांध दिया जाता। इस प्रकार पन्द्रह पन्द्रह कर पांच सात दिनों में परिवार के समस्त सत्ताकांक्षी युवकों को मार दिया गया।

"ऐसा भी हो सकता है क्या?" .... एक श्रोता ने टिप्पणी की।

"आगे की कथा बड़ी विचित्र है। उन्ही दिनों देश के प्रबुद्ध लोगों और राज्य के अधिकारियों की बैठक कर सर्वसंमत निर्णय ले लिया गया कि महाराज की लंबी बीमारी के कारण बडे निर्णय लेने का अधिकार महारानी सुहान्दी को दे दिए जाँय। इस प्रकार सत्ता महारानी के हाथों में आ गई। चचदेव को रानी सुहान्दी का निजी सलाहकार नियुक्त कर दिया।

"क्या किसी सामन्त किसी परिवार के बुजुर्ग या पुत्र ने विद्रोह नहीं किया?"

"परिवार वाले त्रस्त थे उनके युवा लोग राजमहल में गए, उसके बाद लौटकर नहीं आए। सामंतगण अपने अपने ठिकानों में थे। राज्य कर्मचारियों ने भी चचदेव का साथ दिया क्योंकि असंभव की स्थिति में और कोई भी सत्ता के शीर्ष पर चढ़ने की योग्यता नहीं रखता था। कुल मिलाकर महाराज के संबंधी का राज्य क्रमशः ब्राह्मण श्री चचदेव के हाथों में चला गया।" कक्ष में मौन छा गया।

क्षणिक मौन को भंग करते हुए महाराज मेहरात ने कहा "श्रीधर जी! आपके समाचार चौकानें वाले है। यदि आलोर के सभी संबंधी मार दिए गए तो, आगे क्या किया जाना है, आप सभी अपने सुझाव दें।"

"महाराज यह तो नाक की बात है। आपके परिवार के लोगों को मारकर एक ब्राह्मण सत्ता के समीप बैठ गया, ये तो असहनीय समाचार है'।" महामात्य ने विषय की गंभीरता की ओर संकेत दिया।

"यदि हमारे राज्य का कोष हमें स्वीकृति दे, तो हमें तुरंत सेना लेकर आलोर पर आक्रमण कर देना चाहिए।" सेनापति ने हूंकार भरी।

"जहां सम्मान की बात हो, वहां कोष की समस्या नहीं आएगी।" कोषाधिकारी ने अपने पत्ते खोले।

"आप सभी के साथ मेरा भी यही सुझाव है कि आलोर पर तुरंत सैन्य अभियान चलाया जाए। सिंध जैसा बड़ा राज्य योही नहीं खोया जा सकता है। "महाराज मेहरात ने निर्णय दिया। मंत्रणा समाप्त हुई। राज्य के प्रत्येक विभाग को अभियान की तैयारी हेतु निर्देश दे दिए गए।"

चचदेव को आशंका तो थी ही कि चित्तौड़गढ़ का रिष्तेदार राजा सिंध जैसे बड़े राज्य पर अपना दाँव कैसे छोड़ सकता है गुप्तचरों का आना जाना शुरू हो गया। चित्तौड़गढ़ की सेना अमरकोट (पाकिस्तान) के समीप से सिंध की सीमा में प्रवेश कर गई। चचदेव ने भी अपनी सेना को नगर से बाहर निकलने का आदेश दिया। सेना का आलोर दुर्ग से प्रस्थान करने के बाद चचदेव अपने राजमहल में गया और पत्नी सुहान्दी से पूछ बैठा -

"आप क्या सुझाव देती है? सेना नगर से बाहर जा चुकी है। चित्तोड़गढ़ का सैन्यबल अमरकोट के मार्ग की ओर से आगे बढ़ रहा है। आप बताएँ कि मुझे क्या करना चाहिए?"

"क्या करना चाहिए?

"यह कैसा विचित्र प्रश्न है?"

"मेरा मतलब है कि क्या केवल सेनापति पर इस युद्ध की जिम्मेदानी नहीं दी जा सकती है? क्या मेरा युद्ध में जाना उचित होगा?"

"आप यही कीजिए। आप यहीं महल में बैठ जांय। यहाँ मेरी साड़िया पड़ी है। साड़ी पहन कर बैठ जाँय। मैं तैयार होती हूँ। युद्ध में अपनी सेना का संचालन मैं स्वयं करूंगी।"

"आप तो अन्यथा ले रही है?"

"चचदेव जी! राजा के विशिष्ठ पद पर आप है। आपके लिए युद्ध एक अवसर होता है, अपने वर्चस्व को दिखाने का। यही अवसर होता है जब आप अपना प्रभाव पड़ौसी राज्यों तक स्थापित कर सकते है।" चचदेव चुपचाप सुनता रहा। उसके मन में यह भंय समाया हुआ था, कि चित्तौड़ जैसे बड़े राज्य की सेना से यदि वह परास्त हो गया तो सिंधवासियों और रानी सुहान्दी को अपना मुंह कैसे दिखाएगा। उसने रानी सुहान्दी को शाब्दिक विश्वास दिया और दुर्ग से बाहर निकल सेना से जा मिला। दो दिनो के बाद दोनों सेनाएं आमने सामने खड़ी हो गई युद्ध मात्र घोषणा की प्रतीक्षा कर रहा था।

इसी बीच दोनों सेनाओं के बीच चचदेव की सेना का एक दूत सफेद झंडा लेकर सामने खडी चित्तौडगढ़ की सेना की और गया। उसने चचदेव का पत्र महाराज

मेहरात को सौंपा। इस पत्र द्वारा चचदेव ने सुझाव दिया कि दोनों सेनाओं के सैंकड़ों सैनिकों की मृत्यु की अपेक्षा क्या यह ठीक नहीं होगा कि हम दोनों सेनाओं के बीच में आकर आपस में युद्ध करले। जो भी विजयी होगा वहीं सिंध का राजा रहेगा।" चित्तौड़गढ़ का क्षत्रियत्व जाग उठा। एक ब्राह्मण मुझसे किसी भी प्रकार भारी नहीं है। उसने चचदेव को मात्र पाँच सैनिकों को अपनी सुरक्षा के लिए साथ लेकर दोनों सेनाओं के बीच में आने का संदेश भेज दिया और वह स्वयं अष्वारूढ़ होकर युद्ध के मैदान में आ गया।

दोनों सेनापतियों ने आपसी अभिवादन किया। उस समय चचदेव ने एक और प्रस्ताव रखा कि आप बड़े राजा है। अच्छा यह होगा कि हम अश्व छोड़कर जमीन पर आ जाय ताकि हमारी तलवारबाजी का आनन्द दोनों सेनाओं के सैनिक ले सके। मेहरात ने इस प्रस्ताव को भी मान लिया। चचदेव ने अपने सेवक को संकेत दिया कि वह अश्व को आपसी युद्ध के समय समीप में रखे। दोनों सैन्य प्रमुख अश्वों से नीचे आ गए। पैंतरेबाजी के लिए दोनों ने आपस में कुछ दूरियां बनाई और झपट्टा मारने के लिए दौड लगाई। इसी बीच चचदेव दौड़कर मेहरात कीओर जाने के बजाए अपने अश्व पर बैठ गया और वहीं से उसने भाले का एक वार कर राजा मेहरात का काम तमाम कर दिया। चचदेव योजना बनाकर आया था अतः उसकी सेना के सैनिकों ने बिना समय खोए चचदेव को सुरक्षा घेरे में ले लिया। मेहरात की मृत्यु से सिंधसेना का मनोबल बढ़ गया। चित्तौड के सैनिक बिना सेनापति के असंजस में पड़ गए। कुछ भाग गए, कुछ ने आत्म समर्पण किया और बहुत से सैनिक बंदी बना लिए गए। चचदेव विजय में रथ पर बैठकर आलोर लौट आया।

सफलता अपने आप में उत्साह कर्मठता और प्रभाव की अभिवृद्धि में सकारात्मक ऊर्जा का संचार करती है। चचदेव ने एक सफल सेनापति के रूप में नगर में प्रवेश किया। एक सबसे बड़े प्रतिद्वंदी को समाप्त करने का प्रभाव पूर्व नरेश साहसी के परिवार के बचे खुचे लोगों के सिंध के सिंहासन पर बैठने के स्वप्नों को सर्वथा मिटाने के रूप में दिखाई दिया। प्रसन्नता के इस अवसर को उपयुक्त समझ कर रानी सुहान्दी का पुनर्विवाह भी राजधानी के प्रमुख नागरिकों, अधिकारियों, एवं सामन्तों के समक्ष संपन्न करा दिया। वर्ण व्यवस्था को राज्य के उच्चतम लोगों द्वारा तोडा जाना कई वृद्धों को रास नहीं आया किन्तु युवावर्ग प्रसन्न था। विधवा विवाह एवं वर्णेत्तर विवाह को सामाजिक अपराध न माना जाए इसके लिए विधवा सुहान्दी और ब्राह्मण चचदेव का गठबंधन एक प्रमाण हो गया।

किन्तु चचदेव के विरोध में अब भी कई प्रतिष्ठित लोग थे। कुछ ठिकाने राजा साहसी के परिवार के थे, तो कुछ सामंत बौद्ध थे, जो किसी ब्राह्मण को राजा के

रूप में मान्यता देने में संकोच कर रहे थे। किसी अनपेक्षित व्यक्ति को राजा के पद पर स्थापित करना और उसे प्रजा की मान्यता मिलने में अभी भी असहजता का भाव सिंध के मौजूद था। चचदेव के नये रूप को पचाना सामान्य के लिए भी एक कड़वी दवा के रूप में था।

विरोघ के सबसे अधिक मुखर स्वरों का संकेत आलोर से लेकर कश्मीर के बीच के उन दुर्गपालों की ओर से था जो अपनी शान्ति का प्रयोग सिंध देश से अलग होने में करना चाहते थे। विरोधियों में भी सबसे अधिक उतावला भूटिया दुर्ग था। व्यास नदी के किनारे पर खड़े भूटिया दुर्ग (वर्तमान का बेबिहा) पर डेरा डाला गया। सिकन्दरा का दुर्गपति चचदेव का परिचित था। चचदेव ने दुर्ग को घेर कर सिकन्दरा के प्रबन्धक को यह प्रस्ताव भेजा कि यदि वह जेतर चतर को जिन्दा या मुर्दा प्रस्तुत कर सके तो उसे भूटिया और सिकन्दरा के दुर्ग जागीर के रूप में दिए जाएंगे। सिकन्दरा के दुर्गपाल ने यह कर दिखाया। उसने चतर का सिरकाट कर चचदेव तक पहुंचा दिया। चचदेव ने भी अपने वचन की पालना कर दोनों दुर्गों का उसे दुर्गपाल बनाने के आदेश प्रदान कर दिए।

सिकन्दरा में ही उसे सूचना मिली कि मुल्तान प्रांत का प्रांतपाल बझरा (बाघेरा) जो कि पूर्व नरेश साहसी का रिष्तेदार था, युद्ध की तैयारी कर आलोर की ओर अभियान चलाने की योजना बना रहा है। चचदेव ने बिना समय खोए मुल्तान को जा घेरा। वहीं रावी नदी के तट पर अन्य दुर्गपाल की सहायता से बझरा ने अपना मोर्चा बना लिया। रावी नदी को पार करना कठिन था अतः चचदेव को तीन महिनों तक रावी के पानी के उतरने की प्रतीक्षा करनी पड़ी। इसी बीच बझरा ने कश्मीर नरेश से भी सहायता चाही किन्तु वहां से निराशा ही हाथ लगी। चचदेव ने तीन महिनों की प्रतीक्षा के बाद तीव्र आक्रमण किया। बझरा परास्त हुआ और वह कश्मीर की पहाड़ियों की ओर पलायन कर गया।

दुर्ग को एक स्थानीय राजपूत ठाकुर को सौंप कर चचदेव ने कश्मीर की सीमा तक पहुंच कर वहां पेड़ लगाए और कश्मीर नरेश को शान्ति का संदेश देकर राजधानी आलोर लौट आया। इस प्रकार देश का उत्तरी पश्चिमी भाग लगभग निष्कंटक हो गया।

राजधानी से दूर रहते हुए उसे कई महिने बीत गए। रानी सुहान्दी भी निरंतर के प्रवास से उकता गई थी। राजधानी में कुछ वर्ष गुजारने के बाद चचदेव का ध्यान दक्षिण में ब्राहमणाबाद की ओर गया। चचदेव के शासन को चुनौतियाँ देने में ब्राहमणावाद का शासक अधम लोहाणा बौद्ध संप्रदाय के श्रमणों के चंगुल में फंसा हुआ था। चचदेव चाहता था कि शासन प्रबंध में किसी विश्वसनीय व्यक्ति

को जिम्मेदारी सौंपी जाए, इसलिए उसने अपने छोटे भाई चंदर को गांव से बुला लिया। अब तक सुहान्दी ने भी क्रमशः दो पुत्रों को जन्म दे दिया था। इनके नाम से दारसेन एवं दाहर। एक पुत्री को भी जन्म दिया था। जो सबसे छोटी थी उसका नाम था बाई। भाई चंदर की सुरक्षा में राजधानी और अपने परिवार को छोडकर चचदेव ने ब्राह्मणावाद की ओर प्रस्थान किया।

मार्ग में एक अन्य दुर्ग था सिविस्तान का। इस दुर्ग का दुर्गपति भी स्वयंको स्वतंत्र समझ बैठा था। कुछ दिनों के घेरे के बाद सिविस्तान के दुर्गपाल ने पराजय स्वीकार कर चचदेव से क्षमायाचना कर आत्मसमर्पण कर दिया। कुछ दिन वहां रूक कर सिविस्तान को पुनः उसी दुर्गपाल को सौप दिया और उसने ब्राह्मणाबाद की ओर प्रस्थान किया।

ब्राह्मणावाद सिंध के चार प्रान्तों में से एक प्रान्त है। इस समय यहां पर सिंध हैदराबाद बसा हुआ है, जो पाकिस्तान में है इसके अन्तर्गत नैरून का किला (हैदराबाद के समीप), देवल (इसे आज कराची कहते है।) लेहाणा, लाखा और समह के इलाके आते थे। कालान्तर में लंबे समय तक ब्राह्मणाबाद संपूर्ण सिंध की सर्दियों की राजधानी (विशेषतः ब्रिटिशकाल में) रही थी।

राय चचदेव ने ब्राह्मणाबाद पहुंच कर वहां के प्रशासक अधम लोहाणा को पत्र लिखकर दुर्ग के द्वार खोलने का आग्रह किया किन्तु अधम अपने दुर्ग की सुदृढ़ता और पर्याप्त भोजन सामग्री के संग्रह के अभिमान से दुर्ग के द्वारों को बंद कर बैठा रहा। चचदेव भी अड़ा रहा। उसे विश्वास था कि कभी न कभी तो दुर्ग के द्वार खुलेंगे ही, क्योंकि दुर्ग में बसे आम लोगों सैनिकों एवं पशुओं के लिए आहार की सामग्री का संग्रह कितने समय तक चलने वाला था।

आपसी युद्ध और घेराबंदी की जुगलबंदी एक वर्ष तक चलती रही। इस क्रम का अवसान उस समय हो गया जब एक दिन यह समाचार मिला कि अधम लोहाणा का स्वर्गवास हो गया। अधम के पुत्र ने आत्मसमर्पण किया और चचदेव ने दुर्ग पर अधिकार कर लिया। राय चचदेव यहां कई महिनों तक रूका रहा। आपसी सद्भाव बढ़ता गया। आपसी मैत्री का भाव इस प्रसन्नता तक पहुंचा कि राजा चचदेव ने अधम लोहाणा की विधवा पत्नी से विवाह कर लिया और अपनी भतीजी का विवाह अधम लोहाणा के पुत्र सरबंद (सरहिंद) के साथ संपन्न हो गया। कई महिनों तक चचदेव ब्राह्मणाबाद में रूका रहा।

उन दिनों ब्राह्मणाबाद के आसपास के क्षेत्रों में कई जनजातियों का निवास था। इन जनजातियों के कबीलों में आपसी दुश्मनी पीढ़ियों तक चला करती थी। चचदेव के प्रशासन ने इन वनवासियों के लिए ऐसे प्रतिबंध लगा दिए जिससे उनकी अलग

से पहचान हो सके। जैसे ये लोग तलवार नही उठाऐंगे, घोड़ों पर काठी नहीं रखेंगे, सिर और पैर नहीं ढंकेंगें, राज्य कर्मियों के लिए लकड़ी का प्रबंध करेंगे, बाहरी आक्रमण के समय प्रशासन को सहयोग देंगे इत्यादि।

यहां शान्ति व्यवस्था को सुचारू रूप से सक्रिय कर चचदेव का ध्यान अरब जगत में पैदा हुए नये धर्म के अनुयाइयों की विस्तारवादी नीतियों के दुष्परिणामों की ओर भी गया। इस्लामी सैनिकों के दल लगातार सिंध और ईरान की सीमा से लगे मकरान प्रांत की सीमा पर दस्तक दे रहे थे। चचदेव ने ब्राह्ममणाबाद से चलकर मकरान के एक दुर्ग में अपना डेरा जमाया और कई महिनों तक सिंध का प्रशासन उस दुर्ग से ही संचालित किया। इसके बाद मकरान से वह तूरानी रेगिस्तान को पार करता हुआ कंधार (अफगानिस्तान) होता हुआ, राजधानी आलोर पहुंच गया। इस प्रकार चचदेव 40 वर्षों तक सिंध प्रांत की स्मृद्धि के लिए प्रयत्न करता रहा।

4

राय चचदेव का देहावसान एक शून्यता छौड गया। इस शून्यता को कम करने की दिशा में राजधानी आलोर में राय चच के भाई चन्दर को राज्य के सर्वेसर्वा के पद पर बिठा दिया गया। चन्दर स्वभाव से आस्तिक विचारों का था। उसकी ब्राह्मणवृत्ति अर्थात् पूजापाठ में कोई कमी नहीं आई। राज्य की दैनन्दिन व्यवस्थाओं में भी यदाकदा शासकीय प्रभाव में कमी या भूलचूक देखने को मिलने लगी। यह सत्य भी है कि घोडे पर बैठा सिपाही यदि हाथी परबिठा दिया जाए तो थोडा असहज तो होना ही पड़ता है। आलोर का सौभाग्य यह था कि वहा मंत्रीपरिषद में प्रत्येक विषय जैसे प्रशासन, वित्त, न्याय, शिक्षा, धर्मादि, के निष्णात व्यक्ति मौजूद थे। अतः राज्य की व्यवस्था की शीथिलता का आभास सामान्य प्रजा को नहीं हुआ।

राय चन्दर ने इसी अवधि में प्रशासनिक अनुभव के लिए स्वर्गीय बड़े भाई चचदेव के बड़े पुत्र दाहिरसेन को ब्राह्मणाबाद भिजवा दिया। वहां के प्रशासक सरंबंद लोहाणा को प्रसन्नता हुई कि उसको एक अच्छा सहयोगी मिल गया। राय चचदेव के छोटे पुत्र दाहर को चन्दर ने अपने राजकीय कर्तव्यों की पूर्ति हेतु अपने पास आलोर में ही रहने दिया। दाहर को आलोर के गृहविभाग का प्रमुख बना दिया।

सिन्धराज्य के सिविस्थान के शासक की शिकायतें दाहर के पास पहुंचने लगी। यह भी पता लगा कि दाहर के पिता श्री चचदेव ने सिविरथान के प्रशासक को हराया था और क्षमा याचना करने पर उसे सिविस्थान का दुर्ग पुनः लौटा दिया था। किन्तु, अब राजा चन्दर का राज्य था। सिविस्तान के राजा ने कन्नोज के राजा को पत्र भेजकर सहायता भेजने का आग्रह किया। उसे लिखा गया कि राय चन्दर तो पूजा पाठ में लगा रहता है और प्रशासन का कार्य उसका भतीजा दाहर देखता है अतः यह सुअवसर है कि कन्नोज का राज्य यदि सेना भेजे तो आलोर पर अधिकार किया जा सकता है। कन्नोज नरेश भी चाहता था कि सिंध या सिंध का यदि कोई बड़ा भू भाग उसे साधारण प्रयत्नों से तथा सिविस्तान जैसे घर के भेदियों से मिल सकता है तो सैन्य अभियान चलाया सकता है। कन्नोज के राजा ने कश्मीर नरेश को भी इस अभियान में सहयोग करने के लिए सहमत कर दिया। योजनानुसार कन्नौज, कश्मीर और सिविस्तान की सम्मिलित सेनाओं ने आलोर

की ओर प्रस्थान किया। उधर राय चन्दर और दाहर ने आलोर नगर के सभी द्वारों को बंद क़र दुर्ग में युद्ध संबंधी तैयारियां शुरू कर दी। आलोर के दुर्ग के बाहर फैली सेनाओं को जब यह विश्वास हो गया कि दुर्ग को तोड़ना और जीतना कठिन है, तब यह योजना बनी कि कोई ऐसी युक्ति निकाली जाए कि दुर्ग पर अधिकार हो जाए। इस निमित्त कन्नोज की सेना के प्रमुख जो कि कन्नोज नरेश का छोटा भाई था, ने एक पत्र रायचन्दर को भेजा उसमें मांग की गई कि दुर्ग के बाहर खड़ी सेना संधि करना चाहती है अतः उचित रहेगा कि आलोर की ओर से युवराज दाहर को संधि की शर्ते तय करने के लिए दुर्ग से बाहर भिजवा दिया जाए। इस संभावित बैठक में दोनों पक्षों से मात्र पन्द्रह व्यक्ति ही भाग लेंगे। आपातकाल के लिए आलोर और कन्नौज की सेनाएँ इस संधिवार्ता स्थल से दूर रहेगी। कन्नौज की योजना थी कि उनकीओर से जो भी वार्ता के लिए जाएं वह किसी भी प्रकार से युवराज दाहर को गिरफ्तार कर लें।

दाहर अपने अंगरक्षकों और कुछ दूरी पर सुरक्षाकर्मियों को व्यवस्थित कर वार्तास्थल पर एक एकान्त स्थल पर पहुंचा, जहां कन्नौज के पन्द्रह व्यक्ति प्रतीक्षा कर रहे थे। जैसे ही दाहर का दल वहां पहुंचा एक झोपड़ी के बरामदे में खड़े कन्नौज के वार्ताकार प्रमुख पर मकान की छत गिर पड़ी और वह प्रमुख वार्ताकार मर गया। उसके स्थान पर एक अन्य वार्ताकार को भेजा गया। वार्ताकार बड़ा चतुर था। उसने दाहर के साथियों की तलवारों की बड़ी प्रशंसा की और अपने साथियों से कहा कि वे तलवारों का निरीक्षण करें, ताकि ऐसी तलवारे कन्नोज में भी बनाई जा सके। कन्नोज का प्रत्येक वार्ताकार आलोरके वाताकारेां के पास चला गया कन्नोज का प्रमुख वार्ताकार दाहर के पास पहुंचा और दाहर से तलवार दिखाने की प्रार्थना की। दाहर ने उतर दिया कि उसके पास मात्र एक खंजर है जो उसे किसी प्रियजन ने भेंट में दिया है। यदि वार्ताकार देखना चाहे तो उसे समीप आना होगा, क्योंकि भेंटकर्ता की इस शर्त से दाहर बँधा हुआ है कि इस कटार को उसके शरीर से अलग नहीं किया जायेगा। वार्ताकार समीप आया। दाहर की योजनानुसार इसी समय आलोर के दल के एक व्यक्ति की तलवार जमीन पर गिर गई।

जैसे ही कन्नौज के वार्ताकार ने पीछे देखा दाहर ने झपट कर वाताकार को कस कर पकड़ लिया और उसकी तलवार को छीन लिया गया। दाहर के साथी तैयार थे। आलोर के प्रत्येक व्यक्ति ने कन्नोज के प्रत्येक दूत को पकड़ कर निःशस्त्र कर दिया। दाहर ने जिस प्रमुख वार्ताकार को पकड़ा था उसे बंदी बना लिया और समीप में ही छिपी सिंधी सेना ने बंदी को आलोर दुर्ग में पहुंचा दिया। दाहर ने शेषवार्ताकारों के लौटा दिया और संदेश भिजवाया कि यदि प्रमुख वार्ताकार

को छुड़वाना हो तो आलोर दुर्ग में आकर बात करें। कन्नोज का प्रमुखवार्ताकार गिरफ्तार हुआ, वह कन्नोज राजा का छोटा भाई था, और वही सेना लेकर सिंध पर अधिकार करने आया था।

आलोर दुर्ग से बाहर खड़ी सेना में कोहराम मच गया। कन्नोज राजा के भाई को छुड़ाने के लिए कई प्रतिनिधि आलोर दुर्ग में भेजे गए और अंत में यह निश्चय किया गया कि कन्नोज के पांच बडे सैन्य अधिकारी आलोर में तब तक रोके जाएंगे तब तक कश्मीर और कन्नोज की सेवाएं सिंध की सीमाओं को नहीं छोड़ देगी। बाहरी सेनाओं ने अपने-अपने देशों की और प्रस्थान किय। दूसरी ओर सिविस्तान पर आलोर की सेनाओं ने अधिकार कर लिया और वहां एक योग्य राज्यपाल को नियुक्त कर दिया गया। सब कुछ सानंद संपन्न हो गया। इसके बाद कन्नौज के पाँचों अधिकारियों को उचित भेंट एवं सम्मानजनक वस्त्रादि भेंट देकर विदा किया गया। सेवा समर्पण एवं सनातन धर्म की मान्यताओं के प्रचारक के रूप में राय चन्दर ने इस्वीसन 662 से 670 की अवधि पर्यन्त एक सच्चे प्रशासक के रूप में अपने सामथ्र्य का उपयोग किया। सन 670 में उसका देहावसान हो गया।

राय चन्दर के कार्यकाल में देशका गृह विभाग युवराज दाहर के नियन्त्रण में था। राय चन्दर की मृत्यु के बाद चचदेव का बड़ा पुत्र दाहर सेन भी आलोर आ गया। राय चन्दर के आठ पुत्रों में से ज्येष्ठ पुत्र का नाम देवराज था। मंत्री परिषद के सदस्यों के सुझावानुसार देवराज को ब्राह्मणाबाद के राज्यपाल के पद पर प्रतिष्ठित कर दिया गया। राजधानी आलोर में राय चचदेव के दोनों पुत्रों में से बड़े दाहर सेन को राज्य मिलना चाहिए था किन्तु छोटे पुत्र दाहर का संपूर्ण सिंध प्रान्त में वर्चस्व था, अतः यह तय किया गया कि राजसिंहासन पर राय चन्दर की विधवा पत्नी को बैठा दिया जाय और दाहर पहले की तरह राज्य का संचालन करता रहे। उन्हीं दिनों लगभग एक वर्ष के पश्चात् इस्वी सन 671 में ब्राह्मणावाद के प्रशासक चन्दर के पुत्र और प्रशासक देवराज एवं उसकी माँ का भी देहावसान हो गया।

इस प्रकार ब्राह्मणाबाद के प्रशासक का पद रिक्त हो गया। पर्याप्त विमर्श के बाद चचदेव के बड़े पुत्र दाहरसेन को ब्राह्मणाबाद का प्रान्तपांल बना दिया। इस प्रकार अपनी चाची की मृत्यु के बाद छोटा पुत्र होते हुए भी दाहर को आलोर मे राजा के पद पर प्रतिष्ठित कर दिया। संभवतया राज्य के मंत्रियों और बुजुर्गो नें दाहरसेन की अपेक्षा रायदाहर को अधिक योग्य समझा। रायदाहर को देश का शासन सौपने के पीछे दाहिर की सैन्य संगठन की कुशलता भी एक बड़ा कारण रहा। यह आवश्यक भी था क्योंकि नए धर्म इस्लाम के बंदों के सैनिक अभियान सिंध की और बढ़ रहे थे।

श्री चचदेव के दो पुत्र और एक पुत्री थी। पुत्री का नाम बाई था। बाई धर्मकर्म में निपुण थी और झगड़ों को निपटाने में कुशल थी। बाई के विवाह की जब भी चर्चा चलती, वह निस्संकोच नकार देती। उसका आग्रह सदा छोटे भाई दाहर के राज्य की समस्याओं को हल करने की ओर रहता था। किन्तु एक दिन एक छोटी सी रियासत जो आज के बाड़मेर (राजस्थान) के समीप थी, वहा के राजकुमार का बाई के साथ विवाह का प्रस्ताव ब्राह्मणाबाद मे बाई के बड़े भाई दाहरसेन के पास पहुँचा। बाई आलोर में थी, अतः बडे भाई ने बाई को दहेज में दी जाने वाली कई प्रकार की सामग्रियों, दास-दासियों के दल तथा अश्वारोहियों का एक बड़ा दल तैयार किया। दहेज की सामग्रीयों के साथ सैनिकों का दल आलोर पहुंचा दिया और छोटे भाई दाहर को यह निर्देश भी दिया कि उपयुक्त मुहूर्त देखकर तथा सगे संबंधियों की सहमति लेकर बाई का विवाह सम्पन्न करादे। बाई के लिए एक दुर्ग की भी व्यवस्था की जाने का आदेश बड़े भाई ने दे दिया।

किन्तु यहां आलोर में बाई ने विवाह से साफ इन्कार कर दिया। वह अपने आपको भक्तिभाव में तथा राजा दाहर के बताए कार्यों को संपन्न करने में ही अपना समय बिताना चाहती थी। सत्य तो यही था कि बाई आलोर को छोड़कर कही भी नही जाना चाहती थी। किन्तु बाई को लेकर अफवाहों का बाजार गरम हो गया। आम आदमी तक यह समाचार पहुंचा कि किसी ज्योतिषी ने यह भविष्यवाणी कर दी कि बाई का पति आलोर का राजा बनेगा। इस कारण राय दाहर ने अपनी बहिन से विवाह कर लिया। अफवाहो के पर निकल आए। जो भी सुनता वह राजा दाहर और उसकी बहिन की निन्दा करता। दाहर यह सब कुछ सुनकर बहुत ही व्यथित होता था। राजा और बाई की इस दशा को देखकर राज्य में भी परिषद के मुख्य अधिकारी, जिसका नाम बुद्विमान था, ने एक योजना बनाई।

उसने एक बड़े बालवाली भेड़ के शरीर पर धूल छँटवाई। पर्याप्त धूल उसके बालों में समा गई। इसके बाद उस भेड़ के बालों पर पानी छिटकवा दिया। यह क्रम दो चार दिन तक चला। इसके पश्चात् उसके बालों में राई और सरसों के बीज भी उलझा दिए। परिणाम यह हुआ कि भेड़ के शरीर पर हरे हरे अंकुर उग आए। भेड़ पूरी तरह हरे रंग के छोटे -छोटे अंकुरों से भर गया। हरे रंग के इस भेड़ को राजधानी की गलियों में ले जाया गया। भैड़ को देखने सारा नगर उमड़ पड़ा। उसी भेड़ को दूसरे-दिन भी गलियों में भेजा गया किन्तु अब दर्शकों की संख्या उतनी नहीं थी, जितनी पहले दिल थी। तीसरे और चैथे दिन तो उस भेड़ की ओर लोगों ने देखना ही छोड़ दिया।

बुद्धिमान ने राजा दाहर और बाई से एकान्त में पूछा-"आप बताएँ कि भेड़ के दर्शकों की संख्या में कमी क्यों आई"?

"पहले दिन वह भेड़ कौतुहल का आधार थी, क्योंकि ऐसी हरे रंग की भेड़ उन्होंने पहली बार देखी थी। बाद में जैसे-जैसे दिन बीतते गए लोगों का भेड़ देखने की और उत्साह कम हो गया।" राजा दाहर ने उत्तर दिया।"

बाई नें भी भाई के सुरों में अपना सुर मिलाा कर कहा "विचित्रता एक दो दिन रहती हैं। जब प्रतिदिन वही घटना या दृश्य दिखाई दे, तो लोगों का ध्यान उस और नहीं जाता है।" अब बुद्धिमान ने कहा-

"आप और बाई के विवाह की अफवाहों पर ध्यान नही दें। ये अनर्गल प्रलाप दो-चार दिन चलेंगे। लोग चटखारे लेकर इस चर्चा में अपना सिर खपाएंगें, किन्तु जैसे जैसे दिन बीतते जाँएगे, लोग भूल जाएगे। अतः आपसे अनुरोध है कि इन व्यर्थ के प्रलापों के कारण आप अपने मन पर बोझ नहीं आने दे। इन अपुष्ट जनसंवादों की उम्र बहुत कम होती है।"

दाहर और बाई के मानसिक संताप में मानों ठंडे जल का छिड़काव हो गया। प्रज्ज्वलित अग्नि में मानों वर्षा का जल फैल गया। एक बुखार चढ़ा था, वह क्रमशः समाप्त होता गया।

खबरें ब्राह्मणाबाद तक भी पहुंची। इसके पूर्व कि दाहरसेन कुछ करता, दाहर ने बड़े भाई को लिखा कि "राज्य के हित में कठोर निर्णय लेने के कारण बाई को बदनाम किया जा रहा है। आप जनसंवादों के कारण स्वयं को आहत अनुभव नहीं करे, तथापि बाई के न्याय-विभाग की कठोरता के कारण आपके मन में उपजे विवाद के लिए मुझे खेद है। मैं इस निमित्त क्षमा चाहता हूँ।"

प्रत्येक राज्य में घूर्तलोग होते है। इन घूर्तों की करतूतों से न केवल भाई-बहिन के संबंधो पर आँच आई, अपितु दौनों भाइयों में कटुता के बींज अंकुरित होने लगे। बड़ा भाई इस घटना को सुनकर बहुत क्रोधित हुआ, और उसने छोटे भाई को फटकारते हुए लिखा-

"प्रिय दाहर! तुमने जो कृत्य किया है, वह सर्वथा निंदनीय है। हम ब्राह्मणवंश के है। हमारे समाज में लोग क्या सोचेंगे। समाज यद्‌यपि आर्थिक दृष्टि से कमजोर है और तुम धन और सत्ता के बल पर कुछ भी करो, यह असहनीय है। हमें जाति से पृथक किया जाएगा। पूर्वजों से चली आई हमारी प्रतिष्ठा, निष्ठा और नैतिकताा के मानदण्डों को तोड़कर तुमने परिवार को कलंकित किया है। मुझे लगता है, मुझे स्वयं आलोर आकर तुम्हे दंड देना चाहिए।"

पत्र तीखा था। असत्य के प्रलाप भी कितने घातक हो सकते हैं, इसका अनुमान दाहर को नहीं था। उसने संताप के इन क्षणों में राज्य के विश्वसनीय अधिकारियों और मित्रों को बुलाकर बताया कि वह स्वयं ब्राह्मणाबाद जाकर बड़े भाई से क्षमायाचना कर वास्तविकता निवेदन करना चाहता है। प्रमुख सलाहकार बुद्धिमान नें तत्काल प्रतिक्रिया दी-

"राजन्! आपका भाई के पास जाना उचित नहीं है। लोग इस व्यर्थ के परिवाद के माध्यम सें आप दौनों भाइयों में फूट डालना चाहते है। आपका वहां जाना सिद्ध कर देगा कि आपने अपराध किया है अतः आप अपने बड़े भाई के प्रति उमड़ आई, संवेदनाओं पर नियन्त्रण करें। आप ऐसा व्यवहार करें, मानों कुछ हुआ ही नहीं।" मंत्री के इस सुझाव का सभी ने समर्थन किया। एक मित्र बोल उठा-

"आदरणीय दाहरजी को जो पत्र बड़े भाई ने लिखा है, उसमें कहा गया है, कि वह दंड देना चाहते हैं। इससे ध्वनित होता है कि वे बड़े भाई होकर भी सिंध के प्रांतपाल यह भीतर का संताप अभी तक गया नही हैं। यहां आकर दंड देने का क्या अर्थ है? मेरा तो सुझाव है कि आप दुर्ग के बाहर नही जाँय और किसी संभावित आक्रमण के प्रतिकार की तैयारी करें। भाइयों के बीच टकराहट हो, यही तो अफवाह फैलानेवालों का लक्ष्य था और वे इससे सफल होते दिखाई देते हैं।

दाहर की भाई के प्रति संवेदना की तरलता राजनीति के पाषाणों में दब गई। दाहर ने सभी सहयोगियों की सलाह को स्वीकार कर लिया और संभावित काल्पनिक युद्ध के लिए आवश्यक संसाधन एकत्रित करनें की आज्ञा प्रसारित कर दी। बाई स्वयं वर्षो तक ब्राह्मणाबाद में बड़े भाई के साथ रही थी। उसने भी भाई दाहर से आग्रह किया कि वह स्वयं बड़े भाई से बातचीत करने जाना चाहती है, किन्तु मंत्री परिषद ने इस प्रस्ताव को भी अस्वीकार कर लिया।

राय दाहर नें अपनी स्थिति को स्पष्ट करने के उद्देश्य से एक पत्र पुनः अपने भाई को भेज कर लिखा कि बहिन बाई स्वयं विवाह नही करना चाहती है, और राज्य की महत्त्वपूर्ण जिम्मेदारियों का निर्वहन करना चाहती है। किन्तु दाहरसेन को दाहर के स्पष्टीकरण पर भरोसा नही हुआ। एक दिन आलोर में यह खबर तेजी से फैल गई कि बड़ा भाई दाहरसेन स्वयं आलोर आ रहा है। उसके साथ सेना का बहुत बड़ा दल भी है। इधर आलोर में बैठा दाहर यह दिखावा करता रहा कि उसे बड़े भाई के आगमन की कोई सूचना नहीं है। आलोर में दिखावे के लिए शिकार के आयोजन की तैयारियां चलने लगी।

बड़ा भाई आलोर पहुँच गया। दुर्ग के मुख्य द्वार पर पहुँच कर उसने द्वारपालों एवं सुरक्षाकर्मियों को द्वार खोलने का अनुरोध किया किन्तु द्वारपालों नें मंत्री

बुद्विमान के निर्देशानुसार दाहर सेन से यह कहला दिया कि वे बिना सैन्य समूह के यदि दुर्ग में आना चाहें तो उनका स्वागत किया जाएगा। दाहरसेन को आलोर के अधिकारियों नें यह भी निवेदन किया कि वह अपनी छावनी को दुर्ग के बाहर से हटादे। यदि दाहरसेन चर्चा ही करना चाहता है तो अपने कुछ विश्वसनीय लोगों को दुर्ग में भिजवा दे।

दाहरसेन को बुरा तो लगना ही था। सिंध की केन्दीय सत्ता के केन्द्र आलोर पर स्वर्गीय चचदेव के बड़े पुत्र दाहरसेन का अधिकार परंपरा के अनुसार होना चाहिए, किन्तु छोटे भाई दाहर का उस पार अधिकार है। मन में बैठा बड़प्पन का यह भाव दाहरसेन को आहत कर रहा था। उसने आलोर दुर्ग के बाहर छावनी डाल दी। प्रकारान्तर से उसने आलोर को घेर लिया। दाहर के मन में भाई के प्रति किसी भी प्रकार का अनादर का विचार नहीं है, इसे दिखाने के लिए दाहर ने बड़े भाई तक संदेश भिजवाया कि वह स्वयं बड़ेभाई से मिलनाा चाहता है। यदि बड़ा भाई सुरक्षा का वचन दे तो वह दुर्ग सें बाहर आकर छावनी में भाई से मिलना चाहता हैं। बड़ा भाई चतुर था। दाहर के इस सुझाव के प्रत्युत्तर में अपना विश्वास जमाने के लिए लिखा कि वह स्वयं छोटे भाई से मिलने अकेला दुर्ग में आना चाहता हैं यह कहलवा दिया। संभवतया दाहरसेन अपनी और से यह दिखाना चाहता था कि छोटे भाई के प्रति उसके मन में कोई दुर्भाव नहीं है।

दाहरसेन हाथी पर बैठकर, केवल महावत के साथ दुर्ग के द्वार पर उपस्थित हो गया। द्वारपाल ने अधिकारियों से पूछकर हाथी को नगर में प्रवेश करने दिया। इधर राजा दाहर भी भाई के स्वागत में तत्पर हो गया, किन्तु मंत्री बुद्धिमान ने राजा दाहर को सुझाव दिया कि उसे बड़े भाई पर विश्वास नहीं करना चाहिए। राजा दाहर ने मंत्री की बात पर ध्यान नहीं दिया। बड़े भाई का हाथी राजमहल के द्वार पर खड़ा हो गया। दाहर ने परंपरा के अनुसार बड़े भाई का स्वागत किया और बड़े भाई को हाथी से उतार कर राजमहल में चलने की प्रार्थना की। बड़े भाई ने कहा-

मैं तुम्हें अपने साथ लेने आया हूँ। आओं तुम भी इसी हाथी पर सवार हो जाओ।" भावुक दाहर, भाई के आग्रह को नहीं टाल सका और हाथी पर चढ़ गया। महावत को थोड़ा आगे खिसकाया। बड़ाभाई बीच में बैठा था। छोटे भाई दाहर को दाहरसेन के पीछे बैठने हेतु संकेत किया। बड़ा भाई हाथी से नीचे नहीं उतरा, किन्तु उसने राजा दाहर को अपने पीछे बैठाकर हाथी को पुनः नगर से बाहर ले चलने का आदेश दे दिया। हाथी के साथ साथ दाहर के सुरक्षाकर्मी भी अपने अपने घोड़ो पर बैठकर चलने लगे। दाहर हाथी पर बैठ तो गया, परन्तु अब उसे संदेह हुआ कि बड़ा भाई उसे अकेले दुर्ग के बाहर ले जाकर किसी अनहोनी घटना को जन्म दे सकता

है। संदेह प्रबल होने लगा। घबराहट बढ़ गई। उसनें आंखों के संकेत से साथ चल रहे घुड़सवार बुद्धिमान से अपनी घबराहट को बताया। बुद्धिमान नें भी आँखों आँखों में समझा दिया कि उसे क्या करना है।

हाथी राजधानी के उस द्वार पर पहुँचा, जहां से उसे दुर्ग से बाहर निकलना था। संकेत के अनुसार राजा दाहर ने बिना आहट के चुपचाप द्वार से बाहर निकलते समय द्वार की छत के नीचे लटकते कड़ों को पकड़ लिया। हाथी बाहर निकल गया। किन्तु राजा दाहर कड़े पकड़ कर लटक गया। जैसे ही हाथी बाहर गया, द्वार बंद कर दिया गया और लटकते राजा दाहर को नीचे उतार लिया गया। द्वार से बाहर आने पर बड़े भाई को पता चला कि जिस छोटे भाई दाहर को वह धोखे से बाहर लाना चाहता था, वह हाथी की पीठ पर नहीं है। दाहरसेन को अपनी असफलता पर पष्चाताप हुआ। वह निराश होकर अपनी छावनी में आया और सदमें में बीमार पड़ गया। इसी दुःख की अवस्था में उसे चेचक की बीमारी ने घेर लिया और क्रमशः क्षीण होते मनोबल से वह इतना टूट गया कि छावनी में ही उसकी मृत्यु हो गई।

बड़े भाई की मृत्यु का समाचार सुनकर राजा दाहर का अपने बड़े भाई के प्रति मनोगत प्रेम आंसुओं के रूप में टपकने लगा। राजा दाहर तुरंत दुर्ग से बाहर भाई की छावनी में जाकर दुःख प्रकट करना चाहता था। वह चाहता था कि बड़े भाई की अंतिम क्रिया वह अपने हाथों से करे, किन्तु मंत्री बुद्धिमान नें राजा दाहर को कुछ समय धैर्य रखने हेतु सुझाव दिया और अपने विश्वसनीय दूतों को दुर्ग के बाहर भेज कर वस्तुस्थिति का पता लगाने का आदेश दिया। दूत छावनी में गए और उन्होनें स्वयं दाहरसेन के राव की देखकर दुःख प्रकट किया। दूतों के लौटने के बाद बुद्धिमान ने पर्याप्त सुरक्षा के साथ राजा दाहर को भाई के अंतिम संस्कार में जाने का परामर्श दिया। राजा दाहर नें दुर्ग के बाहर आकर चंदन की लकड़ियों की चिता तैयार कराकर बडेभाई दाहर सेन का दाहसंस्कार अपने हाथों से किया। लगभग एक माह तक राजधानी में शोक मनाने के बाद राजा दाहर स्वयं ब्राह्नणाबाद गया और बड़े भाई के स्थान पर उसने स्वयं शासन की बागडोर अपने हाथों में लेली। वहीं उसने लोहाणा प्रमुख की महिला के साथ विवाह किया और बड़े भाई द्वारा स्थापित प्रशासनिक व्यवस्था में सर्वत्र अपने विश्वसनीय लोगों को नियुक्तियां दे दी।

यद्यपि ब्राह्मणाबाद अपने आप में सिंध की राजधानी आलोर का ही एक भाग था, तथापि बड़ा भाई दाहरसेन ही वहां का मुख्य प्रशासक था। राजा दाहर ने कभी भी अपने बड़े भाई के निर्णयों के विपरीत कोई आदेश नहीं दिया। ब्राह्मणाबाद एक प्रकार से स्वशासी राज्य था, जिसकी विदेश नीति सिंध की राजधानी आलोर तय करता था। ब्राह्मणाबाद एवं दक्षिण में स्थित देवल तक के संपूर्ण भूभाग पर शासन

करनेवाले दाहर सेन अपने कार्यकाल के इक्कीस वर्षों की सेवा देने के बाद संसार से विदा हो गये। उसके स्वर्गवास के समय ईस्वीसन 701 चला रहा था।

5

महार्णव (अरब सागर) की ऊँची लहरों की मार से कुछ दूर उभरे हुए भू-भाग पर देवल नामक (कराची के समीप) बंदरगाह की प्रसिद्धि हजारों वर्षों से चली आई है। अरब देशों की ओर भारतीय बंदरगाहों यथा भरूच, कालीकट आदि एवं श्रीलंका से होने वाले व्यापार का मार्ग देवल से ही गुजरता था। देवल के पश्चिम की ओर आधुनिक मकरान में तेज नामक बंदरगाह था। तेज भारत की पश्चिमी सीमा का अंतिम वाणिज्यिक प्रयोजन का केन्द्र था।

आज देवल के बौद्धमठ में बहुत भीड़भाड़ थी। बुद्ध पूर्णिमा का अवसर था। देश के कई भागों से बौद्धों के धर्मगुरूओं का आगमन हुआ था। तक्षशिला विश्वविद्यालय के आचार्य मणिभद्र, शिविस्थान (सीस्तान) के वसुमित्र, आलोर के वणिक गौत्तम शाक्यवंशी का पौत्र सुभद्र शाक्यवंशीऔर हिंगुल क्षेत्र के बौद्ध आश्रम के आचार्य शीलबुद्धका आगमन देवल में हुआ था। दो दिन पहले से ही इन प्रबुद्ध आचार्यों और कई श्रमणों का नगर में प्रवेश हो रहा था। समुद्रतट के समीप ऊँचे स्थानों पर राजकीय अतिथि गृह था। प्रमुख आचार्यों एवं सम्पन्न अतिथियों के विश्राम की व्यवस्था वहीं की गई थी।

सुबह से ही धर्मचक्रों को घुमाना आरंभ कर दिया गया। भगवान बुद्ध की स्वर्ण प्रतिमा को चांदी मँढ़े रथ पर पधरा कर पूरे नगर में शोभा यात्रा के रूप में ले जाया गया। हजारों लोग इसमें सम्मिलित थे। निःशुल्क भंडारा का भी आयोजन था। सारा दिन उत्सवी आनन्द के साथ व्यतीत हो गया। संध्या के पश्चात् राजकीय अतिथि गृह के सभा भवन से लगे हुए एक छोटे से कक्ष में आचार्यों का दल और धनिकों के प्रतिनिधि एक-एक कर उपस्थित हुए। उपरोक्त आचार्यों का दल और आलोर के धनिक प्रतिनिधि भी आ गए। सबसे अंत में उपस्थित होने वाले थे देवल के ज्ञानबुद्ध। ज्ञानबुद्ध देवल क्षेत्र का प्रमुख था। न्याय-दंड एवं स्थानीय प्रशासन के अधिकार सिन्ध राज्य की ओर से उसे दिए हुए थे। धर्म और प्रशासन का वह प्रमुख व्यक्ति था। कक्ष में उपस्थित होने के बाद सभा भवन के चारों और से बंद किया गया ओर कोई भी भीतर नहीं जा सके, ऐसी व्यवस्था की गई।

बैठक का स्वरूप गुप्त था। तक्षशिला के आचार्य मणिभद्र ने अध्यक्ष का आसन संभाला। वह सभी आचार्यों में वृद्ध भी था। ज्ञानबुद्ध ने ही सर्वप्रथम बोलना आरंभ किया:-

"आप सभी आचार्यों और श्रेष्ठियों का भगवान तथागत के इस आश्रम में स्वागत करता हूँ। आपके सामने बिना इतिहास को दोहराए, अति संक्षेप में दो चार शब्द हमारे पराभव की घटनाओं के विषय में अवश्य कहूँगा। आपको ज्ञात है है कि चचदेव के शासन में आने के समय हमारे कुछ आचार्यो को भीनमाल (जिला जालोर राजस्थान) से सिन्ध आते समय गिरफ्तार किया गया था। एक कनफटे युवक हारीत के कारण यह सब कुछ हुआ और हमारे दोषों का सर्वत्र बखान किया गया। हम देशद्रोही हैं, आर्थिक हेराफेरी करते हैं और राजकीय नियंत्रण की अनदेखी करते हैं, ऐसा हमारे बारे में बताया जाता है। अतः हमें सोचना है कि हम हमारा उत्कर्ष कैसे बनाए रखें।"

आलोर का श्रेष्ठी सुभद्र तत्काल उबल पड़ा- "आपको यह भी ज्ञात है कि पिछली तीन पीढ़ियों से हमें बौद्ध होने के कारण राजकीय अपमान एवं आर्थिक कष्ट सहन करना पड़ रहा है।"

"यह हमें ज्ञात है बन्धु!" शील बुद्ध ने आत्मप्रदर्शन के प्रवाह को रोकते हुए कहा - "आप सभी करणीय पर सोचें यह समय की मांग है।" अब सुझाव देने का अवसर पकड़ा वसु मित्र ने। उसने कहा - "मित्रों! यह अवसर अत्यन्त उपयोगी है। महाराज चचदेव दिवंगत हो गए हैं। शासन पर उसका भाई चन्दर और उसका बारह वर्ष का बच्चा बैठा है। उसका ध्यान शासन पर नियंत्रण करने का होगा। वह निर्णय लेने की क्षमता भी नहीं रखता है। अतः नीतियों का निर्धारण और क्रियान्वयन इसी समय किया जाना चाहिए। नीतियों की कार्य योजना ऐसी हो जो सतह पर दिखाई नही दें। इन्हें गुप्त रखना होगा। पिछला अनुभव हमें ध्यान में रखना चाहिए।" वसुमित्र ने कहा। उसे ज्ञात था कि उसके पूर्व आचार्य के प्रभाव से ही शिविस्थान के शिवियों की सेना और चचदेव की सेना के बीच युद्ध हुआ था। उसमें शिविस्थान को हारना पड़ा था और अधिसंख्य बौद्धों को पलायन करना पड़ा था।

"आप मेरी बात ध्यान से सुनें।" ज्ञान बुद्ध में गला साफ करते हुए कहा- "इस देश में हमारी जनसंख्या आधी से अधिक है। देवल, ब्राहम्णाबाद, और नारायणकोट में तो हम अस्सी प्रतिशत हैं। यही कारण है कि यहां की प्रशासन व्यवस्था मुझे सौंपी गई है। मैं चाहता हूँ कि हमारे युवकों को इस रूप में प्रशिक्षण दे कि समय आने पर यदि सशस्त्र आक्रमण की आशंका भी हो तो हमें नुकसान नही हो। क्या आप इससे सहमत है?"

"सुभद्र जी! आप अपनी बात सीधे कहने का श्रम करें", अध्यक्ष मणिभद्र ने वार्ता को भटकने से रोकने की दृष्टि से कहा।

सभी ने सिर हिलाकर समर्थन दिया। तक्षशिला के मणिभद्र ने एक छोटा सा संशोधन अवश्य रखा-"भगवान बुद्ध की अहिंसा की धारणा इस अनुष्ठान में अक्षुण्ण बनी रहनी चाहिए।"

"अवश्य...। मैं भी बुद्ध का अनुयायी हूँ। आप चिन्ता नहीं करें।" ज्ञानबुद्ध ने एक ओर सुझाव दिया। "हमारा श्रेष्ठी वर्ग यदि आर्थिक सहायता दे तो प्रशासन के कुछ तत्व ऐसे हैं जिन्हें खरीदा जा सकता है। यदि अच्छे लोग हमारे सहायक बन सकें तो राजकीय सूचनाएँ एवं उनकी भावी संकल्पनाओं का हमें पहले से ही पता पड़ सकता है।"

इस पर भी किसी को एतराज नहीं हुआ। सभी सहमत हो गए। हिंगुल के शीलबुद्ध ने अपना उत्तरीय सीधा करते हुए कहा- मित्रों! देवल से हिंगुल के बीच मद्र और जर्तुक जातियां रहती हैं। इनके आपसी मतभेदों से आप और हम परिचिंत है। यदि इन जातियों को भगवान बुद्ध की शिक्षाओं के आधार पर जोड़ा जा सके और इनके क्रुद्ध स्वभाव को बुद्धेतर जातियों के विरूद्ध किया जा सके तो हमें अपने हितों को सुरक्षित रखने में सुविधा होगी।"

आपसी प्रष्नोत्तरों के बाद शीलबुद्ध को यह जिम्मेदारी सौंपी गई कि वह इन जातियों को बौद्धमत के समीप लाए। ज्ञानबुद्ध से जब यह पूछा गया कि सिन्ध राज्य के उन प्रभावी लोगों के बारे में चर्चा करें जो बौद्ध समाज के संभावित प्रतिद्वंदी या विरोधी हो सकते हैं, तो ज्ञानबुद्ध ने कहना आरम्भ किया-

"चचदेव के प्रारंभिक दिनों में हारीत नाम का एक युवक शासन में आया था। वह सबसे बड़ा खलनायक था। किन्तु प्रसन्नता है कि अब वह शासन से सर्वथा अलग है। संभवतया हिंगुल के तट पर तपस्या कर रहा है। फिर भी हमारे हिंगुल आश्रम को उसकी गतिविधियों पर सतर्क रहना चाहिए।"

हिंगुल के आचार्य ने विशेष सतर्कता रखने की बात दोहराई। पुनः ज्ञानबुद्ध मुस्कराकर कहने लगा- "आप इससे तो सहमत होंगे ही कि अंहिसा और हिंसा में से यदि हमें एक का चुनाव करना पड़े, तो हमारा मत अहिंसा के पक्ष में ही रहेगा?"

"अवश्य इसमें किसी को भी संदेह नहीं है, फिर भी आप इस तथ्य को दोहरा रहे हैं, इसके पीछे कोई न कोई बात अवश्य होगी। यदि रहस्य नहीं हो तो आपके कथन के पीछे के सत्य को उजगार करें।" तक्षशिला के आचार्य मणिभद्र की सतर्क दृष्टि मानो सब कुछ पढ़ लेना चाहती थी।

"ऐसी कोई घटना तो नहीं है, फिर भी आदरणीय शीलभद्र जी को जर्तुकों और मद्रों की आपसी कहा सुनी में कहीं कुछ करना पड़े तो अहिंसा का ही वे अवलम्बन करें, यह अपेक्षा रहेगी।" ज्ञान बुद्ध सहज में कह गया या कुछ प्रच्छन्न है, यह समझना कठिन कार्य था। मणिभद्र भी विश्वविद्यालय का आचार्य था। उसके मन में ज्ञानबुद्ध को लेकर उपजा संदेह बना रहा, फिर भी उसने अपने चेहरे पर संशय के भावों को नहीं आने दिया।

चर्चा में अगला प्रश्न था, देश में संभावित मंदिरों के निर्माण का। इस बार आलोर का श्रेष्ठी सुभद्र ही सर्वप्रथम कहने लगा-"मदिरों के निर्माण में हमारे जैसे कई व्यापारी संलग्न है और आगे भी हम ऐसा करते रहेंगे, किन्तु हमारी कठिनाइयों को भी आप लोगों को समझना चाहिये।"

"अवश्य प्रकट करें, बन्धु! आप यदि अपनी समस्या नहीं बताएगे तो समाधान कैसे होगा।" अध्यक्षीय आश्वासन के स्वर फूटे।

"आपको यह ज्ञात है कि सिन्ध राज्य में हमारे माल को ले जाने में सिन्धु नदी पर तैरती नावों का बड़ा महत्त्व है इन नावों को विभिन्न शहरों के घाटों पर ठहरना होता है प्रत्येक ठहराव पर हमें कर देना होता है। आशंका होने पर हमारी सामग्री की जांच भी की जाती है। इस कारण एक और जहाँ माल की कीमत बढ़ जाती है, तो दूसरी ओर समय भी अधिक लग जाता है क्या इस समस्या की ओर आप ध्यान देंगे।" ज्ञानबुद्ध देवल का प्रशासक भी था अतः कहने लगा-"राजकीय नियमों को बदला जाना कठिन है।" इस पर सेठ सुभद्र ने तर्क दिया-"हमारे धर्म को मानने वाले आप देवल में प्रतिष्ठित हैं। नारायण-कोट में भी हमारा धर्म बन्धु प्रशासक है। ब्राह्मणाबाद में यद्यपि लोहाना वंश का राज्य है, फिर भी वे भी भगवान बुद्ध के उपासक है या यों कहूँ कि सिन्ध की निचली घाटी आपके ही अधिकार क्षेत्र में है।"

"सच तो सच है। आलोर से देवल और लखपत से मकरान तक हम लोगों के धर्म बन्धुओं की ही तो बहुलता है।" शिविस्थान के आचार्य व सुमित्र ने सुभद्र का समर्थन करते हुए कहा।

"क्या आपका प्रशासक, हमारी नावों को, जिन पर बौद्ध परम्परा वाली लंबी किन्तु कम चौड़ी आकार की विभिन्न रंगो की ध्वजाएँ लगी हो, जाँच मुक्त नहीं कर सकता है? ऐसा करने से जगह-जगह नावों की जाँच में लगने वाले समय को बचाया जा सकेगा।" सुभद्र ने विशिष्ठ मिठास के साथ अपना प्रस्ताव रखा।

"इससे राज्य को क्या लाभ हो सकता है?"

"हमारा समय बचेगा तो नावों के फेरे बढ़ेंगे तो राज्य को अधिक कर मिलेगा।"

"यदि नावों में निषिद्ध सामग्री का आवागमन हुआ, तो कौन जिम्मेदार होगा?"

"वैसे तो हम ही दायित्व लेंगे, किन्तु आप विश्वास रखें कि हमारी नावों में निर्धारित सामग्री ही जाएगी। आप प्रत्येक नाके पर अपने किसी धर्म बन्धु को लगा सकते हैं, जो हमारी नावों को प्राथमिकता से आने जाने दे। यदि आप हम व्यापारियों की इस दशा में सहायता कर सकें, तो भगवान बुद्ध कें मंदिरों का निर्माण कार्य भी निर्बाध रूप से चल सकेगा।"

सुभद्र के तर्क तो ठीक थे किन्तु नावों की जाँच से मुक्ति का अर्थ ज्ञानबुद्ध को समझ में आ गया था। व्यापारी यदि किसी सुविधा की मांग करता है तो उसके पीछे कोई न कोई स्वार्थ तो छिपा ही रहता है। समान धर्मावलंबी के तर्क को मान लेना उचित समझ लिया गया। आश्वासन स्वरूप उसने इतना ही संकेत दिया कि -"ठीक है। हम आपकी सुविधाओं को ध्यान में रखते हुए विचार करेंगे।"

अर्थ सम्पन्न लोग उत्कोच (रिष्वत) की प्राचीन परम्पराओं से जन्मजात परिचित होते हैं। धर्म प्रचार के नाम से ही सही, मन्दिरों के पुनर्निमाण एवं नव निर्माण के बहाने से ही सही, बड़े लोगों की सरकारी नियमों में पिछले दरवाजों से घुसपैठ को लगभग वैध माना जाता है। दान का एक विशेष अर्थ यह भी है कि अनुचित मार्गों से प्राप्त कमाई को सम्मानजनक और सार्वजनिक मान लिया जाए। सुभद्र की पीढ़ियाँ इसी मापदंड के आधार पर सरकार एवं धर्मनेताओं के मध्य अपना स्थान बना चुकी है। नावों पर बौद्ध झंडों को लगाना, मन्दिरों मठों कें निर्माण में आर्थिक सहायता देना और मठाधीशों को सुविधाएँ देकर अपना काम निकालना शुद्ध गणित का नाम है परन्तु जन सामान्य में यशप्राप्ति का ब्याज अलग से मिल जाता है।

देवल एक प्रकार के स्वायत्तशासी राज्य था। महाराज दाहर के अधिकार में मुद्रा, विदेशी व्यापार और संधियों, प्रभावशाली नियुक्तियाँ और आक्रमण के समय चाहने पर सुरक्षा देना जैसे विषय आते थे। देवल परिक्षेत्र की राजस्व वसूली, प्रशासन, शिक्षा, स्वास्थ्य, स्थानीय सुरक्षा जैसे दायित्व का वहन ज्ञानबुद्ध के हाथों में था। ज्ञानबुद्ध देवल राज्य का प्रबंधक था, जिसका चुनाव देवल, मकरान, लखपत, परिक्षेत्र के बौद्ध मठों के प्रतिनिधी किया करते थे। पर पद वंशानुक्रम पर आधारित नहीं था। सुभद्र यद्‌यपि राजधानी आलोर में रहता था, किन्तु उसका वास्तविक व्यापार केन्द्र देवल था। सुभद्र के दादाजी के समय आलोर से लेकर कश्मीर के बीच की वाणिज्यिक उपज को चीन देश भेजा जाता था। किन्तु इन दिनों सुभद्र के द्‌वारा अरब सौदागरों से समझौता कर दक्षिणी सिन्धु तटवर्ती मैदानों की कृषि उपज को उत्तरी अफ्रीका और यूरोपीय देशों तक भेजा जाने लगा था।

ज्ञानबुद्ध स्वयं एक प्रसिद्ध बौद्ध श्रमण था। विवाहित था, कुशल प्रशासक था। बौद्धों के हितों का पक्षधर था। स्वयं की तिजोरियों को भारी बनाए रखने, उन्हें विस्तारित करने और बौद्ध धर्म के प्रचार-प्रसार में धन को उपयोगी बनाना उसका निजी धर्म था। त्रिपटक जैसे बौद्धग्रंथों का उसने गहराई से अध्ययन किया हुआ था। बौद्ध धर्म संघ का यद्‌यपि वह अध्यक्ष नहीं था, तथापि संघ की समस्त आर्थिक आवश्यकताओं की पूर्तियों का नियोजन उसी के माध्यम से हुआ करता था।

बैठक समाप्त हूई। कुछ निर्णय अति गुप्त रखे गए। बौद्धों से इतर जनसंख्या में से किन किन जातियों को प्रलोभन अथवा राजकीय प्रभा मंडल की चकाचौंध से प्रभावित कर बौद्ध मतावलंबी बनाया जा सकता है, इसकी कार्य योजना पर भी पर्याप्त चिन्तन हुआ। दाहर के ब्राह्मणराज्य में अपने धर्म वालों का निर्णायक प्रभाव जम सके, इस पर भी गहन विचार विमर्श हुआ। वर्ष में दो बार होने वाली ऐसी गुप्त बैठक की बौद्ध जगत में बड़ी मान्यता थी।

उत्सव आयोजन का समापन अगले दिन दोपहर के भण्डारे के साथ सम्पन्न हुआ। सामूहिक भोज का यह उपक्रम बहुत ही बडे पैमाने पर किया जाता था। बिना किसी जाति और धर्म के विभेद के सभी को भगवान बुद्ध की प्रसादी दी जाती थी। पंक्तियों में बिठाकर हजारों लोगों को जब भोजन परोसा जा रहा था, तब ज्ञान बुद्ध अपने परिवारों के साथ जीमने वालों के सामने जाकर हाथ जोड़कर प्रार्थना कर रहा था, कि वे कम से कम मिठाई तो ओर लें। उसकी विनम्रता देखते ही बनती थी। एक प्रकार से वह राजा ही था। राजा स्वयं मनुहार करे, इससे अधिक सम्मान की बात प्रजा के लिए क्या हो सकती थी? भोजन करने वालों की पंक्तियों में कुछ पंक्तियां ऐसी थी, जिनकी वेशभूषा एक जैसी थी। ढ़ीला ढ़ीला चैगा जैसा कुर्ता जो घुटनों से नीचे तक फैला रहता था। सिर पर गोल घुमावदार पगड़ियाँ, अधोवस्त्र के रूप में लूंगी की तरह लपेटी हुई धोतियां थी। इनमें से कुछ लोग हाथों में काँसे और ताँबे के कड़े पहने हुए थी। महिलाओं की भी यही वेशभूषा थी। ये लोग जाट जाति के थे। इन्हें नए कपड़े पहनाकर पहली बार बौद्ध धर्म में दीक्षित किया हुआ था। ये लोग पश्चिम में मकरान और ईरान की सीमा से लगे क्षेत्र से जाए हुए थे। ज्ञानबुद्ध मूर्तिमंत विनम्रता का स्वरूप दिखाई दे रहा था। आश्चर्य की बात यह थी कि अन्य बौद्धों के विपरीत ये लोग नंगे पाँव नहीं थे। चमड़े के जूते पहनने का कारण यहाँ इन प्रदेशों की दुर्गमता एवं ठंडक थी। कहते हैं भगवान बुद्ध ने जलवायु एवं भू भाग की विशेषताओं को देखते हुए सिंध प्रांत के श्रमणों को जूते पहनने की स्वीकृति दी थी।

6

देश का पश्चिमी भाग षड़यंत्रों का गढ़ बना हुआ था। जिस समय की हम चर्चा कर रहे हैं, वह आठवीं शताब्दी का उत्तरार्ध था। इस्लाम का विस्तार पैगम्बर मुहम्मद साहब के बाद खलीफाओं के कार्यकाल में हुआ था। खलीफा न केवल धर्मगुरू के पद पर आसीन थे अपितु इस्लाम जगत की राजनैतिक शक्तियाँ भी इस पद के अन्तर्गत समाहित थी। खलीफा की तलवार के बल पर जीते गए प्रदेशों के राज्यपालों की नियुक्ति भी वे करते थे। उन विभिन्न प्रदेशों से जो भी आमदनी होती उसका एक निश्चित भाग खलीफा तक पहुँचता था, जिसमें सोना, चांदी, घोड़े, हाथी, ऊँट, अस्त्र-शस्त्र, वैद्य, वैष्याएँ गुलाम जैसी कई वस्तुएँ एवं जीवित प्राणी भी हुआ करते थे। युद्ध में जिन स्थापित राजवंशों की या, उनके क्षेत्र की युवा कन्याएँ मिल जाती तो विजेता सेना के अधिकारी उन्हें आपस में बाँट लेते और अति सुन्दर कन्याओं को खलीफा की सेवा में भिजवा देते थे। खलीफाओं का कोष चारों ओर से भरा जाता था। मिश्र, सूडान से लेकर सम्पूर्ण उत्तरी अफ्रीका तक इस्लामी तलवार चली थी। रोमन साम्राज्य में भी इस्लाम ने दस्तक दे दी थी। यदि यों कहें कि भूमध्य सागर का इज़्राइल और सीरिया से लेकर जिब्राल्टर तक का सम्पूर्ण प्रदेश हरे रंग की चादर से ढक गया था, तो अतिशयोक्ति नहीं होगी। दूसरी और मध्य एशिया और पूर्वी यूरोप भी इस आंधी की चपेट में आ गया। पूर्व दिशा की ओर ईरान का सम्पूर्ण प्रदेश इस्लाम अंगीकार कर चुका था।

अरब नागरिक जहाँ भी जाते एक छोटी सी मस्जिद बनाते। एक साथ नमाज पढ़ते। साथ-साथ खाने, रहते और वाणिज्यिक गतिविधियों में संलग्न हो जाते। आपसी एकता और भाईचारा के आधार पर ही सामूहिकता निर्मित हो रही थी। ईरान पर जब आक्रमण हुआ तब कई पारसी लोग धर्मान्तरण की गिरफ्त में आ गए। कुछ अग्नि पूजक लोग जो जिंदावेस्ता को अपना धर्म ग्रंथ और महान संत जरथुष्ट्र को अपना पथप्रदर्शक मानते थे, ईरान से पलायन कर सिन्ध और भारत के कई प्रदेशों में आकर बस गए। इन विस्थापितों को सिन्ध साम्राज्य में जमीन और आर्थिक सहायता देकर उनकी इच्छा के अनुसार बसाया। भारत में इन्हें अपनी मान्यताओं के आधार पर आचरण करने एवं पूजा पद्धति का पालन करने की छूट थी।

खलीफा अब्दुल की ओर से घोषणा की गई कि ईरान एवं समीपवर्ती वह भू भाग जो इस्लाम स्वीकार कर चुका था उसका प्रांतपाल हज्जाज को नियुक्त किया गया है। हज्जाज ने जब कार्यभार संभाला तब उसे कहा गया कि वह ईरान से लगे सिन्ध को अपने अधिकार में ले ले। हज्जाज ने शासन सूत्रों को अपने हाथ में लेते ही सिन्ध विजय के सपने देखने शुरू कर दिए। यह समय हिजरी संवत् 85 का था। उसने अपने सलाहकारों की बैठक बुलाई और अब तक किए गए पूर्ववर्ती राज्यपालों के सिन्ध विजय के प्रयासों की समीक्षा करने का प्रयास किया। बैठक में सर्वप्रथम कोई मुँह खोलने वाला वहीं था। उसने भूमिका स्पष्ट करते हुए कहा - "आप सभी को बधाई। आप सभी सौभाग्यशाली है कि हमें इस्लाम का सिपहसालार बन कर हजरत रसूल के बनाए हुए मार्ग पर चलने का अवसर मिला है। हमारे संरक्षक खलीफा ने मुझे तलवार भेंट कर इस्लाम की खिदमत करने का और आप सभी के सहयोग से हमारे मुल्क से लगे काफिरों को हजरत रसूल के नियमों का पालन कराने का मौका दिया। मैं चाहता हूं कि सिन्ध को लेकर अब तक जो कुछ भी प्रयास हुए हैं, उसका लेखा जोखा सभी के सामने रखा जाए, ताकि हम तय कर सकें कि हमारे अभियान में कहाँ कहाँ कमियाँ रही हैं। ईरान के वजीर से गुजारिश करूँगा कि वे अब तक हुए सिन्ध सम्बन्धी प्रयासों का विवरण प्रस्तुत करें। नया प्रांतपाल था। अभी हज्जाज के मिजाज को पढ़ना और समझना भी शेष था। अतः संभलते हुए प्रमुख वजीर ने अपनी चिरपरिचित गंभीर शैली में अपनी बात रखना शुरू किया -

"इस गुलाम को इस्लाम एवं ईरान की खिदमत करते करते कोई चालीस बरस बीत गए हैं। मेरे जमाने से पहले भी सिन्ध को लेकर जो कुछ हुआ, वह भी मैने लोगों से सुना है और मेरे समय में जो प्रयास हुए हैं, उन्हें मैंने देखा और भोगा है। अतः सिलसिलेवार मैं कहने की इजाजत चाहूँगा।"

"अवश्य ....! बिना लाग लपेट के सब कुछ कह डालो। यदि सच कड़ुवा हो तो उसे भी कह देना। हमारी कमियों को भी स्पष्ट कर देना, ताकि हम आगे से गलतियां नहीं दौहराएँ।" हज्जाज ने खुली छूट दे दी।

"हुजूर! हिजरी सम्वत पन्द्रह में जब हमारे खलीफा उमर हुआ करते थे, उस समय उस्मान साहब के नेतृत्व में एक बड़ी फौज सीरिया से चलकर बहरीन तक आई थी। दुःख है कि सेनापति की युद्ध में मौत हो गई। इसके बाद उन्हीं दिनों अब्दुला को फौज देकर भेजा गया। उसने मकरान पर हमला बोला किन्तु हमारी फौज को शिकस्त का सामना करना पड़ा। इसके बाद हिजरी सन् 38 में जब खलीफा पद पर मआवीया बिराज रहे थे, तब एक बड़ी सेना, सिन्ध के पश्चिम में

केकानान पर्वतों की घाटियों से सिन्ध में घुसी, किन्तु आलोर के महाराज चचदेव की सेना के सामने हम नहीं टिक सके। केकानान पर्वत की घाटियां हमारे सैनिकों का कब्रिस्तान बन गई। हमारी अधिकांश सेना इस्लाम के लिए कुर्बान हो गई। इस अभियान में चार हजार सैनिक काम आए।"

"खुदाताला, उन सैनिकों को जन्नत प्रदान करें।" हज्जाज ने दोनों हाथ फैलाकर दुआ की।

"इसके बाद राशिद को सेना के साथ भेजा गया, किन्तु वह भी युद्ध में मारा गया और सेना मकरान से लौट गई। इसके बाद एक बड़ी फौज सनान पुत्र सलहम के सेनापतित्व में मकरान को जीतकर बुधेह के किते तक गई किन्तु इस बार सनान को धोखेसे मार दिया गया। हिजरी सन् 61 में मनजर नामक सेनापति सिन्ध विजय की कसम खाकर चला किन्तु मार्ग में बीमार होकर मरगया। पिता के बाद उसके पुत्र हुकुम को तीन लाख दरहम (मुद्रा) और सुल्तान-ए-हिन्द का अधिकार पत्र देकर भेजा गया किन्तु नतीजा शून्य ही रहा।"

"आखिर क्या कमी रही कि हम सिन्ध के मोर्चे पर हमेशा पिटते रहे?"

"हुजूर! दो चार बातें और कहने की इजाजत दें। इसके बाद इस पर भी हम विचार करेंगे कि हमारी पराजय क्यों होती है।"

"ठीक है ...., आप कहना जारी रखें।"

"इसके बाद की कहानी से आप परिचित हैं। खलीफा अब्दुल-अल-मलिक ने आपको ईरान,हिन्द और सिन्ध की सल्तनत का परवाना देकर यहां भेजा। इस बीच हमारे व्यापारियों और अलाफी मुसलमानों ने मकरान में अपना डेराडाल दिया। जब आपका सेनापति सैय्यद मकरान पहुँचा तब अलाफियों ने सैय्यद को मार दिया और खुद वहां के सर्वेसर्वा बन गए। इस पर आपने (हिजरी सम्वत् 85) मुजाइह के नेतृत्व में सेना भेजी। सेना मकरान में पहुँची तब डर के मारे अलाफी लोग आलोर के राजा दाहर की शरण में चले गए। मुजाइह भी एक वर्ष तक मकरान में डेरा डाले पड़ा रहा, और बीमार होकर चल बसा।" वृद्ध वजीर की तकरीर दिलचस्प थी। सभी लोग शांतिपूर्वक सुन रहे थे। हज्जाज के चेहरे पर कई प्रकार के भाव उतरते चढ़ते जा रहे थे। प्रांतपाल हज्जाज ने अपने सहयोगियों को सहसा पूछा- "आप तो वर्षो से ईरान में रह कर हमारे हितों की देखभाल करते रहे हो। कई लोगों के नेतृत्व में सिन्ध पर गई सेनाओं को आपने विदा किया और उनकी पराजय के समाचार भी आपने सुने। पराजय के संदेश सुन सुनकर क्या आपके मन में कभी यह विचार नहीं आया कि यदि आपको राज्यपाल बना दिया जाए तो आप सिन्ध को रौंद सके?"

"हूजूर! कल्पनाओं के पंख तो होते हैं, किन्तु उनके पैर नहीं होते हैं। मन तो बहुत होता है कि ऐसा कुछ कियाजाए कि हमारी सेना का परचम सिन्ध के हर कस्बे और गांव तक लहराया जाए।" वृद्ध वजीर ने ही मोर्चा संभाला हुआ था।

"यदि आपका ऐसा ही सोच है, निश्चित ही आपके दिमाग में किसी न किसी प्रकार की योजना भी होगी। आपने उन कारणों को भी गहराई से खोजा होगा, जिसके कारण हम हारते आए हैं।"

"हुजूर! गुलाम का जितना सोच है, उसे मैं प्रकट कर सकता हूँ। फिर भी मैं यकीनन यह नहीं कह सकता हूँ कि मेरा सोच बिलकुल सही है। इस पर भी मेरा विनम्र सुझाव है, कि मेरे विचारों को आप अकेले में सुनें तो उचित रहेगा।"

"मैं समझ सकता हूँ, वजीर ए आला! आपने समय देखा है। सल्तनतों के उतार चढ़ाव भी देखे हैं। आपको ऐतराज नहीं हो तो मैं चाहता हूँ कि आप अपने पद का काम किसी योग्य को सौंप दें और अब आराम करें किन्तु आपका रूतबा पहले से भी दुगुना बढ़ाने की कोशिश कर रहा हूँ। आप मेरे निजी सलाहकार रहेंगे। आपको अभी जो कुछ मिल रहाहै, उससे दुगुना वेतन, सुविधा और जागीर दी जाएगी। आप अपने पद स्थान पर जिसे चाहें नियुक्त कर दें।"

"आमीन! खुदा आपका रूतबा बढ़ाए।" वृद्ध वजीर का सिर झुक गया।

"बस, अब केवल एक ही विषय है, जिस पर आपको सोचना है, वह है सिन्ध को जीतना। जिसको भी इस विषय पर कुछ भी कहना हो या करने का सुझाव हो वे अकेले में मुझे कह सकते हैं। आपकी इस्लाम के प्रति वफादारी की हम कद्र करते हैं। आपके सुझाव इस्लाम को बुलंदियों की ओर ले जाएंगे और खुदाताला की रहमत हमें नसीब होगी, यही दुआ करता हूँ। अब आप लोग विश्राम करें।" बैठक तो समाप्त हो गई किन्तु हज्जाज के संकेत पर वृद्ध वजीर वहीं रूक गया।

एक भाव होता है, जो दूसरों की प्रगति देखकर दुःखी होता है। वृद्ध वजीर के प्रति कई लोगों के पूर्वाग्रह थे। ऐसे भी सिरफिरे थे जो वजीर का बुढ़ापा बिगाड़ना चाहते थे किन्तु बुढ्ढा तो रूतबा बढ़ा गया। हज्जाज भी नया था। नए आदमी के मिजाज का क्या भरोसा? कई लोग जो स्वयं को तीसमारखाँ समझते थे, चुपचाप चले गए। वजीर के विरोधियों ने प्रतीक्षा करने और घटनाओं की समीक्षा करने की नीति पर चलने का निश्चय किया।

उधर वृद्ध वजीर और हज्जाज के बीच गुप्तगू शुरू हुई। हज्जाज ने ही पहल की। वह कहने लगा - "आप कुछ कहना चाहते थे?"

"यही दो चार बातें मन में आई थी। आपने यह अच्छा किया कि मुझे अकेले में मिलने का अवसर दिया, क्योंकि इस बैठक में ऐसे नादान लोग भी थे, जो गूढ़ बातों को पचा नहीं सकते हैं। उनके मुँह से कोई बात बाहर चली जाए तो सारा खेल बिगड़ सकता है।"

"वजा फरमाया, आपने। आप तो उन बातों को अब कह सकते हैं, जो सिन्ध में हमारी सहायक हो सकती हैं।"

"हुजूर! अब तक जितने अभियान चले हैं, हमने दंड नीति पर चलाए हैं। आक्रमण करना, जो सामने आए उसे मारना या प्रताड़ित करना, संपत्ति लूटना आदि। मेरी समझ में ये प्रयत्न ही हमें नुकसान देते रहे हैं।"

"कैसे ...? दंड देने से ही तो रोब गालिब होता है। लोगों में हमारे नाम की दशहत फैलती है। यह डर हमारे रास्ते आसान करता है।" हज्जाज ने अपने सोच को संक्षेप में प्रकट किया।

"हुजूर! हमारे विरोधी इस डर को अपने पक्ष में भुनाते हैं। वे लोगों से कहते हैं कि संगठित हो जाओ, नही तो मारे जाओगे। हमारा दंड, उनके लिए संगठन को मजबूत बनाने का आधार बनता है।"

"तो हमें क्या करना चाहिए?"

"सबसे पहले जासूसों का जाल फैला कर सिन्ध के लोगों के जातीय वैमनस्य, कटुता, पूर्वाग्रह एवं आपसी झगड़ों का पता लगाया जाना चाहिये। ये झगड़े किस सीमा तक हमारे लिए लाभप्रद हो सकते हैं, इस पर विचार होना चाहिए। हम लोग प्रायः सैनिक रास्तों की खोज करते हैं। सेना कहां से गुजरेगी, पानी का बंदोबस्त क्या होगा, घास, रातब कहां सुलभ होगे, सेना का पड़ाव किस जगह होगा .... ऐसे ही प्रश्न हैं, जो हमारे सोच का आधार बनते है।"

"सिन्ध के जातीय झगड़ों की तह में जाकर हमारा कौनसा मकसद पूरा होगा?" हज्जाज, वजीर को कुरेदना चाहता था। वह ऊपर से नादान बनकर दिखावा कर रहा था। वैसे वह अपने गुप्तचरों का ताना-बाना बुन चुका था।

"यदि मैं सिन्ध विजय का श्रेय लेना चाहूँ तो जितना खर्च सेना पर कियाजाता है, उतना खर्च, मैं सिन्ध के स्थानीय एवं जातिगत झगड़ों में अपना पांव फंसाने में करना चाहूंगा। हमारा प्रयत्न होना चाहिए कि सिन्ध के लोग आपस में लड़ें। हम लोग किसी कमजोर को सहायता देकर, उसे बलवान से लड़ाये ताकि उन दोनों की ताकत आपस में ही खत्म हो जाए, और वहीं अवसर होने चाहिए जब हम अपनी सेना को उस क्षेत्र में आगे बढ़ावे।

"हूँ.....।" हज्जाज में किसी प्रकार की टिप्पणी नहीं की।

"दूसरा प्रयत्न, सिन्ध राज्य के आला अफसरों को खरीदने का किया जाना चाहिए। इससे उनके राज्य में क्या कुछ होरहा है, इसकी जानकारी हो जाए। सिन्ध राज्य की गतिविधियों की भनक दमिष्क तक पहुँचती रहे, यह आवश्यक है"

"जो भी आप सुझाव देरहे हैं, उन पर अमल होना चाहिए और कुछ .....?

"सामान्य लोगों में यह संदेश भी जाना चाहिए कि हम लोग उनका भला चाहते हैं। लोगों में हम विश्वास जमा सकें यह भी आवश्यक है।"

"आपने अपने सुझावों को अमलीजामा पहनाया ही होगा। आपके प्रयत्नों के परिणाम भी सामने आये होंगे। क्या आप उन नतीजों कीजानकारी मुझे दे सकते हैं? जो काम आप लोग करचुके हैं, उससे दो कदम हम आगे बढ़ें, तो ठीक रहेगा।" हज्जाज के कथन के बाद वजीर ने अपने पिटारे खोलना शुरू किया, उसने प्रत्येक सैनिक अभियान की कमजोरियों को उदाहरण सहित प्रस्तुत करना शुरू किया। हज्जाज और वजीर लगभग एक एक प्रहर तक उस एकान्त कमरे में गुफ्तगू करते रहे। उस दिन के बाद प्रायः संध्या की नमाज के पश्चात् दोनों ही शख्स घंटों तक विचार विमर्श करने में लगे रहते थे।

7

मकरान की स्थिति ही ऐसी थी। मकरान का एक भाग ईरान में बैठे अरब शासकों ने दबाया हुआ था। यह अरक्षित और विवादग्रस्त भूभाग लुटेरों का गढ़ था। चोरियों और डकैतियों के प्रमुख लोग इसी क्षेत्र में अपने अड्डे बनाए हुए थे। इस अधिकृत क्षेत्र में इस्लाम का राज्य थ। यहाँ आए सरदार स्वयं को मुस्लिम समाज का सेवक कहकर स्वयं को "अलाफी" कहा जाना पसंद करते थे। लुटेरों को प्रश्रय देना, उनसे डकैतियां कराना, लूट के माल में से अपना हिस्सा तय करना और जन समुदाय के आपसी झगड़ों में अपनी टांग फँसाए रखना ही इन अलाफियों का प्रमुख कार्य था। जन समुदाय भूखों मरे, उनकी शिक्षा और चिकित्सा सुविधाएँ भाड़ में जाएँ। कृषि का पतन इस सीमा तक हो जाए कि किसान पलायन कर जाँए... ऐसी जिम्मेदारियों से ये अलाफी अलग ही रहते थे। वे स्वयं का पेट भरते रहें, नानविध विषय भोगों में लगे रहे, शिकार के बहाने स्वयं का मनोरंजन करते रहें- बस यही इनका असली धर्म था। लगभग पांच सौ- सात सौ घुड़सवारों का यह झुंड ही वहां का शासक था। कानून कायदा, परंपरा, सामाजिक बंधन जैसी किसी भी प्रकार की लकीरों से ये लोग मुक्त थे। इनका दबदबा इतना अधिक था कि एक बार तो अरब लोगों द्वारा सिन्ध विजय का स्वप्न लेकर आई इस्लामी फौज को भी इन लोगों ने गुमराह कर दिया और सेना के प्रमुख लोगों को मार कर खलीफा साम्राज्य को संदेश भिजवा दिया कि सेना के प्रमुख लोगों द्वारा सिन्ध पर विजय प्राप्त करना कठिन ही नही असंभव ही है।

हज्जाज तक अलाफियों की करतूत की खबरें पहुँची। एक बार तो उसे भी लगा कि सिन्ध की ओर बढ़ना खतरे से खाली नहीं है। उसने अपने वजींरों से सलाह मशवरा कर एक योजना को आगे बढ़ाया। उसने अलाफी सरगनाऔं के आठ दस लोगों को अरबी घोड़े और सोने के आभूषण भेज कर संदेश भेजा कि वह उनसे मिलना चाहता है। एक बार तो अलाफियों का माथा ठनका। कहीं बुलाकर उन्हें मार ही न डाले... सबसे बड़ा भय यही था। हज्जाज बहुत बड़ा प्रांतपाल था। उसके पास बहुत बड़ी सेना थी। यदि हज्जाज सेना लेकर सीधा मकरान में आ जाए तो अलाफियों का सर्वनाश भी सम्भव था। अलाफियों ने बहुत ही सोच विचार किया।

हज्जाज से मिलने में भी खतरा था और न मिलने में तो और बड़ा खतरा था। अंततः यही तय रहा कि अलाफियों कें शीर्ष नेता एक बार हज्जाज से अवश्य ही मिले और मीठी बातों के माध्यम से यह पता लगायें कि उसके मन में अलाफियों के बारे में क्या सोच हैं।

एक गुप्त आवास पर हज्जाज ओर अलाफियों की भेंट हुई। आपसी दुआ सलाम के बाद हज्जाज ने ही वार्ता प्रांरभ की।

"आप इस्लाम की सेवा करने के निमित्त बरसों से मकरान के पर्वतीय प्रदेश में रह रहे हैं, यह सुनकर हमें प्रसन्नता है।"

"आप भी हजरत रसूल के विचारों का प्रचार प्रसार करने की मुहिम चला रहे हैं, यह देखकर हमारा सिर भी आपके कदमों में झुक जाता है।" अलाफी सरदार ने भी उतनी ही विनम्रता के साथ अधीनता का संदेश दिया। हज्जाज भी एक मँजा हुआ खिलाड़ी था, उसमें बात बढ़ाई - "आपके और हमारे जब लक्ष्य एक हैं, धर्म एक हैं , और स्वार्थ एक हैं, तो क्यों न ऐसा करें कि आपकी और हमारी ताकत एक हो जाए और सिन्ध विजय का हमारा लक्ष्य ष्शीघ्र पूरा हो जाए।"

"आप वजा फरमाते हैं, फिर भी आप यह तो जानते हैं कि यहां के लोग उज्जड़ हैं, स्वार्थी हैं, मरने -मारने में देर नहीं करते हैं। हम किसी तरह ष्यहां जमे हुए हैं। हमें आए दिन इनके साथ तकरार करनी पड़ती है। फिर भी आप मालिक हैं। आप बताएँ कि हमें क्या करना होगा, जिससे इस्लाम का भला हो।"

"आपके साथ यही बात करने आपको यहां बुलवाया गया है। योजना बताने से पहले आपसे चंद सवाल करना चाहता हूँ। पहला तो यह कि राजा दाहर का व्यवहार आप लोगों के साथ कैसा है?"

"वह एक ईमानदार राजा है। सभी के साथ उसका व्यवहार सगे भाई जैसा है।"

"क्या धर्म के आधार पर वह किसी प्रकार का भेदभाव करता है? "

"बिल्कुल नहीं। वह ब्राहयण जाति का है। उसके राज्य में बौद्व , शैव , वैष्णव, ष्शाक्त , जैन , ईरान से भागकर गए पारसी और हमारे मजहब के लोग भी रहते हैं। राज्य की ओर से किसी प्रकार का कोई भेदभाव नहीं है।"

"क्या उसके राज्य में अन्य धर्मों के लोगों को ऊँचे पद दिये हुए हैं?"

"हाँ। सिन्ध देश का दक्षिण भाग तो एक तरह से बौद्व लोगों के ही अधिकार में है। राज्यपाल, जिला अधिकारी , पंचायतों एंव व्यापारिक गतिविधियों में बौद्व लोगों का वर्चस्व है। अब तो सुना है, पारसी लोगों को भी यही महत्त्व दिया जा रहा है।"

"राज्य की राजधानी आलोर में जो कुछ होता हैं, क्या इसकी जानकारी आपको है?"

"आलोर इतना दूर है कि वहाँ किस प्रकार खिचड़ी पक रही है, इसकी भनक हमें नहीं हैं। अलाफी सरदार उत्तर दे रहा था किन्तु हज्जाज क्या हासिल करना चाहता है? यही प्रश्न उसे मथा जा रहा था। असली उद्देश्य की तह तक नहीं पहुँचा पा रहा था। इधर उधर के सवालों से वह क्या हासिल करना चाहता है? यही प्रश्न उसे मथे जा रहा था।

"अच्छा , अब हम दूसरी ओर सोचें। आप लोग वर्षों से मकरान के कुछ हिस्से पर काबिज हैं। आप लोग सालाना कितना कमा लेते हैं? मैं आपकी कमाई के बारे में नहीं पूछ रहा हूँ। वहाँ बसे पाँच सात सौ मुसलमान औसत कितना कमा लेते हैं?"

"ऐसा तो कभी सोचा नहीं। गणना भी नहीं की। बस इतना अवश्य है कि गुजारा आराम से हो जाता है।" इस बार अलाफी सरदार सकपकाया। क्या हज्जाज मकरान की आमदनी का हिसाब मांगेगा? हमने अब तक खलीफा और हज्जाज को किसी प्रकार का कर नहीं चुकाया, क्या यही प्रसंग उठेगा? क्या हमें बंधक बनाकर मकरान में बसे हमारे लोगों से धन वसूला जाएगा? अलाफियों के मन में सेकड़ों सवाल उबलते लावे की भाँति फूटने लगे।

"क्या आप ऐसा नहीं चाहेंगे कि आपकी आमदनी दुगुनी हो जाए?"

"हैं.... कैसे?"

"आप चाहें तो ऐसा किया जा सकता है। मैं भरोसा दिलाता हूँ। आप लोग आज यहीं रूकें। आपस में चर्चा करें और आपका जो भी निर्णय हो, उसकी जानकारी मुझे दें। आप ऐसी योजना का हिस्सा न भी बनना चाहें तो भी कोई बात नहीं है। मैं आपका दुश्मन नहीं हूँ। आपके भले के लिए तथा इस्लाम के विस्तार के लिए मैंने एक योजना सोची है। आप अपने इलाके में जाकर अपने लोगों से सलाह करना चाहें तो भी ऐसा कर सकते हैं।"

"परन्तु हमें करना क्या पड़ेगा?"

"पहले यह कह दें कि आप दुगुनी आय चाहते हैं। बस इसके बाद जैसा मैं कहूँ, आप करते जाइए। आपका बाल भी बांका नहीं होगा।"

"हम कल तक आपको अपना फैसला बता देंगे।" अलाफी सरदार ने वार्ता को समाप्त कर आपस में बातचीत करने की इजाजत चाही।

दिन भर अलाफी नेता चर्चा करते रहे। कई विकल्पों के बाद इस सत्य पर सभी सहमत हुए कि हज्जाज की बात को न मानने का अर्थ है, सर्वनाश। हज्जाज अभी

तो पूछ भी रहा है। यदि यह अलाफियों की तबाही का निश्चय करले तो इसे कौन रोक सकता है। आम राय यही उभरी की हज्जाज का साथ देने में ही सभी का भला होगा। हज्जाज को अगले दिन, अलाफियों ने अपनी बात बताते हुए निवेदन किया- "हुजूर! हम जैसे भी हैं, अच्छे या बुरे, आपके हैं। हम गुलामों से आप जो भी सेवा लेना चाहें हमें बता दें।"

"आपने इस्लाम की सेवा कबूल कर बहुत ही उत्तम काम किया है। अब योजना सुनो।" सभी के कान हज्जाज की ओर लग गए। हज्जाज का प्रत्येक शब्द अलाफियों के मन में उतर रहा था। अलाफी भी भविष्य की योजनाओं और सुनहरे अवसरों की संभावित चमक से अभीभूत हो रहे थे। योजना की रूपरेखा सुनने के बाद अलाफी सरदारों को आदर और विशेष भेंट पूजा के साथ लौटने का संदेश सुनाया गया। हज्जाज और अलाफी सरदारों की इस भेंट की जानकारी हज्जाज के वजीरों और सैनिकों को नहीं थी। इनके बीच की गई चर्चा को दोनों पक्षों की ओर से गुप्त रखे जाने की सौगन्ध भी ली गई। कुरान शरीफ की पवित्र पुस्तक को छू कर हज्जाज और अलाफियों ने कसमें उठाई।

अलाफियों की समस्या का समाधान आवश्यक था। अलाफियों के विरूद्ध तलवार उठाना हज्जाज के लिए उचित नहीं था। प्रमुख कारण तो यह था कि हज्जाज और अलाफी इस्लाम के अनुयायी थे, अतः अलाफियों से उलझना धर्म विरूद्ध था। यह भी सत्य था कि अलाफी लोगों ने अपना आतंक इस कदर फैलाया हुआ था कि वे न तो प्रजा का कोई हित चिन्तन करते थे और न खलीफा का ही। कर न देना एक आपराधिक कृत्य था, जो कि परंपरा के अनुसार दंड योग्य कार्य था, फिर भी हज्जाज ने जानबूझकर इस अपराध की चर्चा तक नहीं की। दूसरा यह भी था कि जिस सिन्ध अभियान की रूपरेखा उसके मन में थी, उसका प्रारंभिक चरण मकरान में पूरा होता था। मकरान में अलाफियों के विरोध के कारण पूरे अभियान के प्रारंभिक चरण में विध्न की संभावना थी, अतः हज्जाज ने अलाफियों को प्रलोभन के मार्ग पर लगा दिया। जिनका ईमान चांदी के टुकडों पर टिका हो, जिनका मन विषय भोगों में अनुरक्त हो और जिनका धर्म मात्र स्वार्थ के पक्ष में प्रतिध्वनित होता हो, उन्हें खरीदा जाना सहज होता है, यह तर्क हज्जाज के अंतर्मन में बैठ चुका था।

8

यह सत्य सब साफ दिखाई दे रहा था, कि सिन्ध के पश्चिम की ओर के अरब देशों और सीमा स्थित ईरान और ईराक की सम्मिलित सेनाओं का प्रयास रहेगा कि सिन्ध पर आक्रमण किया जाए। दाहर के पिताश्री के समय पर भी ये आक्रमण हो चुके थे। इसी बीच एक बार ब्राह्मणावाद में जयसिंह के नेतृत्व में महाराज दाहर के सम्मान में सेना का एक भव्य समारोह आयोजित हुआ। उस समारोह में दाहर के पुत्र जयसिंह को ब्राह्मणावाद का सर्वोच्च अधिकारी बनाए जाने की घोषणा कर दी गई। समारोह जब विसर्जन की स्थिति तक आया, तब महाराज दाहिर को सूचित किया गया कि राज्य के गुप्तचर प्रमुख और हारीत का एक शिष्य महाराज से मिलने की प्रतीक्षा कर रहे हैं, महाराज तुरन्त मन्त्रणा कक्ष में चले गए।

आपसी कुशलक्षेम के बाद गुप्तचर प्रमुख ने ही वार्तासूत्र अपने हाथ में लिए- "महाराज! इस प्रसन्नता के अवसर पर आपको कष्ट देना उचित नहीं था, तथापि पश्चिम भारत की गतिविधियों से आपको अवगत कराना अति आवश्यक था, इसलिए हम उपस्थित हैं।"

"यह तो बहुत अच्छा है कि राज्य के अधिकारी और साधु समाज इस मिट्टी के प्रति इतनी निष्ठा रखते हैं। आप जो कुछ कहना हो प्रसन्नता पूर्वक कह सकते हैं।" दाहर की प्रसन्नता उसके चेहरे पर दमक रही थी।

"ये हमारे संरक्षक हारीत ऋषि के शिष्य हैं। मैं चाहता हूँ कि सबसे पहले आप इन्हीं को सुनें।" गुप्तचर प्रमुख ने परिचय स्वरूप कहा-"इनका नाम है, अमृत ऋषि।"

दाहर ने हाथ जोड़कर सामने बैठे सन्यासी को प्रणाम किया और कहा-"आप आज्ञा करें।"

"राजन्! बड़ी सूचना यह है कि बौद्ध लोग दुबारा सिर उठा रहे हैं। आपको पता है कि सम्राट कनिष्क के समय सम्पूर्ण सिन्ध और उपगणस्थान में बौद्ध धर्म अपने उत्कर्ष पर था, किन्तु इसके बाद सीमा पार से आए आक्रमणों में से मिहिरगुल के समय बौद्ध मतावलंबियों को पराभूत होना पड़ा। भगवान रूद्र के उपासक मिहिरगुल ने इन बौद्धों को शैवमत में दीक्षित किया था। बौद्धों की संख्या, जो कि सर्वाधिक

थी, मिहिरगुल के समय बहुत कम हो गई। इसका परिणाम यह हुआ कि बचे खुचे बौद्धों को संगठित होना पड़ा। इन दिनों बौद्धों का वर्चस्व दक्षिणी सिन्ध में सर्वाधिक है। इनके मन में सनातन धर्मियों और विशेषतः शैवमत वालों के प्रति वैरभाव है। चूँकि आप ब्राह्मण हैं। सीधे किसी मत विशेष से जुड़े न होने पर भी आप ब्राह्मण के नाते शैव ही माने जाते हैं। आपके पिताश्री ने इन बौद्धों के बढ़ते प्रभाव पर अंकुश लगाया था। उस समय मेरे गुरूदेव हारीत ऋषि ने भी आपके पिताश्री को बौद्धों की कुचेष्ठाओं से बचाया था।"

"यह तो सत्य ही हैं। स्वर्गीय महाराज चचदेव का तो इतना तक कहना था कि आलोर का शासन भी आपके गुरूदेव के प्रयासों का प्रतिफल है। आप अपना कथन जारी रखें।" दाहर की उत्सुकता बढ़ती जा रही थी।

"दक्षिणी सिन्ध में और विशेषतः देवल में आपकी ओर से ज्ञानबुद्ध को राजस्व एकत्रित करने और प्रशासन के कामकाज निपटाने का काम सौंपा हुआ है। यह व्यक्ति इन दिनों अवसर की प्रतीक्षा कर रहा है।"

"किस अवसर की....?"

"पिछले युद्ध से उसके मन में स्थाई भाव आया हुआ है कि किसी प्रकार राजकुमार जयसिंह की सेना पराजित हो जाए, किन्तु ऐसा हुआ नहीं।"

"आपके कथन का कोई प्रमाण....?" दाहर का कूटनीतिक मस्तिष्क सक्रिय हो गया।

"प्रमाण भी है।" अब तक चुप बैठे गुप्तचर प्रमुख ने समर्थन किया।

"आप प्रमाणों को प्रकट करें।" राजा ने आज्ञा की। अब गुप्तचर प्रमुख ने स्थिति को स्पष्ट करते हुए कहा-"व्यापारिक आयात-निर्यात का सबसे बड़ा केन्द्र देवल है। कई जलपोत और बड़ी नावें समुद्री मार्ग से आती हैं। इन जलपोतों में अरब नाविकों की संख्या सदियों से अधिक रहती आई है। वे अरब लोग अब इस्लाम धर्म में दीक्षित हैं। जगह-जगह प्रार्थना स्थल बनवाना, अन्य लोगों को बहला फुसलाकर या दंड और धमकियां देकर या मृत्यु तुल्य यंत्रणाएँ देकर अपने मत में धर्मान्तरित करना इन लोगों का प्रमुख ध्येय है।"

"आप बौद्धों के प्रमाण की बात कह रहे थे।" राजा ने संभवतया बीच में बोलकर यह संकेत दिया था कि चर्चा विषयान्तरित न हो जाए।

"वही निवेदन करना चाहता हूँ हमारी जानकारी के अनुसार अरब नाविकों और

अरब गुप्तचरों के साथ न केवल ज्ञानबुद्ध अपितु अन्य बौद्ध मठों के पीठाधीष्वरों के मैत्री भाव निरन्तर बढ़ रहे हैं। यह मित्रता राजनैतिक सौदेबाजी की सीमा तक भी जा सकती है।"

"राजनैतिक सौदेबाजी....?" राजा दाहर ने प्रश्न किया।

"हाँ देव! मकरान के जाटों को बौद्धधर्म में दीक्षित किया जा रहा है। मद्र और जाटों की परंपरागत शत्रुता में इस्लाम भी अपने पांव बढ़ा रहा है। इस्लाम की सैनिक शक्ति की छायाँ में नव बौद्धों की जमात खड़ी की जा रही है।" गुप्तचर प्रमुख ने दाहर के चेहरे को परखते हुए कहा।

"मात्र धर्मान्तरण से क्या आएगा। सिन्ध में भी पहले बौद्धों का प्रभुत्व था, अब सनातन धर्मियों का है। धर्मान्तरण से सिन्धु देश को क्या नुकसान हो सकता है?" महाराज यद्यपि धर्मान्तरण के अर्थ को समझ रहा था, तथापि उसने इस विषय के विश्लेषण हेतु प्रश्न फेंका।

"देव! यदि धर्मान्तरण सहज में हो जाए, वैचारिकता में आए बदलाव के आधार पर धर्म बदल जाए या ज्ञान की सर्वोत्कृष्टता मतान्तरण का कारण बने तो किसी को कोई एतराज नहीं हो सकता है, किन्तु जब मतान्तरण के बीच लाठी, तलवार, हत्या या मानमर्दन की आहट हो तो यह मतान्तरणा राष्ट्रान्तरण को जन्म देता है।"

"कैसे....?"

"इस्लाम संख्या बल बढ़ाना चाहता है। यह संख्या बल उनकी राजनैतिक महत्वाकांक्षा का आधार बनता है। मुल्ला मौलवियों की निष्ठा कुछ अपवादों को छोड़कर सत्ता लोलुपों के पक्ष में रहती है। इस समय इस्लाम की तलवार बौद्धों को उकसा रही है, ताकि ये लोग सामान्य प्रजा में सनातन धर्मियों से लड़ें अर्थात् बौद्धों और बौद्धेतर लोगों की शक्ति का क्षरण हो। इससे इस्लाम को अवसर मिलेगा कि इन झगड़ों में अपनी तलवार का उपयोग कर बौद्धों के पक्ष में खड़ा हो।" गुप्तचर प्रमुख कुछ क्षणों के लिए रूका। इस समय के अन्तराल में चुप बैठा सन्यासी कहने लगा-

"यदि ऐसा हुआ, जिसकी कि संभावना है, तो सिन्ध साम्राज्य की नींव हिलना अवष्यंभावी होगा। अब तक हुए इस्लामी आक्रमणों में अरब लोगों को लगभग पन्द्रह बार मुँह की खानी पड़ी है। पराजयों की अग्नि उनके अन्तस में धधक रही है। इन पराजयों में प्रमुख कारण यह था कि उन्हें सामान्य जन का सहयोग नहीं मिला था, किन्तु अब स्थितियां बदल रही है।"

"बदलाव की कोई रूपरेखा....?" राजा ने पूछा। इस पर अमृत ऋषि ने कहा-"अब उन्हें बौद्धों का सहयोग मिलेगा, मठों और बौद्ध विहारों में इस्लामी सेना का सत्कार

होगा। बौद्धेतर जातियों को जब इस्लाम में रंगा जाएगा तब बौद्ध लोग अपने पुराने वैरभाव के कारण प्रसन्न होंगे और व्यापारियों को भी इससे लाभ होगा।"

"वह कैसे ....? दाहर सब कुछ समझ रहा था उसके पास अन्य स्रोतों से भी ऐसे सूचनाएं आ रही थी, वह स्वयं को गुप्त रखते हुए जानकारी की तह में जाने की दृष्टि से अमृतऋषि से पूछ बैठा।

"अरबवासियों के पास जलपोत हैं। उन देशों में खाद्य सम्पदा का अभाव है। वस्त्रों की भी उन्हें आवश्यकता है। अरबों की सेना, सामूहिक रक्तपात से भय का वातावरण निर्मित करेगी। मुल्ले मौलवी धर्मान्तरण की परंपराा में लोगों को दीक्षित करेंगे और अरब सौदागर इस स्थिति में स्थानीय वणिकों को या तो खरीदेंगे या बलात् व्यापार पर अधिकार करेंगे। कर-चुंगी जैसे प्रपंचों से अरब सौदागर मुक्त रहेंगे।" अमृतऋषि कुछ क्षणों के लिए राजा की प्रतिक्रिया को पढ़ने हेतु रूका। राजा स्वतः बोल पड़ा-

"आप दोनों देश हित के चिन्तक हैं। आपने अब तक मात्र सैद्धांतिक चर्चा ही की है। अनागत भय की विस्तृत व्याख्या ही आप द्वारा की गई है। अब मैं चाहता हूँ कि आप अपने कथन के तथ्यात्मक साक्ष्य बतावें।" दाहर वैचारिक प्रवाह के बीच भी अपना समत्व बनाए हुए था। गुप्तचर प्रमुख ने आगे की वार्ता का सूत्र अपने हाथ में लेते हुए कहना आरंभ किया-

"मुझे जानकारी है कि ज्ञानबुद्ध को अरबों द्वारा धनराशी दी जा रही है। सम्पूर्ण दक्षिणी सिन्ध में नए मन्दिर, विहार एवं मठ बनाए जा रहे हैं, या उनकी मरम्मत की जा रही है। मैं नहीं समझता हूँ कि बौद्ध लोग इतने सम्पन्न है, कि इतने धन की एक साथ व्यवस्था कर सकें।"

"हूँ।" राजा ने पूछा- "और कोई साक्ष्य?"

"उसका प्रमाण अमृतऋषि देंगे।" गुप्तचर प्रमुख ने कहा।

"राजन्! हम तपस्वियों, साधुओं और उदासीन लोगों का सम्पर्क सर्वत्र रहता है। मकरान में रहने वाले हमारे जाट परिचितों ने हमें बताया कि तेज बंदरगाह के जाट जाति प्रमुख को रिश्वत या भेंट के नाम से पर्याप्त धन राशि, ज्ञान बुद्ध ने गत बुद्ध पूर्णिमा के अवसर पर देवल नगर में दी थी। उस राशि में अरब सौदागरों ने भी अपनी ओर से भरपूर धन राशि मिला दी। जब यह राशि तेज बंदरगाह से बाहर निकाली गई तो मार्ग में उसे लुटेरों ने लूट ली।"

"इस घटना की जानकारी मुझे पहले भी किसी ने दी थी।" राजा ने कहा। इस पर अमृतऋषि ने टिप्पणी करते हुए कहा-

"सामान्यतया यह प्रसारित किया गया कि उस डकैती में मकरान के अलाफियों का हाथ है। मेरा मत है कि इन जाटों को मूर्ख बनाया गया। जाटों को राशि दे दी गई और उन्हीं अरब लोगों ने पूर्व संकेतो के आधार पर सारी धन राशि अपने ही लोगों से लुटवा दो।

"यदि आप लोगों का कथन सही है, और सही होना भी चाहिए, क्योंकि आप कभी असत्य नहीं कहते, तो यह स्पष्ट है कि हमारे विरोधियों पर उनकी दृष्टि होगी। हमारे विरोधी कौन है, इसका निश्चय भी हमारा गुप्तचर विभाग करेगा अर्थात् आप लोग ही करेंगे। उन लोंगो और कमजोर केन्द्रों की गतिविधियों पर हमारे गुप्तचर तत्परता बरतेंगे, यह भी अपेक्षा करता हूँ।" दाहर ने अपना निश्चय दोहराया।

"मैं चाहता हूँ कि राज्य की ओर से उन व्यापारियों पर भी दृष्टि रखी जाए जो अपने लाभ को देश हित से अधिक समझते है।" सुझाव सन्यासी का था।

"यही नहीं और भी कई क्षेत्र हैं, जहाँ हमें ध्यान देना होगा।" राजा ने सामान्य टिप्पणी की।

"एक विशेष पत्र मैंने आपको सौंपने हेतु तैयार किया है। हमने अरब सेना के कुछ गुप्तचरों को पकड़ा है। उनसे जो सूचनाएँ हमें मिली है, उसका विश्लेषण इस पत्र में है। इन गुप्तचरों को पकड़वाने में गुरू हारीत और गुरू गौरक्ष के शिष्यों का सहयोग रहा है। इन विदेशी गुप्तचरों को सुदूर गुप्त स्थानों पर रखा गया है हमारा विभाग तत्पर है और सक्षम है, किसी भी विपत्ती का सामना करने की दिशा में।"

गुप्तचर प्रमुख के कथन के साथ ही वार्ता का उपसंहार हो गया। युवा राजा दाहर क्रमशः पश्चिम की ओर से आने वाले झंझावत की आहट सुन रहा था। मलय पवन के शांत वातावरण में गधंक की क्षीण पवनरेखा सिन्ध की ओर बढ़ रही थी। प्रश्न बाहरी शत्रुओं का इतना नही था, जितना भय भीतरघात करने वालों का था। विभाषणों के कारण ही लंका श्रीहीन हुई थी। चारवाकों की नीतियों के कारण ही चरित्र गठन और मूल्यों पर आधारित भारतीय समुदाय में पद, पैसा, वैभव और व्यक्तिवाद की क्षीण किन्तु प्रभावी तरंगे प्रवेश करने लगी थी। गुरू गौरख और हारीत के प्रयासों के बावजूद बौद्धों की राज्याश्रयी अमरबेल अब इस्लामी धन संपदा पर बिकने को उतारू दिखाई देने लगी थी।

सम्राट दाहर ने राज्य सभा में पहुंचने की तैयारी की। सशस्त्र अंगरक्षकों, छत्र चंवरधारकों एवं स्तुति पाठ करते विरूद गायकों से आवृत्त महाराज के सभा भवन में पहुँचने की घोषणा हुई। सभा भवन में समस्त आचार्य, मंत्रीगण एवं प्रतिष्ठित

लोग अपने लिए निर्धारित आसनों से उठ खड़े हुए। धीर, गंभीर एवं सुगठित शरीर का स्वामी दाहर सहज कदमों से चलता हुआ, राज्य सिंहासन की सीढ़ियाँ चढ़ कर सिंहासन पर सुशोभित हुआ। सुमधुर स्वरों में उपयुक्त आरोह-अवरोह के साथ मंगल मंत्रों को, देव प्रार्थना हेतु गाया गया। सुगन्धमय वातावरण के अनुरूप राज्य के प्रधानमंत्री ने महाराज एवं उपस्थित प्रतिष्ठितों को सम्बोधित करते हुए, सभा में आज की करणीय कार्यवाही की रूपरेखा प्रस्तुत की। प्रथम बिन्दु व्यापारिक गतिविधियों की समीक्षा एवं उसमें आने वाली कठिनाइयों से सम्बन्धित था। राज्य के कोषाध्यक्ष ने राज्य की आर्थिक स्थिति पर संतोष व्यक्त किया। जब देश के प्रांतों से प्राप्त राजस्व की चर्चा हुई तो यह तथ्य उभर कर आया कि कन्नोज और कश्मीर की दिशा से होने वाले आयात-निर्यात में पर्याप्त वृद्धि हुई है। इसकी तुलना में तक्षशिला, मूलस्थान और उपगणस्थान के माध्यम से चीन एवँ मध्य एशिया का आर्थिक एवं वाणिज्यिक संतुलन लगभग एक जैसा ही रहा। दक्षिणी सिन्ध एवं मकरान की ओर से राज्य को होने वाली आय में गिरावट की ओर संकेत मिले थे।

"क्या हमारे कोषाध्यक्ष महोदय उन कारणों का भी उल्लेख करेंगे। जिनके कारण दक्षिणी सिन्ध एवं मकरान-हिंगुल प्रांतों से हमें उतना राजस्व क्यों नहीं मिल पाया जितना अपेक्षित था।" प्रश्न देश के प्रधान आमात्य का था।

"मैं उन्हीं की ओर सभी का ध्यान चाहूँगा। मकरान प्रांत में शासन परिवर्तन हुआ है। वहां रह रहे इस्लामधर्म के अनुयायी अलाफियों के साथ हमारे सम्बन्ध लगभग दस -बारह वर्षो से सामान्य चल रहे थे। न वे आगे बढ़ पाते थे, न हमारी सेना उनके नियंत्रण को चुनौती दे रही थी। व्यापार यथावत चल रहा था किन्तु पिछले दो तीन महिनों में अचानक हमारे स्थल मार्ग से ईरान, ईराक और अन्य अरब देशों की ओर आने वाले माल पर रोक लग गई है। अरब सेना ने मकरान के उन स्थानों पर बलात् अधिकार कर लिया है, जो अलाफियों के अधिकार में थे। इस कारण व्यापारिक गतिविधियां बंद जैसी स्थिति में हैं।"

"और देवल ....? देवल के बंदरगाह की आमदनी में तो कोई अन्तर नहीं आया है?" इस बार राज्य के पुरोहित ने सीधा प्रश्न किया।

"नहीं हुजूर...। मकरान के स्थल मार्ग बंद होने की आंशिक भरपाई देवल से हुई है। उधर देवल और गुजरात के भरूच के बीच भी जहाजों का आना जाना बढ़ा है।" कोषाध्यक्ष ने कंधे से नीचे सरक रहे रेशमी उत्तरीय को संभालते हुए कहा।

"क्या व्यापार के नये मार्गो या क्षेत्रों की ओर भी हमारा ध्यान गया है।" इस बार महाराज दाहर ने जानकारी चाही।

"महाराज! आपके आदेश से भीनमाल और उज्जयिनी की ओर के व्यापारियों से समझौता हुआ है। अमरकोट के अरण्यवासी प्रमुखों से राज्य के माल को लाने ले जाने के मार्ग की सुरक्षा की बात हुई है। सब कुछ ठीक रहा तो यह नया मार्ग हमें अपूर्व लाभ की स्थिति का अनुभव करा सकता है।"

"यदि कोई दूसरा प्रश्न नहीं हो तो कार्यवाही के दूसरे बिन्दु पर चर्चा आरंभ की जाए।" प्रमुख आमात्य ने विषय बदलने की इच्छा से पूछा। किसी भी कोने से कोई प्रश्न नहीं आया। अब प्रमुख सचिव ने अपना उत्तरीय ठीक करते हुए कहा- "क्या कोषाध्यक्ष महोदय उन समस्याओं की ओर भी सदन का ध्यान खींचना चाहेंगे, जिनका यदि समाधान खोज लिया जाये तो आमदनी को ओर बढ़ाया जा सकता है।"

"आपने जब समस्याएं ही पूछी हैं तो, सबसे बड़ी समस्या तस्करी की है। कुछ लोग ऐसे हैं, जो राज्य में चलते अपने प्रभाव का उपयोग कर सिन्ध तट की उन नावों से कर बचाने में सक्षम रहते हैं, जहां राजस्व वसूल करने वाले कर्मचारी सम्प्रदाय विशेष में आस्था रखते हैं।" कोषाध्यक्ष की बेबाक उक्ती से सभा में गर्मी छा गई।

"क्या आप उस सम्प्रदाय विशेष का नाम बताने का कष्ट करेंगे, या उन प्रभावशील लोगों की ओर संकेत करेंगे, जिनके प्रमुख आश्रय में यह तस्करी चल रही है?" एक सभासद का स्वर गूंजा।

"इस तस्करी का सम्बन्ध कहीं विदेशी युवकों से तो नहीं?" दूसरा बोल पड़ा।

"यदि आपकों पता है कि कौन लोग इस तस्करी में लिप्त हैं तो आपने इसे रोकने का क्या प्रयास किया?" तीसरे व्यक्ति ने भी प्रश्न पूछ कर अपनी उपस्थिति बताने का प्रयत्न किया।

प्रश्नों का अन्त नहीं था। सभा में बैठे ज्ञानबुद्ध सरीखे लोगों ने गंभीरता पूर्वक प्रष्नों की गर्माहट को महसूस किया। सभासदों का प्रबुद्ध वर्ग समझ रहा था कि ये आरोप किस समाज पर लगाए जा रहे हैं, फिर भी वे चाहते थे कि उस संप्रदाय का नाम सामने आए। कुछ क्षणों की उष्मा का संवरण करते हुए महाराज दाहर ने हाथ का संकेत देकर सभी को शांत होने का संकेत कर कहना शुरू किया- "मित्रों! सं्केत स्पष्ट है। मैं कोषाध्यक्ष जी को बिना लाग लपेट के सत्य को उजगार करने के साहस के लिए बधाई देता हूँ। इस प्रकरण की लिखित सूचना मुझे बहुत पहले दे दी गई थी। तस्करी के प्रकरण की तह तक पहुंचने का प्रयास पूरा होने में है। राज्य की ओर से ऐसे लोगों के प्रति बड़ी, कार्यवाही होगी। वैसे तस्करी का सम्बन्ध किसी समाज से न होकर व्यक्तियों से होता हैं। कुछ लोगों की करतूतों से पूरे समाज को जोड़ना उचित नहीं है।"

मामला तो शांत हो गया, किन्तु इसे अँगारों पर पड़े पानी के हल्के छींटों के रूप में ही समझा गया।

"मैं अब महाराज की आज्ञा से सभा में प्रस्तुत किये जाने वाला एक प्रार्थना पत्र प्रस्तुत करना चाहता हूँ यह प्रार्थना पत्र मकरान से आए अलाफियों का है। जैसा कि प्रसंगवश कोषाध्यक्ष जी ने संकेत भी दिया है, कि मकरान में अरब सेना ने अपने शिविर स्थापित कर दिए हैं और वहां के अलाफी लोगों को खदेड़ दिया गया है। ये पांच सौ अलाफी सिन्ध राज्य में शरण लेने की इच्छा से अपना प्रार्थना पत्र महाराज की सेवा में प्रस्तुत कर चुके है। इस विषय पर सेनापति जी एवं विदेशी सम्बधों के सचिव महोदय को सुनना चाहेंगे।" प्रमुख सचिव ने अपना कथन पूरा कर आसन ग्रहण किया। इसके पहले कि सेनापति कुछ कहे, विदेशी मामलों का सचिव खड़ा होकर कहने लगा- "इस राज्य में शरण चाहने वाले का यह पहला प्रार्थना पत्र नहीं है। महाराज चचदेव के समय हमारे राज्य में ईरान से खदेड़े गए लोगों को शारण दी जा चुकी है। कई पारसी हमारे राज्य में, अपनी अपनी मान्यताओं के अनुसार पंथ परम्परा का पालन करते हुए निवास कर रहे हैं। राज्य को इन पारसियों के कारण कभी भी कोई हानि नहीं हुई हैं। इन लोगों का एक प्रतिनिधि हमारी इस सभा में मौजूद भी है। क्या अलाफियों के सम्बन्ध में भी हमें ऐसा ही निर्णय लेना चाहिए?" सचिव के कथन के बाद पारसियों का प्रतिनिधि नसरवान जा खड़ा हुआ।

"महाराज! राज्य में आप किसे शरण दें और किसे न दें, यह आप पर निर्भर है, फिर भी हमारा इतना आग्रह अवश्य रहेगा कि आप इस प्रश्न पर दुबारा सोचें। अलाफियों और इनके आकाओं की करतूतों को हमारा समाज वर्षों से भुगत रहा है। खुदा के नाम पर इस्लाम के बंदों ने हम पारसियों पर जो अत्याचार किए हैं, उनकी पीड़ा न केवल हमारे पूर्वजों ने अपितु स्वर्गीय महाराज चचदेव ने भी अनुभव की है। अलाफियों का सिंघ राज्य में प्रवेश किसी अन्तर्राष्ट्रीय कुचक्र का अंग तो नहीं है? मेरा पुनः आग्रह है कि इस प्रार्थना पत्र के सभी पहलुओं पर सोचा जाए।" पारसी नसरवान जी का कथन सदन में गंभीरता छोड़ गया। इस पर सेनापति खड़ा होकर निवेदन करने लगा- "मुझे पारसी महानुभाव के कथन का पूरा ध्यान है। जिस ओर आपने सतर्क रहने का संकेत किया है, उस दिशा में हमने कदम उठा लिए हैं। यदि शरणार्थियों द्वारा राष्ट्र विरोधी किसी भी प्रकार की कोई हरकत की गई तो उस स्थिति से निपटने में हमें देर नहीं लगेगी। हम चाहतें है कि आदरणीय महाराज का कार्यालय ही इस बारे में अंतिम आज्ञा प्रदान करें।"

महाराज दाहर के चेहरे पर बाल सुलभ मुस्कान फैल गई। उन्होंने कहा- "यह धरती परमात्मा ने उपलब्ध कराई है। हमने अपने स्वार्थी और संकीर्णताओं के

विभिन्न तर्क देकर इसे सीमाओं में बांधकर देशों और राष्ट्रों में विभक्त किया है। वैसे संसार का कोई भी मानव कहीं भी रहे, तो किसी भी व्यक्ति को कोई आपत्ति नहीं होनी चाहिए। मुझे इसमें कोई आपत्ति नहीं है कि अलाफी लोग अपने राज्य में निवास कर सिन्ध की सेवा करें, किन्तु देश का अन्न जल ग्रहण करते हुए अन्य राष्ट्रों के हित चिन्तन का यदि कोई प्रमाण मिला तो ये लोग शत्रु के रूप में समझे जाएंगे।"

"अगला ध्यातव्य बिन्दु देश की शिक्षण संस्थाओं से सम्बन्धित है। माननीय पुरोहित जी इस विषय पर अपनी बात रखें।" प्रमुख सचिव ने हाथ जोड़ कर वृद्ध पुरोहित की ओर संकेत किया। पुरोहित ने अपने दुपट्टे को संभालते हुए कहा- "महाराज! आपके आर्थिक सहयोग से शिक्षा संस्थान फल-फूल रहे है। उत्तर दिशा के समस्त प्राँतों और मध्य एशिया के देशों से आने वाले विद्यार्थियों की संख्या तक्षशिला में इतनी अधिक हो गई है कि हमारे देश के विद्यार्थियों की कई बार अनदेखी हो जाती है। अतः हमने मूलस्थान के नृसिंह मंदिर की पड़तभूमि पर एक बड़ा शिक्षा केन्द्र बनाया है। यहां भी तक्षशिला की भांति सभी विषयों का अध्ययन अध्यापन किया जाता है। इस शिक्षा केन्द्र में प्रमुख रूप से अपने देश के विद्यार्थियों को प्रवेश दिया जाता हैं।

"इन केन्द्रों का सम्पूर्ण आर्थिक भार क्या राज्य उठाता है?" एक सभासद ने पूछा।

"नहीं...। हमने जहां जहां भी शिक्षा केन्द्र खोले हैं, वहां मंदिरों की आमदनी को प्रमुख रूप से स्वीकारा है। मूलस्थान में नृसिंह मंदिर की ओर से सहायता मिलती है। आलोर का शिक्षा केन्द्र पूर्णतया राज्याश्रयी है। दक्षिण में देवल का शिक्षालय वहां स्थित शिव मंदिर और बौद्ध मठ में आने वाली भेंट की राशि पर मुख्यतया आश्रित है। हिंगुल का शिक्षा केन्द्र हिंगलाज देवी के मंदिर की आमदनी पर आधारित है। इन केन्द्रों के अतिरिक्त शिक्षा के कई उपकेन्द्र भी बनाये गये है। कई पंडितों ने अपने अपने गांव के सहयोग से शिक्षा देना शुरू किया हैं। यदि कोई शिक्षा केन्द्र आर्थिक अभाव को अनुभव करता है, तो राज्य की ओर से उसकी आपूर्ति कर दी जाती है।"

"क्या हमारे शिक्षण संस्थानों में परंपरागत विषयों का ही अध्यापन कराया जाता है? नई शोधों पर आधारित नए विषयों एवं पाठ्य वस्तुओं की क्या स्थिति है?" एक कोने से किसी ने पूछा।

"यह सही है कि हमारे विद्यालयों एवं गुरूकुलों में वेद-वेदांग, पुराण, उपनिषद्, स्मृतियां, साहित्य, व्याकरण, ज्योतिष, बौद्ध साहित्य, जैन दर्शन, शैव-पाशुपत

दर्शन, तंत्र-मत्रं, कर्मकाण्ड एवं सिन्धी वाङमय जैसे परंपरागत विषयों का प्रमुख रूप से अध्ययन-अध्यापन किया जाता है। इसके साथ ही सैन्य विज्ञान, आयुर्विज्ञान एवं नवीन शोधों की दिशा में भी बहुत काम हो रहा है। वैदेशिक सम्बन्धों, सामाजिक रूढ़ियों और परम्पराओं पर भी समय पर पंड़ितों की कार्यशालाएं होती है। इनमें हमारे प्रशासनिक अधिकारियों को भाग लेना अनिवार्य होता है। हमने आलोर के विश्वविद्यालय में जल संस्थानों एवं समुद्री यात्राओं को लेकर एक नया विषय भी आंरभ किया है, जिसमें हमारी सेना के अधिकारी विशेष रूप से अध्ययन करते है। अन्यान्य विषयों में भी शोध प्रक्रियाएँ चल रही हैं।"

"बहुत अच्छा प्रयास है आपका! आर्थिक संसाधनों के अभाव के कारण आपको शैक्षिक विस्तार में कभी संकोच का अनुभव नही होगा, यह हमारे राज्य का वचन है। हमारे विश्वविद्यालय नई शोध करें, जन सामान्य की कठिनाइयों को कम करने की दिशा में समाधान सुझावें और युद्ध सम्बन्धी अस्त्र शस्त्र और विधाओं की खोज करें, ऐसी अपेक्षा इस राज्य की रहेगी। शिक्षा में अर्थाभाव नहीं आने दिया जाएगा। इस पर आप विश्वास रखें। महाराज दाहर के आश्वासन के बाद नये विषय की ओर प्रमुख सचिव ने ध्यान आकर्षित करते हुए कहा-

"माननीय सभासदों के सम्मुख वैद्य धनंजय जी अपने विभाग के सम्बन्ध में कुछ कहेंगे।" अपनी स्थूल काया को कष्ट देते हुए वैद्यजी ने कहा-"महाराज की कृपा से हमारे देश में कोई ऐसा गांव नहीं है, जहां औषधियों, वनस्पतियों और विभिन्न धातुओं की भस्मों के जानकार न हों। ऐसे जानकारों को राज्य की ओर से आंशिक अनुदान दिया जाता है। कस्बों और नगरों में सेठ साहूकारों ने अपने चिकित्सालय भी खोले हुए हैं। बौद्ध एवं जैन धर्म के धनिकों ने इस दिशा में महत्त्वपूर्ण योग दिए है। राज्य की ओर से एक विशिष्ठ चिकित्सालय मूलस्थान में खोला गया है, जहां शल्य चिकित्सा के लिए आवश्यक एवं युद्ध मे घायल होने वाले सैनिको के लिए विशिष्ठ वनस्पतियों से औषधियां बनाई जा रही हैं। आयुर्विज्ञान के स्नातकों की आपूर्ति हमारे विद्यालय करते ही रहते हैं। हमने सर्वेक्षण के आधार पर ऐसी चालीस-पचास बीमारियों को सूचीबद्ध किया है, जिनसे सामान्य व्यक्ति ग्रसित होता हैं। इन बीमारियों के उपचार हेतु हमने प्रत्येक गांव से दो-दो युवकों को चुनकर प्रशिक्षण देना आरंभ किया है। इसके सुखद परिणाम आ रहे है।

"आपका यह प्रयास स्तुत्य है। आपके प्रयासों को गति देने में राज्य की और से पर्याप्त धन दिया जाएगा, ऐसा हमारा निश्चय है।" महाराज की घोषणा का सभी लोगों ने साधु-साधु कह कर आभार स्वीकारा।

"अब राज्य की ओर से जारी की गई आज्ञाओं के सारांश आपके समक्ष रख रहा हूं। ये आज्ञाएं घोषणा के तुरन्त बाद लागू हो जाएगी। प्रथम आज्ञा के अनुसार युवराज जयसिंह को ब्राह्मणावास (ब्राह्मणाबाद) का संरक्षक और सर्वोच्च अधिकारी नियुक्त किया गया है। श्री जयसिंह मकरान से देवल और कच्छ तक फैले समुद्र तट से आलोर के दक्षिण और रावड़ दुर्ग के बीच फैले समस्त भू भाग पर बसे लोगों की खुशहाली, शिक्षा, चिकित्सा और सुरक्षा के लिए जिम्मेदार होंगे। सर्वत्र प्रसन्नता की लहर फैल गई।

"महाराज के पुत्र श्री गोपी अब मूलस्थान में रहते हुए उत्तरी सिन्ध, तक्षशीला, उपगणस्थान, स्कंधाहार और कश्मीर तक फैले हमारे राज्य के सुरक्षा के लिए उत्तरदायी होंगे।

"राजकुमारी पद्मावती जी बाई राजधानी आलोर, राजमहल एवं स्थानीय व्यापार से सम्बन्धित काम काज पूर्ववत देखती रहेगी।"

"देश की सेना को तीन भागों में विभक्त किया जाता है। एक भाग ब्राह्मणवास, द्वितीय आलोर और तृतीय मूलस्थान में रहेगा। सेना से अपेक्षा है कि वह अस्त्र शस्त्र, खाद्य सामग्री, घोडे, ऊँट, हाथी जैसे पशु, घास, लकड़ी जैसे आवश्यक संसाधनों एवं सैनिकों के साथ सदैव तत्पर रहेगी। आकस्मिक अवसरों यथा आक्रमण, बाढ, भूकम्प आदि के समय सेना तत्काल गतिशील हो सके, इस निमित्त तत्परतापूर्वक प्रशिक्षण आयोजित किए जायें।"

"देश के पूजा स्थल आस्था के केन्द्र बने रहें। उन्हें राजनैतिक गतिविधियों, तस्करों के आश्रय स्थलों, घुसपैठियों के शरणस्थलों के रूप में काम में नहीं लिया जाय। यदि ऐसा कोई केन्द्र अन्य कार्यों का केन्द्र बना, तो न केवल मंदिर और उसकी सम्पदा को राज्य छीन लेगा, अपितु उसके केन्द्र के न्यासियों और पुजारियों को कठोर दंड दिया जाएगा।"

"स्वर्गीय महराज चचदेव द्वारा बनाए जा रहे रावड़ दुर्ग का निर्माण एक वर्ष की अवधि में पूरा किया जाए।युवराज श्री जयसिंह इस कार्य को व्यक्तिगत रूप से देखेंगे। इसी प्रकार देश की समस्त सुरक्षा चौकियो, रक्षा संस्थानों और दुर्गों की मरम्मत का कार्य अविलम्ब प्रारंभ किया जाए। जिस सामन्त, क्षेत्रीय प्रमुख या दण्डपाल के अधिकार क्षेत्र में जो राजकीय भवन हो, वे सुदृढ़ अवस्था में दिखाई दें, ऐसा प्रयत्न किया जाए। महाराज स्वयं अगले माह से देश व्यापी प्रवास कर संसाधनों का निरीक्षण्प करेंगे।"

"वे विद्यालय जहाँ युवकों को सैनिक शिक्षा दी जाती हैं तथा सुरक्षा उपायों से सम्बन्धित शोध कार्य किया जाता है, वहाँ महाराज व्यक्तिगतरूप से प्रत्येक स्थान पर तीन दिनों तक निवास कर, वहां की गतिविधियों का सूक्ष्म निरीक्षण करेंगे।"

"लोगों को तुरन्त न्याय मिल सके, इस निमित्त विभिन्न जातियों की पंचायतों, सभी जातियों की महापंचयायतों एवं न्यायालयों को मिल बैठकर अपनी व्यवस्थाएँ, समय सारणियाँ और दायित्व निर्वाह की औपचारिकताओं को अंतिम रूप देना चाहिए। महान्यायाधीश देश की व्यवस्थाओं की जानकारी व्यक्तिगत रूप से महाराज को दिया करेंगे।"

"दस्युओं, आर्थिक अपराधियों, चोरों, ठगों एवं अन्य अपराधियों को तुरन्त दंड मिले, ऐसी न्यायालयों से अपेक्षा की जाती है।

"पिछले दस वर्षों में हमारे राज्य में पारसियों का समूह निवास कर रहा है। उन अग्निपूजकों को उनके देश ईरान से विस्थापित कियागया है। इन पारसियों ने सिन्ध देश के जीवन में घुलमिलकर सत्यपूर्वक समस्त राजकीय करों का भुगतान करते हुए वाणिज्यिक गतिविधियों का संचालन किया है। अतः इस समाज के प्रतिनिधि की नसरवान जी को राज्य के सलाहकारों के समूह में नियुक्त किया जाता है। सलाहकारों को दी जाने वाली जागीर, आवास एवं अन्य सुविधाएं इन्हें भी पद एवं सेवा के अनुकूल मिलती रहेगी।"

नसरवान जी ने अपने आसन से उठकर महाराज को प्रणाम कर समस्त सभासदों को हाथ जोड़कर नमन किया। सभी ने नसरवान जी को बधाई दी।

"हमारे राज्य के विभिन्न कबीलों, कई जातियों एवं विभिन्न प्रकार की पूजा पद्धतियों को मानने वाले मानव समूह निवास करते हैं। यदाकदा इन लोगों में मतभेद भी हो जाता है। यह आपसी मनमुटाव रक्त संघर्ष की स्थिति तक भी पहुंच जाता है। जाट और मद्र लोगों का आपसी कलह सुविख्यात है। उपगणस्थान एवं मकरान की उत्तरी पर्वत श्रृंखला में बसने वाली पख्त जाति (पठान) के कबीलों की आपसी रंजिश से आप सुपरिचित हैं। इन जातीय झगड़ों में विदेशी धर्म प्रचारक एवं गुप्तचर किसी एक का पक्ष लेकर अपने मत का प्रचार कर रहे हैं, विशेषतः खुरासान से लगी हमारी सीमा के समीप ऐसा हो रहा है। सभी सीमा चौकियों, सीमान्त सामंतों और अधिकारियों को ऐसे प्रयासों की ओर सजग रहना है। प्रति सप्ताह ऐसी गतिविधियों की सूचना महाराजाधिराज के कार्यालय में पहुँचाना अनिवार्य है। ऐसे कुतसीत प्रयत्न में लगे स्वदेशी या विदेशी लोगों के विरुद्ध देश के नियमों के अनुसार सख्ती का व्यवहार किया जाए।"

इन घोषणाओं के बाद महाराज की आज्ञा से वैदिक शांतिपाठ हुआ और सभा की कार्यवाही सम्पन्न हुई।

9

राजा दाहर का वर्चस्व अब संपूर्ण सिंध पर था। ईस्वी सन् 701 के पूर्व बड़े भाई की उपस्थिति के कारण दक्षिण सिंध में राजा दाहर वहां हस्तक्षेप नहीं करता था, किन्तु अब मैदान साफ था। राजा दाहर लगभग एक वर्ष तक ब्राह्मणावास में रहा और उसनें संपूर्ण दक्षिण सिंध में राज्य के बडे पदों पर अपनें विश्वस्त कर्मचारियों, अधिकारियों एवं निष्ठावान लोगों को नियुक्त किया।

किन्तु......? व्यक्ति का सोच सदा सच नहीं होता है। विघ्नतोषियों को भी तो इसी धरती पर रहना होता है। दाहर की बढ़ती लोकप्रियता ईष्र्या का कारण बन रही थी। कल का छोकरा इतना प्रभावी बन जाए और वर्षों से राज्य सत्तामें लगे लोग इस स्थिति को कैसे सहन कर सकते थे। राज्य की नई व्यवस्थाओं से उनलोगों का कष्ट बढ़ गया जो दाहरसेन के राज्य में अपनी दखल बनाए हुए थे। इन लोगों नें अपने दूत उन देशों की ओर भेजे, जिन्हे अपने राज्य का विस्तार करना था। ये देश सिंध की सीमा से लगे हुए थे। इनमें से प्रमुख थे- उत्त में कश्मीर और पूर्व दिशा की ओर रमल (संभवतया वर्तमान के पश्चिमी राजस्थान के भूभाग थे, जिन्हें रमल कहा जाता था।)। कश्मीर और रमल पर उन दिनों कन्नोज के यशोवर्मन का अधिकार था।

यशोवर्धन, महाराज हर्ष (606-647 ई.) के वाद कन्नोज का सर्वाधिक प्रभावी शासक था। यशोवर्धन कन्नौज राज्य पर सातवी शताब्दी के अंतिम दशक (लगभग सन 696) में सत्तासन हुआ था। इसी कन्नौज के प्रभाक्षैत्र में रमल राज्य था। रमल और कश्मीर राज्यों पर शासन का दायित्व रासल (संभवतया इसका नाम रायमल था, जबकि चचनामा में इसे रासल कहा गया है।) नामक ठिकानेदार के पास था। आलोर के राजा दाहर से असंतुष्टों के दूतों का एक समूह राजा रासल से मिला। इन दूतों ने राजा रासल को उकसामा कि वह अपनी सेना लेकर आलोर पर आक्रमण कर दे। रासल को यह भी समझाया गया कि यदि वह आलोर पर अधिकार कर लेता है तो सिंध का राज्य कन्नौज का भाग बन जाएगा और उसे कन्नोज के अधिपति यशोवर्धन द्वारा बड़े प्रांतपाल का पद दे दिया जाएगा। एक आश्वासन यह भी दिया गया कि सामान्य प्रजा भी, जो राजा दाहर के ब्राह्मण सोच के कारण

असंतुष्ट है, वह उसे सहयोग करेगी। दूतों की योजना सफल रही। रासल नें अपनी सेना और कश्मीर की सेना को मिलाकर सिंध की उत्तर-पूर्वी सीमा में प्रवेश किया और सीमावर्ती दुर्गों पर अपना अधिकार जमा लिया और सिन्धु नवी का अवलंबन कर आलोर की ओर बढ़ना आरंभ किया।

सूचना राजा दाहर के पास भी पहुंची। राजा दाहर नें अपने राज्य के प्रमुख सलाहकार और मंत्री बुद्धिमान को बुलाकर चर्चा की। आनेवाले संकट का निवारण कैसे हो, यही सबसे बड़ी समस्या थी। बुद्धिमान ने सुझाव दिया कि, अभी हमारी स्थिति ठीक नहीं है। सत्ता से हटाए गए दाहर सेन के परिवार के लोग और उनके हितैषी धोखा दे सकते हैं, यह डर भी बहुत बड़ा था। आर्थिक स्थिति भी इतनी मजबूत नहीं बन पड़ी कि एक बड़े युद्ध की ओर बढ़ा जाए, अतः अच्छा तो यह होगा कि आलोर की ओर आनेवाली सेना को कुछ ले-देकर लौटा दिया जाए।"

इस पर राजादाहर नें कहा कि बिना युद्ध के यदि ले-देकर आक्रमणकारी को लौटा दिया गया, तो इससे हमारे सम्मान को चोट लगेगी। बिना युद्धके, यौंही आत्मसमर्पण कर देना, कायरतापूर्ण कार्य होगा।"

बुद्धिमान कुछ समय चुप रहा। और क्षणिक मौन के बाद उसने सुझाया- "राजन्! हमारे राज्य में पाँच सो घुड़सवार अलाफी मुसलमानों के बसे हुए है। इन लोगों ने ईरान की सीमा पर बसे मकरान क्षैत्र में खलीफा के एक अधिकारी की हत्या करदी थी, जो इन्हें खलीफा के सामने समर्पण कराने का सुझाव दे रहा था। इसके बाद खलीफा ने सेना भेजकर इन पांचसो लोगों को पकड़वाना चाहा, किन्तु ये लोग सिंध राज्य की शरण में आ गए। क्या इस समय इन अलाफियों की सेवा नहीं लेनी चाहिए?"

राजा दाहर इस सुझाव को सुनकर प्रसन्न हुआ। उसनें अलाफियों के सरदार मोहम्मद बनी को, मंत्रणा कक्ष में उपस्थित होने का आदेश भिजवाया। कुछ अन्तराल के बाद मोहम्मद बनी उपस्थित हुआ। राजा और बुद्धिमान नें उसे युद्ध का नैतृत्व करने का आग्रह किया। अलाफी सरदार ने बिना किसी संकोच के राजा के प्रस्ताव को स्वीकार कर लिया। राजा ने बुद्धिमान और मोहम्मद को युद्ध की योजना बनाने का आदेश देकर मंत्रणा कक्ष छोड़ दिया।

योजनानुसार रासल के नैतृत्व में आलोर की ओर बढ़ती सेना की ओर अलाफियों के सरदार नें अपने कुछ साथियों के साथ प्रस्थान किया। आक्रमणकारियों की सेना के पड़ाव से आलोर की ओर लगभग तीन मील की दूरी पर मार्ग को काट कर एक बड़ी खाई बनवाई गई। इस खाई की आड़ में आलोर की मुख्य सेना ने अपना पड़ाव डाल दिया। अलाफी सरदार शत्रुसेना के सेनापतियों से चर्चा कर युद्ध टालने

के प्रयासों के घोषित उद्देश्य को लेकर गया था, किन्तु उसका वास्तविक उद्देश्य शत्रुसेना की गतिविधियों का आकलन करना था। संध्या होते होते, अलाफी सरदार शत्रुसेना के पड़ाव से निकलकर आलोर की ओर लौटने लगा। वह लौट कर अपने शिविर में आ गया।

किन्तु अलाफी सरदार और बुद्धिवान के नेतृत्व में अर्द्धरात्री के समय सेना ने कूच किया। जब शत्रु सैनिक अपने शिविर में सोये हुए थें, उनपर भीषण आक्रमण कर दिया गया। सेंकड़ों सैनिक काट दिए गए। घोडें, हाथी, रथ आयुघ सामग्री एवं रसद पर आलोर के सैनिकों के एक दल ने अधिकार कर लिया। शिविर में हाहाकार मच गया। लगभग अस्सी हजार शत्रु सैनिकों को बंदी बना लिया गया। समस्त सम्पदाओं पर अधिकार करने के बाद सुबह के समय राजा दाहर का युद्ध क्षेत्र में दरबार लगाया गया। शत्रुसेना के अधिकारियों को रस्सियों से बांध कर राजा दाहर के सामनें प्रस्तुत किया गया। राजा दाहर ने समस्त कैदियों और प्राप्त सामग्री का निरीक्षण कर आदेश दिया कि “अपराधियों को कठोर सजा दी जाए।”

“कठोर सजा का अर्थ मृत्युदण्ड तो नहीं है?” बुद्धिमान ने राजा दाहर की ओर विनीत भाव से कहा।

“बुद्धिमान जी, आप वजीर है, आप क्या सुझाव देते हैं?

“श्रीमन्! ये सैनिक हैं। शत्रु के हो चाहे हमारी सेना के। ये लोग अपनी रोटी-रोजी के लिए नौकरी करते हैं। इन लोगों का इससे कुछ भी लेना देना नहीं है, कि राजा लोग क्यों लड़ रहे हैं। राजाओं की इर्ष्या, उनकी हड़प नीति, और उन शीर्षस्य लोगों के स्वार्थ के लिए ये लोग मरते है, या मारे जाते है।”

“मै समझ गया हूँ, बुद्धिमानजी कि आप क्या कहना चाहते है। आप इन सैनिकों के अधिकारियों को बंदी बनालो। सभी बंदी सैनिकों के हथियार छीन लिए जाये। उन्हें इतनी भीजन सामग्री साथ ले जाने की अनुमति दी जाए, कि वे अपने अपने गांव पहुंचने तक उसका उपयोग कर सकें। हाथी, घोडे, रथ एवं विविध युद्ध संबंधी सामग्री को आलोर भेज दी जाए। जब हमारे पास यह सूचना आ जाए की शत्रु सेना के सभी सैनिक, अपने अपने स्थान गाँव या राजधानी में पहुंच गए है, इन बंदी अधिकारियों को सम्मान पूर्वक मुक्त कर दिया जाए।”

राजा दाहर के निर्णय से शत्रुसेना बहुत प्रसन्न हुई। मृत्युदंड की अपेक्षा उन्हे मुक्ति और क्षमा का आदेश सुना दिया गया इसी प्रसन्नता के अवसर पर राजा दाहर ने वजीर बुद्धिमान से कहां “बुद्धिमान जी? आपके सुझावों के संकेत से ही इन सैनिकों के प्राण बचे हैं। चाहूंगा कि आपको भी इस अवसर पर कुछ भेंट करूं। उचित तो यह होगा कि आप ही अपनी ओर से कोई इच्छा प्रकट करें।”

बड़े संकोच के साथ बुद्धिमान ने वहा-" महाराज, मेरी कोई संतान नहीं है, जिसके लिए धन, वैभव छोड़ कर जाऊँ। यह अवश्य चाहूंगा कि मेरा भी नाम संपूर्ण सिंध में फैल जाए।"

'इस निमित्त मुझे क्या करना चाहिए?" राजा ने पूछा।

"यदि आप ठीक समझे तो राज्य के जो भी सिक्के बनाए जांय उस पर आपके नाम के सिक्के के पीछे की ओर छोटे अक्षरों में मेरा भी नाम अंकित किया जाए, ताकि सिन्ध के निवासी आपके साथ साथ मुझे भी याद रख सकें।"

"आपका सुझाव मुझे स्वीकार है। नए सिक्कों पर आपका भी नाम होगा।"

युद्ध के बाद हुए दरबार की घोषणाओं का शत्रु एवं मित्रों के खेमों में, सर्वत्र स्वागत हुआ। राजा दाहर द्वारा शत्रु सैनिकों के साथ किए गए व्यवहार की चर्चा संपूर्ण सिंध देश में फैल गई। राजा के उदार चरित्र का एक अनूठा परिचय देखने को मिला।

10

आज से चैदहसो वर्ष पूर्व जब पेट्रोल का पता नहीं था, उस समय मध्यपूर्व के देश यथा-ईरान, ईराक, अफगानिस्तान, उज्बेकिस्तान आदि इतने समृद्ध नहीं थे, जितने आज दिखाई देते है। ऊँट, खजूर और कहीं कहीं पैदा होने वाले अनाज के आधार पर जीवनयापन करने वाले मानव समूह की आयु अधिकांशतः आपसी झगड़ों, लड़ाइयों अथवा उंटों पर सामान लाद कर लेजाने में ही व्यतीत हो जाती थी। पैगम्बर मोहम्मद साहब ने इन कलह प्रधान जनसमूहों को एक सूत्र में बांधने का अथक प्रयास किया और एक नया समाज अस्तित्व में आया, जिसे मुसलमान कहा गया। अपने मजहब के मानने वालों की संख्या बढ़ाने के हथियार बनें, बहुविवाह, धर्मान्तरण हेतु बल एवं आतंक का प्रयोग तथा पुरानी मान्यताओं के प्रतीकों, जैसे मन्दिरों, आस्था स्थलों, पुस्तकालयों को नष्ट करने एवं पुराने धर्म के प्रचारकों की हत्याएँ। ऐसे निर्मम प्रहारों के प्रयोग मध्यपूर्व के देशों से बढ़कर अपने रंग में संपूर्ण उत्तरी अफ्रीका को लील गये। ऐसे ही प्रयास भारतीय उपमहाद्वीप की ओर भी किए गए। मोहम्मद साहब के स्वर्गवास के बाद इनके अनुयाइयों के प्रमुख खलीफा कहे जाने लगे। किस खलीफा के कार्यकाल में इस्लामिक तलवार के वार भारत में किस प्रकार हुए, उनका संक्षिप्त विवरण यहां दिया जा रहा है। भारत और अरब देशों का आपसी आवागमन सदियों पूर्व से रहा है। वैदिक काल से पहले समुद्रों में बड़ी बड़ी नावों का आनाजाना लगा रहता था। न केवल अथर्ववेद में अपितु कालान्तर में बौद्ध जातकों में जलमार्गों से व्यापार किया जाता था इसका उल्लेख मिलता है। अतः अरबवासियों और भारतीय समुदायों का आपसी परिचय आधुनिक अदन (आदित्यपुर) से लेकर देवल (सिंध) मरूकच्छ (भड़ौच-गुजरात), ठाणे (महाराष्ट्र) और केरल तक विस्तृत था। किन्तु भारत पर अरब लोंगों का आक्रमण या भारत विजय करने के स्वप्न देखने का भाव इस्लाम के प्रादुर्भाव और उसकी विस्तारवादी नीतियों का परिणाम माना जाता है। जल मार्गों की सुरक्षा हेतु स्थान स्थान पर सुरक्षा कर्मियों को भी रखा जाता था। नावों, एवं जहाजों पर भी सुरक्षा संबंधी व्यवस्थाएँ हुआ करती थी।

सर्वप्रथम भारत पर आक्रमण का ऐतिहासिक विवरण हजरत उमर (द्वितीय खलीफा, ईस्वी सन् 634 से 644) के समय हुआ था, ऐसा कहा जाता है। उनके समय फौजी अभियान के लिए ईराक में सन् 638 में बसरा शहर बसाया गया। उस समय का नारा था, अरब केवल अरबवासियों अर्थात् इस्लाम परस्तों के लिए है। इन आक्रमणकारियों को "जेहाद" शब्द और उसके भावों से जोड़ा गया। इसका एक ही उद्देश्य था' कि अरबवासियों को एक ही सूत्र से, अर्थात् "जेहाद" (धर्मयुद्ध) से जोड़ कर रखा जाए। इस भावना को जगाने में बसरा एक छावनी के रूप में विकसित हुआ।

इसके बाद हजरत उमर (सन् 644 के आसपास) के समय भारत के मकरान, शीराज और किरमान में इस्लाम को सुस्थापित किया गया। इनके कार्यकाल में उस्मान के नैतृत्व में एक सैन्य समूह अमान (जार्डन) से समुद्री मार्ग से देवल पहुंचा था। सेना का एक प्रमुख मुगैरा नावों के माध्यम से देवल पहुंचा। उस समय सिंध पर चचदेव का शासन था। इस सेना को देवल में हराया गया और मुगैरा मारा गया? खतीफा को यह अहसास हो गया कि सिंध की सुरक्षा व्यवस्था को तोड़ना इतना सरल नही है।

हजरत उमर के बाद हजरत उस्मान (ईस्वीसन 644 से 656) के समय अब्दुल्ला बिन आमिर बिन रबीआ के नैतृत्व में एक सेना पश्चिमी भारत के कन्दाबेला और मकरान की ओर भेजी गई।" जेहाद" अर्थात् धर्मयुद्ध के नाम से इस सेना का संगठन किया गया था? हजरत उस्मान का यह भी निर्देश था कि सैन्य अभियान के पूर्व गुप्तचरों के माध्यम से सिंध की परिस्थितियों का अध्ययन कराया जाए। गुप्तचरों ने जो रिपोर्ट भेजी उसके अनुसार सिंध का पानी मैला है। फल कडुए हैं और जहरीले भी। मिट्टी पथरीली और अनुपजाउ है। सिंध के निवासी वादे के पक्के नहीं है। इस रिपोर्ट को सुनकर खलीफा ने सिंध की ओर जानेवाली सेना का अभियान स्थगित कर दिया। संभवतया यह रिपोर्ट आधुनिक मकरान, बलूचिस्तान जैसे प्रदेशों को ध्यान में रख कर बनाई गई होगी।

हजरत अली (ईस्वीसन् 656 से 661, आप मुहम्मद साहब के दामाद थे) ने फूफा शहर को राजधानी बनाया। इसके कारण दंगे-फसाद भी हुए। ईस्वी सन 660 में इनके कार्यकाल में सिंध विजय हेतु सेना भेजी गई। मार्ग के नगरों को लूटती हुई इस सेना को आंशिक सफलता मिली, किन्तु कैकानन के समीप इनकी सेना का सामना सिंध की सेना से हुआ। चचनामा के अनुसार इनकी सेना विजय के समीप थी, किन्तु अचानक हजरत अली की शहादत के कारण, इस्लामी सेना लौट गई।

ईस्वीसन् 661 से 680 की अवधि में हजरत मुआवया, ने उमयी खिलाफत की नींव रखी। इन्होंने अपनी राजधानी कूफा से हटाकर दमिष्क (सीरिया) में बदल दी। इन्होने भी एक सेना सिंध की ओर भेजी। उस सेना का मुकाबला कैकानन की पहाड़ियों में स्थानीय सेना के साथ हुआ। इस युद्ध में इस्लामी सेना परास्त हुई और सेना प्रमुख अब्दुल्ला मारा गया। इसके बाद खलीफा ने सनान बिन सलमह को नया सेनापति नियुक्त किया। यह व्यक्ति भी खलीफा के स्पप्न को पूरा नहीं कर सका। एक दूसरा व्यक्ति अहनफको नया सेनापति बनाया गया। यह सेनापति भी दो वर्ष तक मात्र मकरान तक ही जा सका और समय बितता रहा। उसे भी पद से हटाया गया और राशिद नाम के व्यक्ति को सेना प्रमुख बनाया। इस व्यक्ति नें स्थानीय लोगों से कर वसूल कर खलीफा को भेजा। एक वर्ष के बाद स्थानीय लोगों ने रशिद को भी मार दिया। इसके बाद एक अन्य व्यक्ति मंजर बिन हारूद को सेनापति बनाया, वह की बीमार होकर मर गया।

जब हजरत अब्दुल मलिक (685 से 705 ईस्वी) बने, तब उन्होंने इराक के राज्यपाल के पद पर हज्जाज बिन यूसुफ को नियुक्त किया। यह व्यक्ति स्वभावतः क्रूर था। इसके बारे में लेखकों ने लिखा है कि इसने सामान्य से अपराधों पर भी बीस हजार लोगों का कत्ल करवा दिया। जब हज्जाज की मृत्यु हुई तब तीस हजार पुरूष और बीस हजार महिलाएँ कैद थी। इस व्यक्ति ने लोगों को मरणान्तक कष्ट देने के कई तरीके भी खोजे थे।

सिंध पर दृष्टि रखने और कब्जे में आए भूभागों की सुरक्षा के लिए हज्जाज ने सईद बिन असलम को अपना प्रतिनिधि बनाकर मकरान भेजा। मकरान में जो व्यक्ति पहले से कार्य कर रहा था, उसे आदेश किया कि वह सईद के नीचे के पद पर अपनी सेवाएँ देता रहे, किन्तु इसने ऐसा करने से मना कर दिया। इस बात पर सईद ने पूर्व प्रतिनिधि की हत्या कर दी। सईद ने अपार धन इकट्ठा कर हज्जाज को भेजा। उसने इस मृत व्यक्ति हाकिम सफवी का कटा हुआ सिर भी भेट स्वरूप हज्जाज की सेना में भेजा।

सफवी अलाफी कबीले का था। उसकी मृत्यु का बदला भी समय देखकर अलाफियों ने ले लिया। अवसर देखकर अलाफियों ने सईद की हत्या कर दी और अलाफियों ने मकरान पर अधिकार कर लिया। हज्जाज को यह नागवार महसूस हुआ। उसने अपनी योजना तैयार कर अलाफियों के प्रमुख सरदार सुलेमानी की हत्या कर उसका सिर सईद के परिवार को भिजवा दिया। न केवल इतना ही अपितु अलाफियों की हत्या के लिए एक सेना भी भेजी। इसके पूर्व कि अलाफियों से युद्ध होता, अलाफियों का दल राजा दाहर के दरबार में शरण लेने पहुच गया।

जब वलीद बिन अब्दुल मलिक खलीफा (705 से 712 ईस्वी) बना तो उसने भी विदेश विभाग मोहम्मद बिल हासन को सौंप कर यह अपेक्षा की, कि पिछली करवसूली की बाकयात भिजवाए तथा नये प्रांतों पर अपना प्रभुत्व फैलाए, बिल हासन ने ऐसा कोई विशेष कार्य नहीं किया, जिसे गिनाया जा सकें।

11

हज्जाज और मकरान में बैठे सैनिकों में मकरान में आकर सिन्धी सेना द्वारा अश्वों को लूटे जाने की खबर से कुहराम मच गया। अब तक के समस्त प्रयत्न असफल हो गए। स्वयं की सत्ता स्वयं के अस्तित्व और कुछ कर दिखाने के स्वप्न ढहते दिखाई दिए। सीरिया में बैठे खलीफा को वह अपना मुँह कैसे दिखाए..... यही प्रश्न उसके सामने मुँह खोले खड़ा था। खलीफा की नजरों में उसकी क्या कीमत रहेगी? सिन्ध को मिटियामेट करने की उसकी घोषणाएँ निरर्थक हो गई। इस्लाम का ध्वज उत्तरी अफ्रीका की ओर बढ़ता हुआ, अपनी जड़ें जमा रहा था और इधर आर्यायन प्रदेश से आगे पूर्व दिशा की ओर उसके कदमों पर ताले लग गए थे। जब उसे खुरासान का प्रांतपाल बनाया गया, तब उसे शपथ दिलाई गई थी कि वह सम्पूर्ण सिन्ध एवं हिन्द को हरे रंग में रंग देगा। हिन्द की तो बात छोड़ दें, सिन्ध की अर्गला का पतन भी नहीं हुआ था। एक भय यह भी था कि कहीं खलीफा क्रुद्ध होकर उसे अपने पद से ही बर्खास्त न कर दे। किंकर्तव्यविमूढ़ सा वह अपने महल के बगीचों में चहल कदमी करता रहा। क्या करे और क्या न करे, इसी अधर झूल में संध्या घिर आई। रोशनी जलाने वाले सेवक ने उसके भीतर उठते ज्वर को विराम देते हुए निवेदन किया- "हुजूर! रोशनी का वक्त हो गया है। आप इजाजत दे तो मै रोशनी जलाऊँ।"

"हाँ.... हाँ....! हज्जाज का मस्तिष्क अपने मुकाम पर पहुँचा। वैचारिक आंधी में उसे पता ही नहीं था कि वह कहाँ है, क्या कर रहा है और उसके आसपास कौन-कौन हैं।

"भाई! एक काम और करना। किसी सेवक से कहना कि पीने का पानी ले आए।" सेवक पानी लेकर आया, साथ ही यह समाचार दे गया कि कोई बौद्ध उससे मिलने बड़ी देर से प्रतीक्षालय में बैठा है। संवेदनशीलता के तन्तुओं पर भारी पड़ गया। सतर्कता, भवितव्यता और धरातलीय सोच का आवरण, बडी देर से चल रहे उहापोह को समाप्त कर गया। वह तत्काल अपने मन्त्रणाकक्ष में चला गया। भारी भरकम शरीर के बौद्ध सन्यासी ने कक्ष में प्रवेश किया। "आपका कल्याण हो।

भगवान बुद्ध आपके सहायक बनें", की शुभकामनाओं के बाद वह पीत वस्त्रधारी सामने बैठ गया।

"कैसे कष्ट किया आपने, यहाँ आने का? आप कहाँ से पधारे हैं, यह भी बताने की प्रार्थना करता हूँ।" हज्जाज के कृत्रिम वाक्यों में सज्जनता और सौम्यता का भाव मानो उमंग रहा था। वह जानता था कि धर्म प्रधान लोगों को अपनी वाणी के माधुर्य से कैसे पराभूत किया जा सकता है।

"मैं मकरान के बौद्ध मठ का कार्यकारी मंत्री हूँ। आपकी सेवा में वहाँ की व्यवस्थाओं, विशेषकर आपकी सेना के अधिकारियों द्वारा किए जा रहे कार्यों के बारे में आपको निवेदन करने यहां तक आ पाया हूँ।"

"अवश्य कहें। यदि आप नहीं कहेंगे तो हमें वहां की असलियत का पता कैसे लगेगा?"

"निवेदन के पूर्व यह स्पष्ट कर दूँ कि हम आपके मित्र है, और मित्रता में यदि ऐसा कुछ कह जाऊँ, जो आपके अनुकूल नहीं हो तो, मैं पहले से ही क्षमा याचना कर लेता हूँ।"

"जब आपने मुझे मित्र कहा है, तो क्षमा याचना क्यों? आप जो कुछ कहेंगे, हमारे भले के लिए ही कहेंगे।" हज्जाज की गूढ़ दृष्टि निर्निमेषभाव से सामने बैठे सन्यासी के घुटे हुए सिर को देखे जा रही थी।

"हम यह नहीं समझ पा रहे हैं कि अब तक आप चुपचाप मकरान में ही क्यों बैठे हुए हैं? आपने सिन्ध देश में अपने पाँव जमाने का वादा किया था। क्या आपके वचन इसी प्रकार के होते हैं?"

"मित्र बन्धु! आप सिन्ध देश के निवासी हैं। आपने अपने राज्य के अत्याचारों से पीड़ित होकर, हम लोगों से सहायता चाही है। हमारा धर्म दोस्ती का निर्वाह करना जानता है। हमने आपको वचन दिया है। हम बहुत शीघ्र सिन्ध की ओर बढ़ेंगे। कुछ समय तो लगता ही है।"

"आपको पता नहीं है कि सिन्ध में हम बौद्धों की कैसी दुर्गति हो रही है। वर्तमान राजा दाहर के पिता ने राजा साहसी का राज्य छीन लिया। राजा साहसी बौद्धों के प्रति बहुत उदार था, किन्तु चचदेव ने शासन में आते ही हमें दबाना शुरू कर दिया। यह क्रम आज तक चल रहा है। हम कब तक इस राज्य को सहेंगे?"

"आप थोड़ा धैर्य रखें वह समय आने वाला ही है।"

"कब तक ....?"

"बहुत शीघ्र....। आप हमारे आने तक अपना समय काट लें। हमारे आने के बाद आपको वही आजादी मिलेगी जो आप चाहते हैं।" हज्जाज की आंखें सतर्क थी। वह अपनी ओर से मात्र आश्वासन ही तो दे सकता था।

"आपका वचन ही तो हमारा संबल है। अब एक शिकायत ओर है।"

"कहें ......?"

"आपके नुमाइन्दों और देवल के शासक और हमारे अग्रण्य श्री ज्ञानबुद्ध के बीच एक अनुबंध हुआ था। उसके अनुसार आपकी सेना को हमने सहायता देने का वचन किया था, और आपने हमारे धर्म प्रचारकों को विजित प्रदेश के लोगों में धर्म प्रचार करने की छूट दी थी।" प्रौढ़ बौद्ध का स्थूल शरीर बैठने की मुद्रा में परिवर्तन करता हुआ कह रहा था।

"हम अपने वचनों पर कायम हैं।"

"मकरान में ऐसा नहीं हुआ। आपके सैनिकों का हमने मकरान में स्वागत किया। आपका यहां अधिकार हो गया। हमने यहां बस रहे जाटों को बौद्धधर्म में दीक्षित किया, किन्तु आपके मौलवियों ने उन्हें इस्लाम धर्म स्वीकार करने हेतु विवश किया, क्या इसे हम वचन भंग की संज्ञा नहीं कहेंगे।"

"संभव है, आपके मित्रों ने आपको गलत सूचना दी है। यदि आपका कथन सत्य है, तो मैं इस तथ्य की जाँच करूंगा।" हज्जाज ने एक चालू उत्तर दिया।

"बन्धु! हम लोग सत्य और अहिंसा के पुजारी हैं। असत्य कहना धर्म विरुद्ध है। जो कुछ मैंने कहा, यह सर्वथा सत्य है।" प्रौढ़ बौद्ध अपने मन से कह रहा था। जाटों के साथ ज्ञानबुद्ध का जो समझौता हुआ था, उस समय अलाफियों का शासन था। अलाफियों को खदेड़ने वाली अरब सेना ने उनको तो भगा दिया ओर वहा रहने वाले बुतपरस्तों को इस्लाम धर्म में दीक्षित कर दिया। बौद्धों से कहा गया कि वे इस्लाम के प्रचारार्थ बनने वाली मस्जिदों के लिए बौद्धमठ खाली करें। जब बौद्धों को न केवल प्रचार से मना किया गया, अपितु उनकी संपदा पर भी इस्लाम बैठने लगा, तब विरोध प्रकट करने के लिए इस प्रौढ़ बौद्ध ने हिम्मत जुटाई।

"मैं आपको झूठा नहीं कह रहा हूँ। आप सत्य ही करते हैं, किन्तु प्रशासक होने के नाते जाँच तो करनी ही पड़ेगी, कि किसने आप जैसे हितैषियों के प्रचार कार्य में बाधा डाली।"

"हम हिंसा से घृणा करते हैं। इसीलिए हम आपका सशस्त्र विरोध नहीं कर सकते हैं, अतः विनम्रतापूर्वक निवेदन करते हैं कि आप आपके लोगों को समझाएँ कि वे हमारे कार्य में सहयोग करें एवं हमारे प्रयासों में बाधक नहीं बनें।" बौद्ध

के कथन पर हज्जाज के तेवर कुछ क्षणों के लिए गरम हुए। उनके मन में एक विचार यह भी कोंधा कि इस बौद्ध को एक क्षण में ही समाप्त कर इसकी जिह्या को स्थाई रूप से बंद कर दिया जाए, किन्तु सिन्ध विजय के स्वप्नों में इन्हीं बौद्धों की सहायता जो लेनी थी। अतः उसने बड़ी कठोरता से स्वयं को नियंत्रित करते हुए कहा- "आप हमारे मित्र हैं और आपको पता है कि हमारा राज्य कितना विस्तृत है। हो सकता है हमारे राज्य के किसी निवासी ने वही किया हो, जो आप कह रहे हैं। मैं जाँच कर उसे सज़ा दिलाऊँगा। आप इतनी दूर चलकर यहाँ पधारे हैं। आपके आवास भोजन आदि की व्यवस्था मैं कर दूँ।"

"आपने मुझे सुना इसके लिए धन्यवाद! यहां हमारे मठ हैं। कहीं भी ठहर जाऊँगा।" बौद्ध उठा और अभिवादन के शिष्टाचार के बाद वह कक्ष से बाहर चला गया। हज्जाज ने अपने सेवक को बुला उस बौद्ध के पीछे लगा दिया, ताकि उसकी गतिविधियों पर निगाह रखी जा सके।

हज्जाज का गम कुछ ही देर बाद काफूर हो गया। खलीफा का एक संदेश आया था। इसके अनुसार रमल की पराजय और घोड़ों के समूह को लूट लिए जाने के बाद भी खलीफा ने हज्जाज पर भरोसा जताया था। संदेश में कहा गया कि "हम सभी उस खुदाताला के बन्दे हैं। जब हमने सारी जिन्दगी उसके कदमों पर रख दी है, तो हमारा अब वजूद ही क्या है? जो कुछ हम हैं, वह उसी का है। अच्छा या बुरा, जीत या हार, खुशियाँ या गम सब कुछ उसी का है। तुम मायूस न हों प्रत्येक पराजय में भी विजय की ध्वनि छिपी रहती है। सिन्ध विजय हेतु दुबारा प्रयास करो।"

हज्जाज के सिर से मानो बोझ उतर गया। खलीफा और खुदा का शुक्रिया अदाकर वह आगे की योजना बनाने लगा। इस बार वह किसी भी योजना के प्रत्येक पहलू पर फूंक फूंक कर कदम रखना चाहता था। अपने दो चार अभिन्न मित्रों के साथ वह भविष्य को संवारने की योजना में तल्लीन हो गया।

12

समय सरकता गया। देवल के शासक ज्ञानबुद्ध ने हज्जाज को संकेत भिजवाया। धर्म के प्रचारार्थ एक बड़ी सेना की संरचना की गई। हजारों सवारों से सुसज्जित जलपोतों और नाविकों को प्रशिक्षण दिया जाने लगा। गुप्तचरों ने अपनी गुप्त सूचनाएँ दाहर तक पहुँचाना शुरू कर दिया। प्रत्यक्ष युद्ध की तैयारियाँ दोनों ओर से चल पड़ी। उन्हीं दिनों हज्जाज को युद्ध छेड़ने का एक बहाना भी मिल गया। उसने अपने एक अधिकारी को श्वेत झंडा लेकर मकरान से आलोर की ओर भेजा। उसके साथ दस घुड़सवार अंगरक्षकों के रूप में और एक ऊँट मार्ग के लिए आवश्यक सामग्री से लदा हुआ भी साथ था, खुरासान के शासक हज्जाज का एक पत्र लेकर यह दल आलोर पहुँचा। दल के विश्राम की व्यवस्था कर प्रधानमंत्री बुद्धिमान ने आगत दल के प्रमुख को महाराज से मिलवाने का समय तय किया।

हज्जाज का पत्र महाराज को सौंपते हुए दूत ने कहा- "महाराज! हमारे मालिक हज्जाज ने मुझे आदेश दिया है कि इस पत्र का जवाब लेकर ही जाऊँ।"

"दूत महाशय! आपने पत्र पहुँचा दिया। आपने यहां तक आने की तकलीफ की है। अब आप पुनः लौट जाँए। एक सप्ताह में इस पत्र का उत्तर भिजवा दिया जाएगा।" महाराज ने पत्र को प्रधान सचिव श्री बुद्धिमान को सौंपे जाने का संकेत करते हुए कहा। बुद्धिमान ने बाँए हाथ से पत्र स्वीकार कर सिर पर लगाया। दल लौट गया। बुद्धिमान ने दल के साथ गुप्तचर लगा दिए थे। उसने महाराज की आज्ञा से पत्र को पढ़कर सुनाया।

"आदरणीय सिन्ध नरेश श्री दाहर को खुरासान के प्रशासक हज्जाज का सलाम। हमें सख्त अफसोस हैं कि श्रीलंका से हज यात्रा के लिए निकली महिलाओं और खलीफाओं के सम्मान में वहां के राजा द्वारा भेजी गई भेंट सामग्री से लदी आठ नावों को देवल के समीप समुद्र में लूट ली गई। आपके राज्य द्वारा किया गया यह कार्य निन्दनीय है। पत्र मिलते ही महिलाओं, भेंट सामग्री और नावों को तत्काल मकरान तक भिजवा दें ताकि उन्हें, जहाँ पहुँचना है, वहाँ पहुँचाया जा सके।" महाराज दाहर ने पत्र सुनकर पूछा-

"प्रधानमंत्री जी! मुझे सिलसिलेवार इस घटना की जानकी दें।"

प्रधानमंत्री ने स्पष्ट रूप से कहा-

"श्रीमान्! लगभग एक माह पूर्व समुद्र में आए तूफान के कारण अरब देशों को जाने वाली आठ नावें भटक कर देवल तट पर आ गई। वहां इन्हें वस्तुतः समुद्री डाकुओं ने लूट लिया।"

"लूटनेके बाद उन महिलाओं और सम्पदा का क्या हुआ? क्या वे समुद्री डाकू पकड़े गए?"

"जी हाँ! समुद्री डाकुओं से महिलाओं को मुक्त करा दिया गया किन्तु दस्यु भाग निकले। महिलाओं को देवल में ही एक बड़े राजकीय स्थल में रखा गया है। एक ब्राह्नण को उनकी देखरेख हेतु नियुक्त किया हुआ हैं। जिन दस्युओं पर संदेह है, उनकी खोज की जा रही है।"

"इसका अर्थ है कि दस्युगण महिलाओं को देवल तट पर उतार कर संपदा और नावों को लेकर भाग गए, जिन्हें हमारे तटरक्षक नहीं पकड़ पाए।"

"हुजूर! सत्य तो यही है।"

"देवल के प्रबन्धक श्री ज्ञानबुद्ध ने इतनी बड़ी घटना की जानकारी आलोर तक क्यों नहीं पहुंचाई?"

"इसका उत्तर तो वे ही दे सकते हैं, किन्तु हमारे गुप्तचरों ने संदेह व्यक्त किया है कि समुद्री दस्युओं और देवल के प्रशासन के बीच आपसी सद्भाव अधिक घनिष्ठ है।"

"यदि ऐसा है, तो हमारा तंत्र, इस तथ्य पर अब तक पर्दा उालकर क्या चुपचाप सोया हुआ है?" प्रधान सचिव मौन रहा। उत्तर भी क्या देता। महाराज का माथा ठनकना आवश्यक था। उन्होंने प्रसंग को आगे बढ़ाते हुए आदेश दिया- "पत्र का उत्तर आज ही भिजवा दें। श्री हज्जाज को सत्य सत्य लिख दें कि नावों को लूटने का कार्य समुद्री दस्युओं का है, जिन पर हमारे राज्य का बस नहीं है।"

"क्या, इससे हमारी कमजोरी का उद्घाटन नहीं होगा? हम दस्युओं को पकड़वानें में विफल रहे हैं, क्या यह स्वीकार करना उचित होगा?"

"बुद्धिमान जी! हमारा राज्य दस्यु प्रधान है, यह लांछन श्री हज्जाज ने हम पर लगाया है। उस आक्षेप के उत्तर में सत्य कह देना ही उचित है। आप संदेशवाहक को आज ही प्रस्थान करने का आदेश दें। यह भी बताएँ कि वहां से आए दूत और उसके अंगरक्षक किन किन लोगों से मिले थे?"

"वैसे तो उनका दल, उन्हें दिए गए राजकीय आवास में ही रहा, तथापि हमें पता लगा है कि राजधानी के नगर सेठ श्री सुभद्र शाक्यवंशी ने इस दल से भेंट की हैं। इस दल के प्रमुख का एक अंगरक्षक स्थानीय बौद्धमठ भी गया। इसी प्रकार इस दल से मिलने अलाफ़ियों का सरदार भी अपने तीन साथियों के साथ गया था।"

"इन सभी मिलने वालों के साथ विदेशी दल वालों ने किस विषय पर चर्चा की?"

"चर्चाएं गुप्त थीं, अतः पूरा ब्यौरा नहीं मिल पाया , किन्तु लगता है कि श्री सुभद्र, बौद्ध मठ और अलाफियों की पहुँच श्री हज्जाज तक होनी चाहिए। हमारा तंत्र इन तीनों ही केन्द्रों पर सक्रिय है।"

"प्रधान जी!देवलं की घटनाओं को आप स्वयं देखें। राजकुमार जयसिंह को निर्देश दें कि वे भी इस दिशा में सतर्क रहें। क्या ज्ञानबुद्ध और दस्युगण आपस में मिले हुए हैं......, इसकी गहराई में जाँच करें और जब भी कोई नई सूचना आ जाए मुझे तत्काल सूचित करें। इसके साथ ही मुझे यह भी बतावें कि खुरासान के शासक को पत्र सौंपने हमारे राज्य से कौन जा रहा है?"

"मेरा विचार है कि वरिष्ठ गुप्तचर श्री धर्मेन्द्र जी ही यह पत्र लेकर जाँय।"

"आपका चयन तो उचित है, किन्तु मैं अपनी ओर से एक ओर नाम प्रस्तावित कर रहा हूँ।" दाहर ने प्रधान सचिव के चेहरे पर अपनी बात का प्रभाव देखना चाहा।

"आप आज्ञा दें महाराज।"

"इस दल में एक सर्वथा नया युवक भी जाएगा, जो श्री धर्मेन्द्र जी के अंगरक्षकों में से एक होगा। यह युवक जाने वाले इस दल में हमारी पश्चिमी सीमा के समीप ही सम्मिलित होगा। अंगरक्षकों का दल इस प्रकार बनावें कि वे खुरासान में जाकर हज्जाज की सैन्य तैयारियों का आकलन करके आएँ। सेना की विभिन्न क्रियाओं में जो भी दक्ष युवक हों, वे ही इस दल में जाँय।"

"आपके कथनानुसार अक्षरशः व्यवस्थाएँ की जाएँगी। आप उस युवक का नाम बताने की कृपा करें, जिसे आप विशेष रूप से भेजना चाहते हैं?"

"वे होंगे, महाराज कुमार जयसिंह के छोटे भाई श्री गोपीकृष्ण। मैं चाहता हूँ कि श्री गोपी के नाम को गुप्त रखा जाए। इस दल का मार्ग मकरान होकर खुरासान जाने का रहे ताकि संपूर्ण मार्ग में क्या कुछ हो रहा है, इसको श्री गोपी स्वयं अपनी आंखों से देख सके। अब गोपनीयता और सतर्कता पर ध्यान देना, आपका काम है।"

"जी.....। बहुत अच्छा सोच है, आपका। मैं समस्त व्यवस्थाएँ पूरी कर आपको जानकारी दूँगा।"

नारायण कोट में निवास कर रहे राजकुमार जयसिंह को सूचनाएँ भिजवा दी गई। देवल में बंदी बनाई गई महिलाओं को विशेष सुरक्षा प्रदान की गई। श्री ज्ञान बुद्ध की गतिविधियों पर विशेष ध्यान दिया जाने लगा। सर्तकता इस सीमा तक बढ़ी कि प्रायः प्रत्येक संदिग्ध चरित्र के अधिकारी एवं कर्मचारी को गुप्तचरों की दृष्टि में रखा जाने लगा। सबसे पहली घटना के रूप में सिन्धु नदी में चलने वाली नावों का आया। कुछ नावें ऐसी पकड़ी गई, जिनमें हथियार थे। धनुषबाण, तलवारें, भाले, कटारें, ढालें, घोड़ों को ढकने के आवरण, वल्गाएँ, विभिन्न प्रकार के कवच, शिरस्त्राण, जूते आदि विभिन्न वस्तुओं से लदी ये नावें देवल से आलोर की ओर आ रही थी। नावों को चलाने वालों को संभवतया निर्देश थे कि वे अपना सफर रात में ही करें। गुप्तचरों की सूचना पर अर्द्धरात्रि के पश्चात् सभी दस नावों को चारों ओर से सेना की टुकड़ियों ने घेर लिया और उन्हें तट की ओर ले जाने का आदेश दिया। नदी के एक ऐसे कोने में इन्हें ले जाया गया, जो जनशून्य था तथा घने जल से आवृत्त था। सेना ने समस्त सामग्रियों को सेना के मुख्यालय भिजवा दिया तथा नावों के नाविकों को बंदी बना दिया। सूचना बुद्धिमान तक पहुँचा दी गई। बुद्धिमान के निर्देश पर इस प्रकरण को गुप्त रखा गया।

इसी प्रकार नारायणकोट एवं देवल के बीच, स्थल मार्ग पर यात्रा कर रहे कुछ संदिग्ध लोगों को भी पकड़ा गया। इन लोगों में चार व्यक्ति अरबदेशों से सम्बन्धित थे। गुप्त रूप से पकड़े गए इन संदिग्धों को जब नारायणकोट के सैन्य शिविर में ले जाकर पीटा गया, तो जो रहस्य सामने आए वे चौंकाने वाले थे।

बौद्ध मठों पर भी गुप्तचरों का तंत्र अपनी अंगुलियां जमा चुका था। इन मठों से कई प्रकार की सामग्रियां और सूचनाएँ मिली थी, जिन्हें राज्यहित के विपरीत कहा जा सकता था। अरब व्यापारियों के रूप में हज्जाज की सेना के दो शीर्ष अधिकारी भी देवल के मठ में पकड़े गए। इस धरपकड़ पर देवल के प्रशासक ने कड़ा विरोध किया किन्तु सैनिकों ने ज्ञानबुद्ध के प्रवाद पर ध्यान नहीं दिया। क्रोधित ज्ञानबुद्ध ने महाराज दाहर को एक पत्र भी लिखा। इस पत्र को लेकर ज्ञानबुद्ध का एक संदेशवाहक आलोर गया और महाराज दाहर को पत्र सौंपा।

उन्हीं दिनों हारीत ऋषि का एक सेवक एवं शिष्य श्री अमृतानंद भी महाराज दाहर के दरबार में पहुँचे और महाराज को कई प्रकार की सूचनाएँ दी। सूचनाएँ प्रतिदिन पहुंच रही थी। महाराज और बुद्धिमान उन सूचनाओं की समीक्षा कर रहे थे। सेना का मुख्यालय और तटरक्षक दल अत्याधिक सक्रिय था। वातावरण में मानों तनाव, दुराव और पारस्परिक सम्बन्धों में माधुर्य का अभाव अनुभव किया जा रहा था। ऊपर से धरातल शांत था, किन्तु भीतर में छिपी पिघली चट्टानें यदा कदा

भूकम्प का सृजन कर, किसी संभावित ज्वालामुखी का संकेत दे रही थी। आसमान में छाए असामयिक बादलों का घटाधोप, किसी भी समय बरस कर लहलहराती खेती को नष्ट कर सकता था। संदेह, बदला, घृणा, इर्ष्या, अहं जैसे शब्द मानव मन में गहरे बैठ, अपनातंत्र रच रहे थे। संध्या का समय था। राजाप्रासाद के एक एकान्त प्रकोष्ठ में महाराज राजप्रासाद दाहर ने अपने प्रधान सचिव बुद्धिमान को बुलाकर गुप्तचरों से प्राप्त सूचनाओं का विश्लेषण प्रारंभ किया। सिन्ध के हितचिन्तक दोनों महापुरुषों की इस मंत्रणा की सूचना मात्र सेनाध्यक्ष को दी गई थी। सेनापति को एक ही संदेश था कि महाराज स्वयं रात्रि के प्रथम प्रहर में उन्हें बुला सकते हैं।

"प्रधान जी! जो सूचनाएँ आई हैं, उनकी गहराई से आप परिचित हैं। चाहता हूँ कि उनके सिन्ध पर पड़ने वाले प्रभावों के बारे में आपसे चर्चा करूं। जिन नावें से हथियार मिले हैं, उनका लक्ष्य क्या था? कौन इसके पीछे है? किसके स्वार्थ इन हथियारों से पूरे किए जा सकते थे?"

"महाराज छोटे मुँह बड़ी बात कहना ठीक नहीं है, किन्तु कहना चाहूँगा कि इन हथियारों के सम्बन्ध तीन बड़े केन्द्रों से हैं। खुरासान, जहां से इन हथियारों का जन्म हुआ है। इनका लक्ष्य राज्य के भीतर फैले खुरासान के गुप्तचरों तक इन सामग्रियों को पहुंचाना है। हमारे देश में से लोग भी हैं, जो श्री मत्ता के मार्ग का अनुसरण कर सिन्ध को तोड़ने का षड़यंत्र कर रहे हैं। इन हथियारों का उपयोग ऐसे ही लोगों द्वारा किया जा सकता हैं। यह तो एक खेप पकड़ी गई है। पता नहीं हमारी लापरवाही के कारण कितनी नावें, कितने हथियार लेकर कितने लोगों तक पहुँचा चुकी है। "

"कौन लोग हैं, इनके पीछे?" महाराज की दृढ़ता आँखों से टपक रही थी।

"नावों का स्वामी सुभद्र शाक्यवंशी है। इस परिवार का इतिहास आपसे छिपा नहीं है। स्वर्गीय महाराज चचदेव ने ही सर्वप्रथम इस परिवार की धन लोलुपता और देश द्रोह को अनावृत्त किया था। ऊपर से अत्यधिक धार्मिक दिखाई देने वाले, दान देने वाले एवं धर्म के बड़े आसनों पर बैठने वालों के पांव किस कीचड़ में कितनी गहराई तक फैले हैं, इसका उदाहरण यह सुभद्र है।"

"सिन्धु नदी और समुद्रतट पर फैले हमारे नाकेदारों, कर एकत्रित करने वालों और प्रहरियों ने ऐसी नौकाओं की तलाशी क्यों नहीं ली?"

"श्रीमान्!इन नावों पर धर्म विशेष के झंडे लगे हैं। नाकों पर भी ज्ञानबुद्ध के आदेशों से नियुक्त कर्मचारियों को निर्देश है कि इन झंडेवाली नावों को बिना जाँच के आने जाने दिया जाए।"

"ऐसी क्या विशिष्ठता हे, इन नावों में।"

"श्री ज्ञानबुद्ध ने आदेश किया है कि इन नावों को केवल देवल में ही समग्र राजकीय कर देना है। इनका सोच है कि इस प्रक्रियासे आवागमन बिना रुकावट के तथा बिना समय खोए हो सकेगा। ये नावें अन्य नावों से भिन्न प्रकार की दिखाई दें, इस कारण इन नावों पर विशिष्ठ प्रकार के झंडे लगाए गए हैं।

"जहां कर एकत्रित होता है, क्या उस कार्यालय का भी निरीक्षण हुआ है?"

"जी......, श्रीमान्!वहां भी छापा मारा गया है। पता चला है कि वहां वे ही कर्मचारी नियुक्त हैं जो श्री ज्ञान बुद्ध एवं श्री सुभद्र के चहेते हैं। बहुधा इन नावों से कर भी नहीं लिया जाता है।"

"क्या उन कर एकत्रित करने वालों को पकड़ा गया?"

"जी हां.......। उन्हें गिरफ्तार किया गया और माननीय न्यायाधीश के समक्ष प्रस्तुत किया गया किन्तु वहां से उन्हें चेतावनी देकर न केवल छोड़ दिया गया, अपितु पुनः उन्हीं स्थानों पर नियुक्त कर दिया, जहां वे पहले से ही कार्य कर रहे थे।"

महाराज का मुखमंडल किंचित लाल हुआ। उन्होंने कहा- "बुद्धिमान जी! ऐसा लगता है कि हमारे शासन एवं आसन के नीचे आग लगी हुई है और इसे हमारे ही लोग हवा दे रहे हैं।"

"महाराज! श्री हज्जाज के जिस दल को हमने लौटाया था, इस दल के सदस्यों ने अपनी सम्पूर्ण यात्रा में बौद्ध पन्थागारों में ही विश्राम किया था। अतिथियों के लिए बनाई गई इन धर्मशालाओं में यदाकदा संदिग्ध चरित्र के व्यक्तियों का आना जाना लगा रहता है।"

"अर्थात् बाहरी देशों की सड़कें बौद्ध पन्थागारों से होकर गुजर रही हैं।"

"जी ..... श्रीमान्!"

"श्री हारीत ऋषि के शिष्य की सूचनाओं के सारांश क्या है?"

"उनके शिष्य श्री अमृत के अनुसार हज्जाज ने मकरान में सैनिक अभ्यास शुरू कर दिया है। घोड़ों, ऊटों, खच्चरों एवं समुद्री मार्ग के लिए विशेष नावों का प्रबन्ध किया जा रहा है। ऐसा लगता है कि इस बार हज्जाज की ओर से होने वाला आक्रमण विशिष्ठ होगा। जो प्रतिनिधि मंडल आया था, संभवतः वह हमारे राज्य की सैनिक गतिविधियों की टोह लेने आया था।"

"और हमारे राज्य की जानकारियाँ उन तक श्री सुभद्र और ज्ञानबुद्ध के माध्यम से आसानी से पहुँच गई होगी।"

"अनुमान तो यही है।"

"आप राजकुमार जयसिंह को सैन्य तैयारियों के निर्देश भेज दें। उन्हें स्पष्ट लिखें कि लगभग चालीस हजार घुड़सवार, सैन्य सामग्री के साथ देवल की ओर अपना मोर्चा खोलने के लिए तत्पर रहें। मकरान की ओर से सभी मार्गों पर सख्त पहरे लगाए जाँय। प्रत्येक यात्री की जाँच की जाए। देवल से लेकर मकरान के तेज बंदरगाह के बीच फैली समुद्री सीमा पर भी हमारे गुप्तचर फैल जाँय और जहाँ कहीं संदेह दिखाई दे, हमें तत्काल सूचना दें।"

"क्या श्री ज्ञानबुद्ध और श्री सुभद्र को हिरासत में लिया जाए और उन पर देशद्रोह का अभियोग लगाया जाए?"

"बुद्धिमान जी! सूचनाएँ संकेत दे रही है कि सिन्ध पर हमला होगा। इन दोनों को पकड़े जानेका अर्थ होगा कि हम बौद्धों के विरोधी हैं, यह कहा जाएगा। हमारे विरुद्ध यह आरोप सर्वत्र प्रसारित होगा कि हम किसी विशेष धर्म के विरोधी हैं। यह समय उपयुक्त नहीं है, इन दोनों को गिरफ्तार करने का।"

"इन्हें न पकड़ना भी राज्य हित में नहीं होगा।"

"इसका केवल एक ही हल है। आप श्री सुभद्र की नावों की तलाशी लेने की व्यवस्था को सुदृढ़ करें। मार्गों में पहरे बिठाएँ इनके गुप्तचारों को ऐसे स्थानों पर पकड़ें कि सामान्य लोगों को भनक नहीं पड़े। कुल मिलाकर इन लोगों के पर कतर दिए जाँय, ताकि इनकी फड़फडाहट बंद हो जाए।"

"जी....। बहुत अच्छा।" बुद्धिमान के कथन के साथ ही महाराज दाहर खड़े हो गए। चर्चा का संक्षिप्त सत्र समाप्त हुआ। करणीय कार्यों के क्रम का स्मरण करता हुआ प्रधान सचिव, अभिवादन कर राजप्रासाद से बाहर आ गया।

सिन्ध का यह कर्मठ, प्रतिभावान एवं समर्पित व्यक्ति राजनीति के छल-छन्दों में गोता लगाते-किसी निष्कर्ष पर पहुंचने के क्रम में आवास के लिए प्रस्थान करने हेतु राजकीय रथ में जा बैठा।

13

हज्जाज का क्रोध निरन्तर बढ़ता जा रहा था। दाहर का पत्र लेकर एक प्रतिनिधि दल खुरासान आया। इस दल के नेता धर्मेन्द्र ने स्पष्ट कह दिया कि "समुद्री डाकुओं ने नावों को लूटा है। इन डाकुओं पर सिन्ध राज्य का कोई अधिकार नहीं है। वैसे महाराज की ओर से पूरा प्रयत्न किया जा रहा है। जैसे ही उन दस्युओं का पता चलेगा, हम आपको सूचना देंगे।"

"क्या इतनी सी खबर को देने के लिए आपको यहां भेजा है?" हज्जाज ने क्रोध को दबाते हुए सिन्ध के दूत से पूछा।

"हम दूत हैं हुजूर। महाराज दाहर ने यही उपयुक्त समझा कि आपको सम्मान पूर्वक उत्तर भेजा जाए। उन्हें तो पता ही नहीं था कि नावों को लूटने की घटना हुई थी। आपका पत्र मिलने के बाद उन्होंने देवल स्थित हमारे प्रबन्धक श्री ज्ञानबुद्ध से जानकारी करने के बाद ही आपकी सेवा में मुझे भेजा है।" धर्मेन्द्र की वाणी का प्रभाव पड़ा। हज्जाज कुछ नरम पड़ा।

"मैं यह नहीं कहता कि आपने कोई कसूर किया है। आप महाराज से कहें कि उन औरतों का पता लगाए, जो हज यात्रा के लिए इस ओर आना चाहती थी। श्रीलंका के शासक ने बड़े ही प्रेम और आदर के साथ हमारे खलीफा के लिए भेंट स्वरूप सामग्रियां भिजवाई थी। इस घटना से हमारे खलीफा भी, सिन्ध राज्य के प्रति अपनी नाराजगी बता चुके हैं।"

"आप यदि प्रसन्न हैं तो एक प्रार्थना अवश्य करना चाहेंगे। आप हमें कोई संदेश अवश्य दें, जिससे सिन्ध और खुरासान की पुरानी मित्रता बरकरार रह सके।" दूत धर्मेन्द्र ने हज्जाज को खुशामद के स्वर में कहा। राजकुमार गोपीकृष्ण भी साथ था। उसने उसके तेवर पर अपना ध्यान केन्द्रित किया हुआ था। हज्जाज के नेत्रों की ललाई यद्यपि कम थी, तथापि चेहरे की कसावट में अंतर नही आया था।

दूत! महाराज से कहें की उन वस्तुओं का पता लगावें। इस कथन के साथ ही हज्जाज खड़ा हुआ और कहने लगा---"अब आप प्रस्थान करें, मुझे कई अन्य लोगों से भी मिलना है। धर्मेन्द्र ओर उसके साथियों ने विदा ली और प्रासाद से बाहर आ गये।

दूत और उसके अंगरक्षकों ने दूसरे दिन सिन्ध लौटने का मार्ग पकड़ा। मकरान में आते आते धमेन्द्र बीमार पड़ गया और उसे मकरान में रूकना पड़ा। मकरान की मुसलमान सेना के प्रमुख ने शिविर के हकीम से उसका इलाज कराया। बीमारी का कारण हकीम को भी पता नही लगा।, परन्तु इस कारण लगभग एक सप्ताह तक वह दल वही रूक गया। इस समय सबसे अधिक युवा श्रीगोपी कृष्ण दूत महाशय का प्रमुख सेवक बना हुआ था। संध्या समय गोपी इधर उधर धूम आता था। दल के सभी सदस्य स्थानीय भाषा को समझ सकते थे। बोल भी सकते थे। दल के सदस्य भगवान की प्रार्थना करने स्थानीय, मंदिरों, मठों और आश्रम भी गए। इस दल के साथ स्थानीय प्रशासन का एक अधिकारी भी साथ रहा करता था।

मंदिरों को यद्यपि तोड़ा नही गया था , तथापि वहां पर आने जाने वालों की कमी थी। महिलाएं तो वहाँ पर आती जाती ही नही थी, क्योकि इन मंदिरों के समीप इस्लाम स्वीकार करने वाले लोगों को बसा दिया गया था। इन दीक्षित मुसलमान युवकों के अनर्गल प्रलाप से बचने के लिए महिलाओ ने मंदिर आना ही छोड़ दिया था। पुजारी अवश्य आते थे। कुछ पुरूष भी आते थे। भेंट भी करते थे , प्रतिमाओं के समक्ष, किन्तु पुजारी की अपेक्षा स्थानीय प्रशासनीक अधिकारी के पास भेंट पहुँचायी जाती थी। उसका थोड़ा हिस्सा पुजारी को, तथा शेष भाग मुसलमान अधिकारी रख लेता था। मंदिरों की साफ-सफाई, पूजा-अर्चना, रंगाई-पुताई के लिए राशि का अभाव था।

बौद्ध मठ आबाद थें। पीले वस्त्र पहने, बाल मुंडाए नवयुवकों के दलों को मठों में देखा जा सकता था, किन्तु इन मठों में भी, व्यवस्था संबंधी कार्यो में सेना के सैनिक सहयोग करते थे, अथवा ऊपर के निर्देशों के आधार पर गुप्तचरों की सेवा करते थें। मठों के पन्थागारों में अरब सौदागर ठहरा करते थे। यहां की गतिविधियां धार्मिक कम थी, और संदिग्ध अधिक थी। राजकुमार गोपीकृष्ण अपनी आंखों से सब कुछ देख रहा था और अंतनिर्हित व्यवस्था सूत्रों को समझने का प्रयास करता रहता था। मठों के अधिष्ठाताओं से भी वह मिला। दाहर के दूत की बीमारी के लिए परार्मश भी चाहा किन्तु मठाधीश ने टाल दिया। सिन्ध नरेश के प्रति उपेक्षा का भाव मठों में सर्वत्र देखने को मिला।

पुरानी पाठशालाएँ उजड़ गई थी। संस्कृत भाषा की अपेक्षा परशियन ओर अरबी भाषा सिखाने के दो नए केन्द्र अवश्य स्थापित हो गए थे। दो चार संस्कृत भाषा के पंडित दूत से मिलने आए और अपनी व्यथा भी धर्मेन्द्र से कही। पंडितो ने ही बताया कि इस्लामी शासक की ओर से उपेक्षा, भर्तसना और हीन भावना से देखा जाता है। कई पंडितो ने मकरान छोड़ कर सिन्ध में जाकर बसने की इच्छा प्रकट

की। गोपीकृष्ण ने कई लोगों से यह भी सुना कि स्थानीय प्रशासन की नजरे बचाकर कई परिवार जंगलों के रास्तों से सिन्धदेश में चले गए। कई लोग अब भी सीमा पार जाना चाहते थे। सामान्य लोगों को नये धर्म में दीक्षित करने का काम जोरों पर था। जाट, मेढ़ और अन्य जनजातियों के कई मुखियों को नए धर्म में दीक्षित किया जा चुका था। सर्वत्र बदलाव के नये दृश्य दिखाई दे रहे थे।

उधर सेना की तैयारियां जोरों पर थी। धोड़ो को प्रशिक्षण दिया जा रहा था। कई सौदागर अरब देशो से घोडे लाकर यहाँ बेच रहे थे। अस्त्र-शस्त्रों की दूकानों पर भीड़ देखी जा सकती, थी। तलवारें चलाने, भालों के करतब दिखाने, धनुष बाण के निशाने साधने, छुरियों के प्रयोग प्रदर्शित करने, नेजा धुमाने, लकडियों को प्रहार के रूप में काम लेने जैसी कई प्रकार की गतिविधियों के दर्शन इस दल के सदस्यों को हुए। एक ही धर्म में दीक्षित सैनिकों के लिए एक नया व्यंजन बनाया जाता था। चावल तथा गेहूं के दलिये को उबालकर उसमें मेवे गौमांस तेल या धी डालकर बडे. बडे. पात्रों में पकाया जाता था। पानी और भोजन में छूआछूत एवं झूठे होने के तथ्य यहां नही थे। एक ही थाल मे कई लोग बैठकर भोजन करते थे। सामूहिक एकता ओर संगठन का भाव इन सैनिकों में कूट कूट कर भरा जा रहा था। ऐसे ऊँटों को भी प्रशिक्षित किया जा रहा था, जो लंबे समय तक पानी के अभाव में भी अपनी यात्रा जारी रख सके। ऊँटों का प्रयोग सामान लाने ले जाने में किए जाने की तैयारियां की जा रही थी। ऊँटों को तेल पिलाना, उनकी एक टांग को बाँधकर उन्हे चलाना, रीढ. पर काठी और काठी के दोनों और बोझ लटकाए जाने के कई सारे प्रयत्न ऊँटों के साथ किये जा रहे थे ताकि उनका प्रयोग सेना के लिये किया जा सके। ऐसे बडे बडे छकडे. भी देखे गए जिन्हे कई धोड़ो अथवा बैलों द्वारा खींचा जा सके। इसमें अनाज, घी, तेल मसालों के बोरे भरे जाते थे। हथियारों का संग्रह भी अभूतपूर्व था।

राजकुमार गोपी सब कुछ देख रहा था। सिन्ध की तुलना में यहां की तैयारियां अभूतपूर्व थी। एक सप्ताह के बाद धर्मेन्द्र का स्वास्थ्य ऐसा हो गया था कि वह यात्रा कर सके। मकरान से विदा होकर दल के सदस्य हिंगुल तीर्थ तक पहुँच गए। पूजा आरती और प्रदक्षिणा के बाद राजकुमार गोपी इस दल से अलग होकर सीधा आलोर की ओर चल दिया। उसने महाराज के समक्ष उपस्थित होकर अपनी यात्रा का वृतान्त निवेदन किया।

उधर हज्जाज ने समस्त तैयारियां पूरी कर अपने ही नाम वाले सेना प्रमुख श्री हज्जाज उबेदुल्ला पुत्र निबहान अल सलमी को देवल विजय अभियान का प्रमुख धोषित किया। हज्जाज उबेदुल्ला ने सेना का निरीक्षण कर नमाज अदा की और

सिन्ध विजय के लिए निकल पड़ा। उसकी अधिकांश सेना स्थल मार्ग से ही आगे बढी। सेना को स्पष्ट आदेश था कि वे किसी भी बौद्ध मठ को नही छेडे और यथा संभव अन्य लोगों के आस्था केन्द्रों के साथ छेड़-छाड़ नही करे। प्रयत्न हो कि सामान्य लोगों को मारने की अपेक्षा उन्हे पलायन के लिए विवश किया जाय। ऐसे अन्य उच्छेदकारी आदेश भी सेना को दे दिए गए।

ऐसे अवसर पर सेना का उत्साह और बढ गया जब प्रशासन की ओर से धोषणा की गई कि सीरिया देश से लगभग तीन हजार सैनिकों की एक सेना श्री बुंदेल के नेतृत्व में मकरान में आ गई है। "इस नई सेना को भी हज्जाज ऊबेदुल्ला की सेना के साथ सिन्ध विजय के महाअभियान में सहायता देने हेतु भेज दिया गया। बुंदेल की सेना की आक्रामकता की कई कहानियों का प्रचार प्रसार भी योजनाबद्ध तरीके से इस प्रकार किया गया कि सैनिकों में इतना आत्मविश्वास भर जाए कि सिन्ध की सेना को परास्त किया जा सके। नई सेना के सैनिकों को युद्ध के लिए विशेष रूप से बनाई गई नावों द्वारा देवल भेजा गया। कुल मिलाकर युद्ध के बादल देवल की ओर बढने लगे। सेना आत्मविश्वास से भरी हुई थी। सैनिको के भत्ते प्रस्थान से पूर्व ही दे दिए गए, ताकि उनके परिवार के सदस्य आराम से रह सके।

महाराज कुमार जयसिंह नारायण कोट में अपनी तैयारी कर रहा था। चालीस हजार अश्व रोही और एक सौ हाथियों का सैन्य समूह चल पडा देवल की ओर। जयसिंह ने सर्वप्रथम अपने नगर के बाहर अपने शिविर को स्थापित किया। नगर की पूर्व और उत्तर दिशा को इस प्रकार सुरक्षित किया गया कि कोई भी व्यक्ति उस ओर न जा सके। सिन्धु का समस्त प्रवाह सिन्धी सेना के अधिकार में था। दक्षिण की ओर से समुद्र और देवल से पश्चिम की ओर मकरान के मार्ग को खुला रखा गया क्योंकि हज्जाज का सैन्य समुह इसी ओर से आना था। देवल के पश्चिम की ओर से वनों को आग लगाकर नष्ट कर दिया गया था ताकि शत्रु सेना की गतिविधियों को स्पष्ट रूप से देखा जा सके। हज्जाज उबेदुल्ला की सेना के घुड़-सवार मकरान से देवल की ओर दौड़ लगा रहे थे। इधर जयसिंह ने देवल नगर में अपनी सेना की एक बड़ी टुकड़ी छिपा दी थी। उन्हें कहा गया कि ज्ञानबुद्ध चाहे कुछ भी कहे उसके आदेशों को न माना जाए। यदि वह अधिक उत्पात करे तो उसे बंदी बना दिया जाए। नगर के चप्पे चप्पे पर सिन्ध के नौजवान पहरा दे रहे थे। जयसिंह ने सेना के एक भाग को जनशून्य वन में इस प्रकार छिपा दिया की वह संकेत मिलते ही शत्रुओं पर टूट पडे.।

सीरिया की सेना बुंदेल के नेतृत्व में सागर तट से प्रकट हुई। उसने सेना को देवल को दक्षिण की ओर व्यवस्थित कर दिया। ऊबेदुल्ला ने मकरान से स्थल

मार्ग से आई सेना को पश्चिम की ओर से आग लगाकर साफ किए मैदानी भाग में व्यवस्थित रूप से जमा दिया सर्वप्रथम आक्रमण का स्वर बुंदेल की ओर से गुंजा। जयसिंह की हस्ती सेना ने बढ़ते घुड़ सवारों का मार्ग रोका।

अरबी घोड़ो ने हाथियों को कभी देखा नहीं था। बेचारे पशु भी क्या करते। घोडे बिदक गए। लगाम की कसावट से घोड़े रूधिर वमन करने लगे। अश्वों ने अश्वारोहियों की वल्गाओं के नियंत्रण को अस्वीकार कर दिया। बुंदेल का श्वेत घोड़ा भी विपरीत दिशा की ओर पलायन करने लगा। सैनिकों को भ्रम हो गया मानो उनका सरदार युद्ध की विभीषिका को देख कर पलायन कर रहा है। हाथियों पर बैठे तीरंदाजों के तीर वर्षा की भांति पलायन कर रहे सीरियाई अश्व रोहियों पर बरस रहे थे। सीरियाई सेना हज्जाज ऊबेदुल्ला से जा मिली। देवल का समुद्र तटीय मैदानी भाग सिन्धु सेना के अधिकार में आ गया। हाथी आगे बढे।

"बुंदेल! तुम्हारी सेना को रोकौ, हज्जाज ऊबेदुल्ला चिल्लाया।

"सामने से आ रहे हाथियों को देखकर हमारे घोड़े डर कर भाग रहे हैं।" "अब क्या करें........." बुंदेल ने उत्तर दिया।

"कुछ भी करो...... पर हमारी ओर मत आओ। हमारा मोर्चा डगमगा जाएगा।" हज्जाज के आदेश को भी मानना ही था। बुंदेल ने अपने सैनिकों को आदेश दिया कि "घोड़ों की आंखे पर पगड़ियों को फाड़कर बांध दो।"अश्वारोहियों और बुंदेल ने स्वयं भी ऐसा ही किया। अँधे घोंड़ों पर सवार मैदान में तो डट गए किन्तु जम नहीं सके। तूफानी समुद्र में जैसे नावें हिचकोले खाती हैं उसी प्रकार बुदंल की सेना की स्थिति हो गई। कभी सवार एक साथ होते तो कभी छितरा जाते। अश्वारोहियों का ध्यान घोड़ों पर अधिक था, और सामने से बरसते तीरों की ओर कम। परिणाम सामने आने लगे। एक-एक कर कई सैनिक मारे गए। अंततः बुंदेल जैसा सेनापति भी जयसिंह के तीरों का निशाना बन गया। कई प्रकार के प्रयत्न करने पर भी वह न तो अश्व को नियंत्रित कर पाया, न ही अपने प्राणों को। शत्रु सेना में हड़कम्प मच गया। बुंदेल का गिरना एक बड़ी घटना हो गई। सीरियाई सैनिक पलायन करने लगे। बचे खुचे सैनिक हज्जाज ऊबेदुल्ला की सेना की ओर भाग छूटे।

देवल के पश्चिमी द्वार के दोनों ओर की बुर्जो से तीरों का प्रवाह जारी था। हज्जाज की सेना ने देवल के द्वार पर दबाव बनाया था। लगभग एक प्रहर तक यह क्रम चलता रहा। बुंदेल की मृत्यु का संदेश हज्जाज की सेना में भी पहुंच गया। इसी समय जयसिंह की आरक्षित सेना जंगलो से निकल आई। उस सेना ने पूर्वी दिशा से हज्जाज के सेना समूह पर पीछे से हमला कर दिया। सीरियाई सैनिकों को खदेड़ने वाला हाथियों का दल भी इस संघर्षरत समूह पर बढ़ने लगा। हज्जाज की

सेना घिर गई। अब पलायन या मृत्यु में से एक का ही विकल्प बचा था। सेना घिर गई। जिसे जिस ओर मार्ग मिला पयालन शुरू हो गया। हज्जाज चिल्लाता रहा, खुदा की कस्में दिलाता रहा, महजब और पवित्र पुस्तक के नाम पर सैनिकों को चेतावनी देता रहा, किन्तु वहां सुनता कौन था? सेना भाग गई। हज्जाज स्वयं भी अपने प्राण बचाकर भाग छूटा। सिन्ध की सेना ने हज्जाज और बुंदेल का शिविर लूट लिया। अनाज, अस्त्र-शस्त्र, अश्व, ऊँट, नावें एवं कई प्रकार की सामग्री ज्यों की त्यों सिन्ध सैनिकों के हाथ लगी।

हज्जाज का सिन्ध विजय का सपना भंग हो गया। नियति के सामने किसका बस चलता है। ज्ञानबुद्ध देवल नगर में ही था। जब उसने अरबों की सेना के पलायन और सिन्ध सेना की विजय की गाथा सुनी तो उसका मन उदास हो गया। इसके कारण कई थे। वह दक्षिणी समुद्रतट का राजा था। दाहर के पिता चचदेव के समय ही बौद्धों की जागीर के रूप देवल का गढ़ उसे मिला हुआ था। बौद्धों का प्रतिनिधि ही देवल के शासक के रूप में मान्य था। यद्यपि सिन्ध राज्य का हिस्सा होने के कारण देवल के रूप में आमदनी का एक भाग आलोर भिजवाना पड़ता था, तथापि ज्ञान बुद्ध की सामाजिक प्रतिष्ठा किसी राजा से कम नहीं थी। बौद्ध होने के कारण हिंसा महा पाप का कृत्य था। उसी के राज्य में, बिना उससे पूछे, युद्ध हो गया। उसने कुँवर जयसिंह को युद्ध न करने की सलाह भी दी थी, किन्तु जयसिंह ने उसकी बात को सुना तक नहीं। उसे मकान से बाहर निकलने, किसी से मिलने या संकेतों से संदेश भेजने तक से मना कर दिया गया था। नारायणकोट से आई सेना ने समस्त बौद्ध बस्तियों में संदेश भिजवा दिया कि कोई भी बौद्ध ज्ञानबुद्ध से सम्पर्क नहीं करे। यह तो उसका सार्वजनिक अपमान था।

इससे भी बड़ा आन्तरिक कष्ट यह था कि पिछली बौद्ध पंचायत की सभा में उसने ब्राह्मणों से बदला लेने के विचार से मुसलमान सेना को आमंत्रित करने का निश्चय दोहराया था। उसके गुप्त संकेतों पर मकरान प्रांत से इस्लामी सेना आ गई थी। गुप्त समझौतों के अनुसार उसका दायित्व था कि वह देवल का गढ़ आगत सेना को सौंप देता, किन्तु सब कुछ उलट गया। अब वह अपनी जातिवालों को किस प्रकार समझावे। हज्जाज से हुए समझौते का क्या होगा? यदि अब वह दुबारा गुप्त संधि का प्रयास करे तो उस पर कौन विश्वास करेगा? उसकी तो विश्वसनीयता ही हार गई थी। जाति से गया। मुसलमान मित्रों की दृष्टि से गिरा। देवल के युद्ध के समय सामान्य प्रजा से न मिलने के कारण उसे कायर, डरपोक और स्वार्थी जैसी विशेषताओं फब्तियों और प्रलापों का सामना करना पड़ा। अपमान ही नहीं यह तो घोर अपमान था। वह जनता में अपना मुँह कैसे दिखावे?

उधर विजयी सेना का नारायाण कोट में भव्य स्वागत हुआ। महाराज दाहर ने स्वयं सैनिकों के लालट पर तिलक लगाकर उन्हें स्वर्ण अशर्फियां उपहार में दी। विजय के अवसर पर ज्ञानबुद्ध को आमंत्रित भी किया था, किन्तु सामाजिक लज्जा और अपमान के कडुवे विष से पीड़ित होने के कारण, वह नारायण कोट भी नहीं गया। वह अपने ही घर में बैठा रहा। जयसिंह और दाहर के प्रति उसका हदय ज्वालामुखी की भांति धधक रहा था। उसके मित्रों ने उसे धैर्य रखने का सुझाव दिया। आस पास के भूमिपतियों ने जो कुछ हुआ उसे भूल जाने की बात कहकर उसके प्रति अपनी निष्ठा को भी दोहराया, किन्तु वह शांत न हो सका। गली मुहल्ले में सामान्य लोग विदेशियों की पराजय का उत्सव मनाते या उन्हें बुरा भला कहते, तब ज्ञानबुद्ध का अंतर्मन आहत सा अनुभव करता।

आलोर और संपूर्ण सिन्ध देश हर्ष, उल्लास और विजयोन्माद में डूबा था, किन्तु ज्ञानबुद्ध, सुभद्र शाक्यवंशी एवं कई बौद्ध मठाधीश भीतर ही भीतर तीव्र वेदना, अनुताप और शासन के प्रति इर्ष्याभाव से खदबदा रहे थे। उन्हीं दिनों बौद्ध लोगों का एक उत्सव दिवस आया। भगवान बुद्ध को महाज्ञान प्राप्त हुआ, उस दिवस को बड़ी धूमधाम से मनाया गया। इसी अवसर पर ज्ञानबुद्ध आलोर आया। महाराज दाहर और ज्ञानबुद्ध भी सुभद्रा द्वारा आयोजित इस उत्सव में सम्मिलित हुए। ज्ञानबुद्ध की नाराजगी जग जाहिर थी। युद्ध के समय उसे अपने घर में बद रखा गया, समस्त नाविकों को सिन्धु नदी में नावें न चलाने का आदेश दिया और देवल के गढ़ में सेना को भेजा गया ...... ये वे प्रकरण थे, जिन पर बौद्ध समाज महाराज दाहर से कुछ सुनना चाहता था। उत्सव की गरिमा को ध्यान में रखते हुए और बौद्धों को राहत देने की दृष्टि से महाराज ने घोशणा की- "मुझे खेद है कि सेनापतियों ने पिछले युद्ध में श्री ज्ञानबुद्ध की अवमानता की। देवल बौद्ध समाज का है और रहेगा। यदि भविष्य में कोई अवसर आया तो हमारी सेना देवल के दुर्ग में तब तक नहीं जाएगी, जब तक श्री ज्ञानबुद्ध या वहां के जो भी प्रमुख हों, हमें दुर्ग प्रवेश की अनुमति न दें। हम नहीं चाहते है कि उनकी आंतरिक व्यवस्था में हस्ताक्षेप करें। यहां यह भी स्पष्ट करना चाहूंगा कि धार्मिक स्थलों का सहारा लेकर यदि हमारे देश के विरूद्ध किसी ने भी कुछ किया तो उसे भी छोड़ा नहीं जाएगा। मैं चाहूंगा कि दक्षिण सिन्ध में भी एक सेना का अलग से गठन किया जाए ताकि संकट के समय देवल दुर्ग को आलोर की ओर नहीं देखना पड़े।"

घोषणा का स्वागत हुआ। श्री ज्ञानबुद्ध ने महाराज दाहर की प्रशंसा में बहुत कुछ कहा। श्री सुभद्र भी पीछे नहीं रहे। महाराज के सम्मान में निकले भाषाई शब्दों के अतिरेक, पहनाई जाने वाली मालाओं की सुगन्ध, उपहार में दिए जाने वाले उपकरण

और हजारों लोगों को परोसे जाने वाले मिष्ठान्न प्रस्तुत करने वाले दानी-मानी लोगों के अंतस में कितना हलाहल भरा था, इसका अनुमान लगाया जाना कठिन था। सतही स्तर पर सब कुछ अच्छा था। मधुर था, बुद्ध की अहिंसा का गुणगान था, रंगीन था किन्तु आयोजकों ने मन में जमी कालिमा की परतें, कितनी कठोर थी इसे तो कोई युक्त भोगी ही पहचान सकता था। धर्म धुरीण, उच्च पद धारक और प्रजा के मार्गदर्शक बनने का दंभ भरने वाले लोग प्रायः धर्म की पुस्तकों के पाडिण्त्य के आधार पर, स्वयं को प्रबुद्ध, ज्ञानी, ध्यानी जैसे शब्दों की चादर में छिपा लेते है किन्तु उनका वास्तविक स्वरूप तो भेड़ियों जैसा ही होता है। श्री ज्ञानबुद्ध और सुभद्र तो एक प्रतीक है समाज के उन तथा कथित कर्ताधर्ताओं का जो दंद-फंद के आधार पर धर्म के पवित्र श्रद्धालुओं के आसनों पर बैठकर या इन पदो के सहायक बनने का ढोंग कर, अपने अतसः में छिपी वित्तेषणा, लोकेषणा एवं अन्य प्रकार की कतुषित एषणाओं की पूर्ति की ओर गिद्ध दृष्टि रखते हैं। इनके लिए देश, समाज, धर्म जैसे शब्दों का कोई अर्थ नहीं होता है।

14

हज्जाज के प्रयत्नों का असफल होना, खलीफा साम्राज्य के लिए एक कष्टदायक अध्याय बन गया। बुंदेल जैसे शूरवीर सेनापति को खोने के बाद सिन्ध की ओर किए जाने वाले किसी अन्य प्रयत्न के प्रति संशय, पराजय का भय और अपकीर्ति की प्रच्छन्न छाँया मंडराने लगी। हज्जाज स्वयं चिंतित था और किंकर्त्तव्य विमूढ़ सा था। उसने लोगों से मिलना बन्द कर दिया। सैन्य अभ्यासों में भाग लेना कम कर दिया। सामान्य प्रजा की केवल उन्हीं समस्याओं की ओर ध्यान देता, जो बहुत महत्त्व की होती। उसने खलीफा की सेवा में पत्र भेजकर सिन्ध अभियान पर हुई पराजय के प्रति क्षमा चाही। उन्हीं दिनों हज्जाज की पराजित सेना का एक सेनापति श्री आमर पुत्र अब्दुजा हज करने का बहाना बनाकर खलीफा की सेवा में पहुँचा! इसने सिन्ध की पराजय का आंखों देखा वृत्तान्त खलीफा को सुनाया और उससे निवेदन किया कि अगले सिन्ध अभियान का नेतृत्व उसे सौंपा जाए। खलीफा ने श्री आमर को सुझाव दिया कि वह हज्जाज से मिले और चर्चा करने के बाद ही सिन्ध विजय पर चर्चा करे। आमर की महत्वाकांक्षा पर लगाम लग गई।

हज्जाज को चोट लगना स्वाभविक था। उसके नियंत्रण में रहने वाला आमर सिन्ध अभियान पर जाने की चर्चा करे और वह भी बिना उसकी अनुमति लिए ...... इससे बड़ी चुनौती और क्या हो सकती थी। यदि खलीफा सल्तनत आमर को स्वीकृति दे देती तो हज्जाज के अस्तित्व, उसके पद और उसकी शोहरत पर दाग लग जाता। सेना से आए इस उबाल से हज्जाज ने एक निष्कर्ष निकाला। प्रथम तो यह कि सेना को सिन्ध विजय हेतु तैयार करना ही होगा अन्यथा उसका खुरासान में शासन करना कठिन होगा। यदि उसकी सेना में आमर जैसे दो चार सेनापति ओर उठ खडे हुए तो स्थितियां ओर भयावह हो सकती थी। हज्जाज ने सिन्ध विजय की योजना का नया प्रस्ताव खलीफा को भेजा। खलीफा का जो उत्तर आया, वह अप्रत्याशित था।

खलीफा ने स्पष्ट लिखा कि पिछलें पाचं छः दशकों से सीरिया की ओर से सिन्ध पर आक्रमण के प्रयास किए गए किन्तु परिणाम क्या रहे? मात्र मकरान पर ही कब्जा कर पाए और पिछले एक दशक से मकरान में कदमताल कर रहे हैं।

इधर अब तक हुए छोटे बड़े पन्द्रह अभियानों पर हुए व्ययभार को देखें तो खलीफा साम्राज्य को क्या मिला? जितना व्यय हुआ, उसकी तुलना में आमदनी नगण्य ही रही। सिन्धी सैनिकों से मिली पराजय के कारण खलीफा शासन को अपयश मिला, कई शूरवीरों की मृत्यु हुई और लाभ में नाम पर कुछ नहीं मिला। अतः हज्जाज को चाहिए कि वह सिन्ध विजय का स्वप्न देखना छोड़ दे।

हज्जाज आहत हुआ। क्या करे और क्या न करे। इधर सैनिकों में विरोध के स्वर उठ रहे थे। चिन्तित हज्जाज ने आकलन कर लिया कि अब खलीफा की ओर से आर्थिक सहायता के द्वार लगभग बंद जैसे है। उसने अपनी जमा पूंजी का हिसाब लगाया। खास खास मित्रों से सलाह ली। सेना में ऐसे लोग भी थे, जो सिन्ध की परिस्थितियों से भलीभांति परिचित थे। उन्हें बुलाकर पूछा गया। अपने क्षेत्र के शासन प्रमुखों, अधिकारियों और वित्तीय योजनाकारों को बुलाकर की जाने वाली चर्चाओं में हज्जाज चुपचाप बैठा रहता था। उसके कान आंख और मस्तिष्क खुले थे किन्तु जिह्वा सर्वथा बंद थी। लगभग एक माह तक उसका बोलना सीमित खिचड़ी पक रही है।

इन्हीं दिनों एक विवाह का आयोजन उसके रिश्ते में लगने वाले भाई के पुत्र मुहम्मद बिन कासिम के साथ सम्पन्न हुआ। सत्रह वर्षीय मोहम्मद एक लंबे सुदृढ़ और सुदर्शन व्यक्तित्व का धनी था। तलवार बाजी, अश्व संचालन और शिकार जैसे शौर्य प्रधान कार्यों में रूचिशील था। निर्णय लेने और निर्णयों को क्रियान्विति की अंतिम स्थिति तक पहुँचाने के उसके कई उदाहरण हज्जाज के सामने थे ही। ऐसे युवा को पाकर हज्जाज परिवार प्रसन्न था। युवक की साहसिक वृत्ति को कैसे परखा जाए, इस पर हज्जाज का चिन्तन चल रहा था। शतरंज के खेल में मोहरे बिछाए जा रहे थे।

हज्जाज ने मकरान स्थित सेना को ईरान के दक्षिणी रेगिस्तान की ओर भेजना आरंभ किया। सैनिकों का चौंकना स्वभाविक था। उसने, खलीफा की सेवा में एक विशिष्ठ दूत भेजा। दूत के माध्यम से हज्जाज ने प्रार्थना की कि उसे एक अवसर और दिया जाए। इस बार के प्रस्ताव में खलीफा से निवेदन किया गया कि उन्हें इस अभियान में निमित्त केवल स्वीकृति देनी है। सेना का समस्त व्यय भार हज्जाज ही उठाएगा, यह आश्वासन भी दूत ने दिया। इस्लामिक सल्तनत के सदर को छः हजार सीरियाई सैनिक और घोड़े भिजवाने का निवेदन भी किया गया। इन सभी का खर्च खुरासान ही उठाएगा, यह भी स्पष्ट कर दिया था। यह भी कहा गया कि यदि सिन्ध में विजय नहीं मिले तो हज्जाज के लिए खलीफा द्वारा जो भी दंड दिया जाएगा, वह स्वीकार्य होगा। चाहे यह दंड मृत्युदंड ही क्यों न हो। इस्लाम

के शीर्ष नेताओं पर हज्जाज की प्रार्थना, उसकी साहसिक मानसिकता और धर्म फैलाने के प्राणांतक प्रयत्नों का प्रभाव पड़े बिना नहीं रह सका। हज्जाज को हरी झंडी बता दी गई।

अब की बार सैनिक अभियान का प्रांरभिक मूल केन्द्र ईरान का दक्षिणी रेगिस्तान बना। मकरान की सैनिक तैयारियों की जानकारी महाराज दाहर तक पहुँच जाती थी। मकरान में बसे हिन्दुओं को यद्यपि मुस्लिम धर्म में दीक्षित कर दिया था, तथापि उनका लगाव अन्य हिन्दुओं की ओर था अतः सैनिक तैयारियों का क्षेत्र दक्षिणी ईरान को चुना गया। देवल के समीप से गुजरने वाले मार्गों को भी इस मरूस्थल में ज्यों का त्यों उकेरा गया। शिविर कहां लगेगा, सेना का कौन सा हथियार काम में लिया जायेगा, भोजन व्यवस्था क्या रहेगी, आपसी तालमेल, सांकेतिक भाषा, पशुओं की आपूर्ति ... जैसे अनेक विषयों पर गहराई के साथ सोचा गया। इसका दायित्त्व सौंपा गया अपने प्रिय मुहम्मद बिना कासिम को।

सूक्ष्म योजना बनाई गई। हजारों सैनिकों के लिए शस्त्र एवं भोजन की आपूर्ति और वह भी समय पर किया जाना एक कष्टसाध्य कार्य था। अतः सोचा गया कि चार घुड़सवारों का एक समूह बने। इनके साथ एक-एक ऊँट सवार का दायित्व हो कि वह घुड़सवारों की देखभाल करे। घास और लकड़ी की वैसे तो कोई कमी थी नहीं फिर भी जहां भी सेना का शिविर होगा, वहां घास लकड़ी और पानी की सुविधा सुलभ होगी, यह निश्चित किया गया। भोजन सामग्री में मुख्यतः सूखे मेवे, खजूर, लहसुन और अदरक पर विशेष रूप से बल दिया गया। अदरक को अधिक समय तक रखा जाना संभवतया कठिन कार्य हो अतः अदरक को पीसकर उसका चूर्ण बनाया गया और उसे सुखा कर छोटी छोटी थैलियां में बांधकर ऊँटों पर लादा गया। चमड़े की थैलियों में मसाले, तेल, घी और आचार भी रखा गया। सैनिकों को युद्ध के समय राजसी भोजन मिल सके, इस निमित्त एक अलग से विभाग बनाया गया, जिसका दायित्व था कि प्रत्येक पड़ाव पर मुर्गे, बकरे, भेड़ और अन्य पशुओं का मांस, ऊँट सेनाओं द्वारा मांगे जाने पर मिल जाए। भोजन सामग्री की समस्त आपूर्ति और पशुओं के लिए रातब आदि भी सुलभ कराए। कुल मिलाकर दक्षिणी ईरान के रेगिस्तान को सिन्ध पर संभावित आक्रमण की हलचल का प्रमुख आधार शिविर बनाया गया।

हज्जाज का गुप्तचर विभाग भी अब अधिक सक्रिय हो गया। दक्षिणी सिन्ध का प्रदेश मुख्यतः बौद्ध मतावलम्बी था। देवल, नारायणकोट, हिंगुल जैसे प्रसिद्ध दुर्गों पर बौद्ध प्रशासकों को शासन चलाने का अधिकार था। मुद्रा, विदेश और बाह्य सुरक्षा जैसे विभागों को छोड़कर इन प्रदेशों पर स्थानीय लोगों का अधिकार था। एक

प्रकार से वे स्वायत्तशासी राज्य ही थे। महाराज दाहर को ये राजागण वार्षिक कर दिया करते थे। हज्जाज के गूढ़ पुरूषों की आवाजाही इन राज्यों में बढ़ गई। ऐसे कुछ गुप्तचरों को महाराज दाहर की सेना के गुप्तचरों ने पकड़ लिया और उनसे जो सूचनाएँ मिली, वे चौंकाने वाली थी। राजा दाहर क्या करता? सम्पूर्ण दक्षिणी सिन्ध, बौद्ध मन्दिरों के धर्मचक्र घुमाने में व्यस्त था। यहां के शासक प्रशासक एवं ठाकुर लोग स्वयं के वैभव संवर्द्धन में इतने डूबे हुए थे कि उन्हें कोई उच्छेदित कर देगा, यह सोचना भी उनके लिए असंभव था। इन्हें कैसे जगाया जाए? इन सत्ता सेवियों को कौन शिक्षा देगा? स्वार्थ और अधिकार का मद उन्हें अंधा बनाए हुए था। दाहर क्या करे और क्या न करे, वह इस दुविधा में था। पिछली बार आलोर की सेनाओं ने देवल पर हुए मुस्लिम आक्रमण को अपने बलबूते पर विफल किया था। परिणाम यह हुआ कि बौद्ध प्रशासकों ने दाहर की आलोचना की। इसी ज्ञानबुद्ध ने स्वयं की सत्ता को आलोर राज्य से अलग करने की धमकी दे दी थी। किसी तरह देवल और आलोर के बीच समझौता हुआ था कि बिना देवल की प्रार्थना के राजा दाहर अपनी सेना को दक्षिणी सिन्ध में नहीं भेजेगा। ज्ञानबुद्ध ने तो आम बौद्धों को इस सीमा तक भड़का दिया था कि वे राजा दाहर का प्रत्यक्ष विरोध करने की स्थिति तक आ गए। दाहर ने अपने सलाहकारों को देवल भेज कर सन्देश दिया कि सिन्ध पर अरब लोग आक्रमण कर सकते हैं, किन्तु उनकी बात को गंभीरता से नहीं लिया गया। ज्ञानबुद्ध ने यह समझा कि संभवतया दाहर अरबों का भय दिखाकर देवल एवं अन्य क्षेत्रों के बुद्ध धर्म के अनुयाइयों की स्वतंत्रता भंग करना चाहता है।

किन्तु आज ज्ञानबुद्ध के तो होश उड़ गए। उसकी पत्नि ने तो साक्षात दुर्गा का ही रूप ग्रहण कर लिया। देवल दुर्ग चारों ओर से अरब शत्रुओं से घिरा हुआ था। दुर्ग के द्वार बंद हो चुके थे। नगर में बसी तीस पैंतीस हजार की आबादी में भय व्याप्त था। कई लोग ज्ञान-बुद्ध के द्वार के बाहर खड़े सुरक्षा प्रहरियों से उलझ चुके थे। लोंगों का कहना था कि ज्ञानबुद्ध अपने दुर्गनुमा महल से बाहर आए और बताए कि बाहर खड़ी सेना का मुकाबला कौन करेगा? क्या उतर दिया जाए। इधर श्रीमती जी ने अलग से मोर्चा खोल दिया। उसने तमतमाते हुए उस कक्ष में प्रवेश किया जहाँ ज्ञानबुद्ध अध्ययन किया करता था। वह कहने लगी -

“बाहर लोगों की भीड़ है। उनको क्या जवाब दिया जाए?”

“उन्हें कहो वे अपने घर चलें जाएँ।” ज्ञानबुद्ध के स्वर में वह तीखापन नहीं था, जो सदा हुआ करता था।

“लोग कह रहे हैं कि आपने ही अरब सेना को बुलाया है। आपने ही श्री लंका से आई महिला यात्रियों को यहां कैद किया हुआ है। जनता जवाब चाहती है। उन्हें क्या कहा जाए?”

“मैं कोई उत्तर नहीं देना चाहता। तुम भी जाओ और अपना काम करो।” पति के रूखेपन से त्रस्त उसने व्यंगभरे स्वरों में कहा- “मेरी उन सात सौ सौतन युवतियों को क्या उत्तर दिया जाए, जिनके रूप और यौवन में आप अरब यात्रियों को बाँधकर पैसे इकट्ठे किया करते थे। वे औरतें भी मंदिर के गर्भगृह में बैठकर आपसे मिलने की प्रतीक्षा कर रही हैं।

“सब कुछ ठीक हो जाएगा। अभी संकट का समय है। आपस में कहने- सुनने का समय तो बाद में भी मिल जाएगा। तुम मुझे अकेला छोड़ दो।”

“आप महान है। आपकी सत्ता और धन की लिप्सा इतनी बढ़ गई है कि आप परिवार से भी मुँह छिपाना चाहते हैं। इन दोनों जवान बेटियों का क्या होगा, यदि अरब सैनिको के हाथ हमारे घर तक पहुँच जाँय?”

“क्या उलटी बातें कर ही हो। देवल पर संकट है और तुम्हें अपनी पड़ी है।”

“मेरे जैसी हजारों महिलाएँ अपने अपने परिवार का भला चाहती हैं। वे आपसे पूछ रही है कि इस संकट को किसने बुलाया? किसने राजा दाहर की सेना को देवल दुर्ग में न आने की हिदायत दी? अब इस दुर्ग को कौन बचाएगा?”

“भगवान बुद्ध सभी का रक्षक है। मैंने अरब सेना से कहा कि यहाँ किसी की हिंसा नहीं होगी।”

“क्या वे लोग आपकी सलाह मानेंगे? उन्हें चाहिए धन। वे चाहते हैं किशोरियाँ। वे चाहते हैं सत्ता। क्या बिना हिंसा के आप सब कुछ उन्हें सौंप देंगे।”

“तुम अभी चुप रहो तो अधिक उचित होगा।”

“उचित और अनुचित का फैसला समय ही करेगा। मैं जा रही हूँ किन्तु इतना समझ लेना कि तुम्हारे लोभ, तुम्हारे अहं और हमारी नपुसंक अहिंसा के कारण देवल के हजारों लोग जब मारे जाएँगे तब संभवतया भगवान बुद्ध तुम पर हँसेंगे। सारा सिन्ध तुम्हें गालियाँ देगा। समस्त मानवता केवल तुम्हें दोषी मानेगी।”

“तुम चुप रहो।” इस बार ज्ञान बुद्ध के स्वर में क्रोध उमड़ पड़ा था।

“तुम किस किस को चुप करोगें। तुमने अरब लोगों से सांठ गांठ की है। तुमने अनाथालय का छद्म नाम देकर देश विदेश की सात सौ सुन्दरियों को देवल में रखकर अरब सौदागरों से अपने स्वार्थो के लिए सौदे कराए। महाराज दाहर जैसे

बलशाली एवं न्यायपूर्ण शासक के विरूद्ध बगावत के स्वरों को भड़काया। अहिंसा के नाम पर बर्बर सेना को आमंत्रण दिया और अब अपने घोंसले में बैठकर "बुद्ध शरणं गच्छामि "का जाप कर रहे हो। हिम्मत हो तो बाहर खड़ी भीड़ को जवाब दो।"

पत्नी के रूप में आया तूफान तो गुजर गया किन्तु सत्य की वे चिंगारियाँ छोड़ गया, जो अब भी उसे घेरे हुए थी। धन सम्पदा, खेत, खलियान, सत्ता, सांठ-गांठ, प्रभुत्व अहं....... यही तो था जो उसने पाया था। न्याय-अन्याय, सत्-असत् धर्म और अधर्म पर उसने भाषण तो बहुत दिए किन्तु इन सभी का उसने स्वयं पालन तो कभी किया नहीं। ज्ञानबुद्ध का अन्तर्मन ही अब उसे फटकारने लगा। उसने स्वर की वेदना को स्वय देने हेतु कागज और कलम का सहारा लिया। एक बढ़िया सा पत्र तैयार किया और एक ब्राह्मण युवक को बुलाकर वह पत्र उसे सौंप दिया।

ब्राह्मण ने देवल के एक द्वार पर सफेद झंडा लहराकर जोर से आवाज लगाकर एक दूत के रूप में सेना में प्रवेश करने की अनुमति चाही। अरब सेना के सैनिकों ने एक ब्राह्मण को सेना में आने का संवाद सेनापति मुहम्मद तक पहुँचाया। ब्राह्मण को आने की अनुमति दे दी गई। ब्राह्मण रस्सों की सीढ़ी लटकाकर द्वार की बुर्ज से नीचे उतर गया। उसे सीधा सेनापति के डेरे पर पहुंचाया गया। दुभाषिए के माध्यम से बात शुरू हुई।

"महान सेनापति आपकी जय हो। हमारे प्रतिपालक श्री ज्ञानबुद्ध ने आपकी सेवा में एक पत्र भेजा गया है। यह पत्र आपकी सेवा में प्रस्तुत है। ब्राह्मण ने अपनी पगड़ी के फंदे से पत्र को निकाला और सम्मान पूर्ण ढंग से उसे मुहम्मद को सौंपा। पत्र को पढ़ा गया और उसके निहितार्थ को समझाते हुए दुभाषिया ने बताया कि "श्री ज्ञानबुद्ध चाहते हैं कि अरब सेनापति यदि हिंसा न करने का वादा करें तो देवल के द्वार उनके स्वागत के लिए खोले जा सकते हैं।"

मोहम्मद बिन कासिम ने पूछा-"पण्डित यह बताओ कि तुम्हारे दुर्ग में कितने सैनिक हैं?"

"श्रीमान् जी, इसकी जानकारी मुझे नहीं है।"

"किस किस बुर्ज और द्वार पर कितने कितने सैनिक हैं?"

"मैं ब्राह्मण हूँ। मुझे कुछ भी पता नहीं है।" दूत के कथन पर मुहम्मद ने अपने हाथ का स्वर्ण कंगन उसे देते हुए पूछा-"ब्राह्मण , यदि तुम और कुछ पाना चाहते हो और अपने परिवार की सुरक्षा चाहते हो तो हमें कुछ जानकारी देते जाओ। "पंडित सोच में पड़ गया। मुहम्मद ने अपने समीप खड़े सभी लोगों को हटा दिया। अब कक्ष में दुभाषिये सहित तीन व्यक्ति ही रह गए। "अच्छा दूत अब यह बताओं

कि इस दुर्ग पर हमारी विजय किस प्रकार हो सकती हैं। "पंडित ने गणना करना शुरू कर दिया और कुछ क्षणों के बाद कहा-" आपने जो प्रश्न पूछा है, इसका फल शुभ होगा। हमारी गणना है कि आप विजयी होंगे।

"परन्तु यह विजय कैसे प्राप्त होगी?"

"यह प्रस्ताव तो मैं लेकर आया हूँ। वचन दें कि आप हिंसा से दूर रहेंगे और आपका काम बन जाएगा।"

"क्या हमारे वचन दे देने से द्वार खुल जाएँगे?"

"क्यों नहीं? ज्ञान बुद्ध ही नहीं हमारे यहाँ यदि किसी ने कोई वचन दे दिया तो कोई भी उससे पीछे नहीं हटता है।"

"तुम जो कुछ कह रहे हो क्या यह सच है?"

"हाँ सेनापति।"

"यदि, जो कुछ तुमने कहा, वह सत्य है तो तुम्हें वचन देते हैं कि विजय के बाद तुम्हें और तुम्हारे परिवार को हम ऊँचा पद और स्थान देंगे। हमारी ओर से समझाने का प्रयास करो कि वे दुर्ग के द्वार खोल दें और हमें भीतर आने दें।"

"मैं आपका सन्देश श्री ज्ञानबुद्ध तक पहुँचा दूंगा।"

"केवल संदेश पहुंचाना ही नहीं, उन्हें समझाना होगा। यदि तुम समझाने में सफल रहे तो तुम्हें सोने से तोल दूंगा।"

"मैं भरसक चेष्टा करूंगा और उनके निर्णय की सूचना अपनी पगड़ी उतार कर संकेत के रूप में दूंगा। जिस बुर्ज से मैं उतर कर आया हूँ, उसी के सामने आप अपना विश्वस्त व्यक्ति खड़ा करें। उसे मेरा चेहरा दिखा दें ताकि वह मुझे पगड़ी उतार कर आपके सम्मान में झुकता हुआ देखले और आपको तुरन्त सूचना दे दे।"

भारतवर्ष में इस्लामी सेना के प्रवेश का संकेत तय हो गया। जब देवल दुर्ग का दुर्गपाल ही बिकाऊ हो तो पतन को कौन रोक सकता है। जब बाड़ ही खेत को खाने लगे, तो पराभव, दुर्गति एवं सर्वनाश को कौन रोक सकता है। हतभाग्य भारत ऐसे कलंकित अवसरों पर सदा अंगड़ाई लेता आया है। सिन्ध का जयद्रथ मानो पुनः दुर्योधन के खेमे में प्रवेश कर भारत के सौम्य यश रूप अभिमन्यु का वध करने पर उतारू था। रावण के राज्य का विभीषण पुनः इतिहास दोहरा रहा था। तन का वस्त्र ही जब बैरी बन जाए, तो उस काया को कौन बचा सकता है।

द्वार खुल गए। कभी ऋषियों के द्वार खुले रहते थे, स्वदेशी एवं विदेशी विद्यार्थियों के लिए। उसी धरती को पद दलित करने वाले विदेशी लोगों की तलवारें

कत्लेआम कर रही थीं। भेड़ बकरियों की भांति बालक - वृद्ध और युवकों का रक्त बह रहा था, देवल की गलियों में। मंदिर के प्रांगण लथपथ अटे पड़े थे सड़ते हुए शवों से। श्वानों और गिद्धों का मानो विवाहोत्सव चल रहा था। किशोरियाँ , युवतियाँ और प्रौढ़ाएँ अपना सर्वस्व लुटाकर झार -झार रो रही थी। माताओं के दूध मुँहें लालों को ऊपर फैंक कर भालों से छेदा जा रहा था। युवकों की गर्दनों पर धीरे -धीरे छुरियाँ चल रही थी क्योंकि उन्हे हलाल जो किया जा रहा था। ज्ञान-बुद्ध और बौद्ध मंदिर की सात सौ युवतियाँ चार सौ सैनिकों की हवस का शिकार होकर कत्ल की जा रही थी। गौतम बुद्व की शांत मुद्रा वाली मूर्ति को तोड़कर वहां मस्जिद की नीवं रखी जा रही थी। "बुद्धंशरणंगच्छामि" का स्वर अब "अल्ला हो अकबर "की अजान में बदल गया था। ज्ञान बुद्ध की दोनों लड़कियों को भेंट स्वरूप हज्जाज का हम बिस्तार होने हेतु खुरासान की ओर भेजा जा चुका था। श्री लंका से आई और देवल में शरण पाई महिलाओं का संरक्षक ब्राह्मण परिवार अब मुसलमान बन गया था। मृत्यु के भय के समक्ष जिजीविषा ने अपना धर्म गंवा दिया था। तीन दिनों की भयावस्था के बाद दुर्ग में कुत्ते बचे हुए थे, जो प्रतिदिन रोटी के टुकड़ों के लिए घर घर जाकर माता बहनों की प्रतीक्षा कर रहे थे। घर की तुलसी के बिरवे बिना पानी सूख गए थे। प्रायः समस्त गौ वंश सैनिकों के पेट में समा चुका था।

कत्ले आम के दूसरे दिन रात को अंधेरे का लाभ उठाकर देवल दुर्ग का अधिपति ज्ञानबुद्व गुप्त मार्ग से दुर्ग से बाहर आकर श्मशान के सुनसान मार्ग से भाग निकला। उसकी पत्नि, लड़कियाँ और सेवक आवास में ही रह गए। एकत्रित की गई धन राशि भी पीछे ही छूट गई। अहिंसा के पुजारी के हाथ में अब एक तलवार अवश्य थी, जो संभवतया जंगल के मार्ग में आने वाले किसी हिंसक पशु को डराने में सहायक हो सके। सड़क मार्ग को छोड़कर वह पेड़ों के तनों के बीच पगदंडियो के मार्ग से आगे बढ़ रहा था। स्वयं के प्राण कितने प्रिय होते हैं।

अभी श्मसान को पार ही किया था कि पगदण्डी के मोड़ पर खड़ी पर खड़ी चट्टान के पीछे से दो कृष्णवर्ती युवकों ने ज्ञानबुद्ध को धर दबोचा। ज्ञानबुद्ध का स्वर बैठ गया। कंठ सूख गया। आगंतुकों में से एक ने पूछा -

"कहां चले ठाकुर? प्रजा को छोड़कर कहां भागे जा रहे हो?"

"तुम....तुम....कौन हो?"

"हम दो है, तुम्हारे जैसे ही हाथ पाँव वाले पुरूष।"

"क्या चाहते हो....?"

"पहले तुम बताओ कि तुम्हारे पलायन का लक्ष्य क्याा है,?"

"मैं अपने रास्ते जा रहा हूँ मुझे जाने दो।" ज्ञानबुद्ध ने लड़खड़ाते स्वर में कहा।

"तुम्हें अब वहीं जाना है, जहाँ हम चाहेंगे। तीस हजार की आबादी की मृत्यु का बदला तो अब तुमसे ही लेना होगा?"

"नहीं....। मैंने कुछ नहीं किया....।"

"तूने कुछ नहीं कियाा।" आगंतुक युवकों ने एक जोर का थप्पड़ लगाकर पूछा- "अब बता हज्जाज को पत्र किसने लिखा। मुहम्मद के सम्मान में द्वार किसने खुलवाए। मुहम्मद बिन कासिम तो एक दुर्ग के बाहर खड़ा था। तुमने द्वार खोलकर देश के साथ जो गद्दारी की है, इसके लिए तुझे रोटी की भांति गरम तवे पर सेका जाएगा। तुम्हारी लड़कियाँ हज्जाज की रखेल बनेगी, तब तुम्हें लगेगा कि देशद्रोह क्या होता है। अभी तो तुमसे बहुत कुछ पूछा जाना है। चल आगे आगे....।" एक लात लगाकर युवक ने उसे चलने हेतु विवश किया।

यह व्यक्ति का स्वार्थ ही होता है जो कई चोले ओढ़कर प्रकट होता है। धन की लिप्सा, यश कि तमन्ना, पद का अभिमान सर्वत्र दिखाई देता है। प्रत्येक शीर्ष पर या उसकी सीढ़ियों पर स्वार्थ का सर्प ताज धारण कर बैठा हुआ होता है चाहे वह मठाधीश हो, सत्ताधीश हो, सैनिक हो या व्यापारी। अन्तर्निहित अहं और स्वार्थ ही छल छिद्र, घात-प्रतिघात, यश-अपयश, अच्छे-बुरे मार्गों के सहारे शीर्ष पर या शीर्ष के मार्गों पर चलकर ईश्वरीय सृष्टि को विद्रूपित किया करता है। ज्ञानबुद्ध भगवान बुद्ध की अहिंसा को पकड़कर तो बैठा, किन्तु परिणाम क्या मिला? उसके दोनों हाथ बाँध दिए गए। कुछ दूर एक ऊँट पर उसे लाद कर दोनों युवक उसे ले चले अगम्य अंधेरे मार्ग की ओर। नियति व्यक्ति को किस ओर ले जाती है इसे कौन जानता है?

15

नगर लूटा गया। प्रायः प्रत्येक घर को खोदा गया और भरपूर प्रयत्न किया गया कि छिपी हुई संपदा पर अधिकार किया जाए। एकत्रित संपदा को खलीफा, हज्जाज और सैनिकों के बीच अपने अपने पूर्व निर्धारित क्रमानुसार वितरित कर दिया गया। हजारों युवकों और युवतियों को खुरासान भेजा गया, जहां उन्हें बाजार लगाकर, मनपंसद लोगों में बाँट दिया गया। देवल में शवों के सिर काट कर एकत्रित किए गया। सेना के लिए अन्न, पशु, पानी आदि का प्रबंध सुचारू रूप से हो गया। लगभग एक माह तक सेना देवल दुर्ग के बाहर अपने शिविर में विश्राम करती रही। बिना किसी युद्ध के सहज में मिली दुर्ग पर विजय का समाचार सर्वत्र पहुंच गया। लोगों में भय का वातावरण फैल गया। अरब विजेता अपनी जीत का जश्न मृतकों के सिरों के ढेर लगाकर करते हैं, यह संवाद भी सिन्ध के कोने कोने तक पहुंच गया। जिन बौद्धों ने अरबों का साथ दिया, उन्हें क्याा मिला....यह भी सभी ने देख लिया। यद्यपि मुहम्मद बिन कासिम देवल के बाद यथाशीघ्र नारायण कोट की ओर जाना चाहता था, किन्तु वह ऐसा नहीं कर सका।

सिन्ध के दक्षिणी भाग में समुद्र तट पर देवल स्थित है। इसके उत्तर में नारायण कोट स्थित है। देवल में उसे गुप्तचरों के माध्यम से जो समाचार मिले उससे उसका माथा ठनकना स्वभाविक था। दक्षिण पश्चिम सिन्ध का क्षेत्र अरमाबेल या अरमन बेल या अरमन का जंगल कहा जाता है। इस अरमन बेल में एक छोटा सा दुर्ग था, जिस पर भगवान बुद्ध का एक मतावलंबी शासन करता था। ज्ञान बुद्ध के पराभव और उसके परिवार की दुर्गति का समाचार जब अरमनबेल के दुर्ग में पहुँचाा जो वहां के शासक एवं बौद्ध प्रजाको भी चिन्ता हुई। जिन बौद्धों के निमंत्रण पर अरब सेनाएँ यहां आई वे सेनाएँ यदि बौद्धों को ही लूटने लगे, तो बौद्धों का नाराज होना स्वाभाविक था यद्यपि नारायणकोट में भी एक बौद्ध महाशय का राज्य था किन्तु हज्जाज ने अपने गुप्तचरों के समाचारों के आधार पर धारणा बनाकर मुहम्मद बिन कासिम को एक पत्र लिखा। पत्र में मुहम्मद को सुझाव दिया कि वह स्थानीय किसानों, व्यापारियों और श्रमिकों के साथ ज्यादती नहीं करे। यदि कोई क्षमायाचना कर सहायता करना चाहे तो उसको अभयदान दिया जाए। कुलीन

लोग यदि सहायता के लिए आगे आएं तो उन्हें सम्मानित करें। वस्त्र, सामग्रियों और जागीरें देकर उनके प्रति आदरभाव प्रकट करें। इसी प्रकार के उपदेशों से वह पत्र भरा पड़ा था।

क्या उसका देवल में कत्लेआम का आदेश देना गलत था। श्रमण संस्कृति के उपासकों के मन में यदि अरब सेना के प्रति भय पैदा हो गया तो वे दाहर के साथ घनिष्ठता रखेंगे और यह घनिष्ठता उसके आगे के अभियान के लिए अभिशाप बन सकती थी अतः उनसे सर्वप्रथम अपने दूत भेजकर अरमनबेल के श्रमण शासक के प्रति स्नेह प्रदर्शन करने की चेष्टा की। अरमन के वनक्षेत्र में उन जाटों, मद्रलोगों एवं ऐसी ही जातियों का वर्चस्व था, जो लड़ने भिड़ने में अधिक विश्वास रखती आई है। यदि देवल हत्याकांड के प्रति संवेदना प्रकट करने के कारण उनमें अरबों के प्रति विद्रोह की भावनाएँ तरंगित हो गई तो अरब देशों से स्थल मार्ग के माध्यम से आने जाने वाली आपूर्ति के क्रम बंद हो सकते थे। इस भय का निराकरण होने तक मुहम्मद बिन कासिम देवल से आगे बढ़ने से रूका रहा। उधर नारायणकोट में बैठा श्रमण शासक भण्डारक देवल के समाचारों से भयभीत हो गया। उसने एक वर्ष पूर्व ही हज्जाज के साथ गुप्त संधि कर ली थी। संधि के अनुसार उसने खलीफा को अपने क्षेत्र का स्वामी मानकर प्रतिवर्ष अपने राज्य की ओर से निर्धारित वार्षिक कर देना भी स्वीकार कर लिया था। गुप्तचरों का आदान प्रदान भी कई बार हो चुका था। इस गुप्त संधि की जानकारी मुहम्मद कासिम को थी। मुहम्मद को विश्वास था कि जब भी उसकी सेनाएं नारायणकोट पहुँचेगी, वहाँ उसका स्वागत किया जाएगा। दूसरी ओर श्री भण्डारक को यह भय सता रहा था कि ज्ञानबुद्ध के साथ हुए धोखे, जैसा ही मृत्यु- तांडव नारायणकोट में खेला गया तो उसका क्या होगा? इस दिशा में उसने एक ओर तो हज्जाज को पत्र लिखकर सहयोग का वचन दिया और दूसरी ओर वह दाहर के दरबार में अपनी प्रार्थना लेकर पहुँचा।

“राजन! हमें भय है कि देवल में हुए कत्लेआम का अध्याय कहीं नारायणकोट में नही दोहराया जाए।” उसने राजा दाहर के दरबार में अपनी प्रार्थना रखी। दाहर को गुप्तचरों के माध्यम से पता था कि बौद्व श्रमण देश के साथ क्या खेल खेल रहे थे। वह यह सोचकर विवश था कि यदि एक श्रमण ठाकुर या किसी एक जाट प्रमुख का या किसी एक लोहाना पंच को राज्य की ओर से कुछ भी बुरा भला कहा गया तो अरब आक्रमणकारियों को भरपूर सहयोग मिल जाएगा। बौद्धों, जाटों, लोहानों एवं अन्य जातियों में यह संदेश जाएगा कि चचदेव का वंशज जाति विशेष का शत्रु है। राजा दाहर ने स्वयं को बड़ी कठिनाई से संभाला और इतना ही कहा “आप हमारे सेनापति को साथ लेकर चर्चा करलें। अपने बौद्ध क्षेत्रों मे हमारी सेना नहीं जाए, यह

वचन हमसे लिया हुआ है। शत्रु के समक्ष देवल जैसा दुर्ग समर्पित हो चुका है और हम इसलिए हाथ बाँधे बैठे हैं कि हमने आपके अहिंसक क्षेत्र में तथाकथित हिंसा कर सकने वाली हमारी सेना को न भेजने का निश्चय किया हुआ है।"

"हुजूर! अब आप ही बताएँ कि हम क्या करें?"

"इसीलिए कह रहा हूँ कि आप यदि उचित समझें और सेना को भिजवाया जाना ही एक मात्र विकल्प मानते हैं, तो सेनापति से चर्चा करलें।"

"उनसे मिलकर सलाह करता हूँ कि इस संकट में क्या कुछ किया जा सकता है?" भण्डारक सेनापति के कक्ष की ओर चला गया। सेनापति ने ठाकुर भण्डारक का औपचारिक स्वागत करने के बाद पूछा-

"आपने यहां आने का कष्ट कैसे किया?"

"सेनापति जी! आपने देवल के प्रभाव के समाचार सुन लिए हैं।"

"मित्रवर! आप गलत कह रहे हैं। देवल पराभूत नहीं समर्पित किया गया है। देवल के शासक ने स्वयं द्वार खोल कर उन्हें दुर्ग में आने दिया था और परिणाम भी आप सुन चुके हैं।"

"क्या यही गाथा नारायणकोट में दोहराई जाएगी?"

"यह तो आपको सोचना है। शत्रु द्वार पर खड़ा है और आप यहां आलोर में समस्या बताने आए हुए हैं। शत्रु वहां पहुँच गया तो वहां निर्णय लेने वाला कौन होगा?"

"अब आप ही सुझावें कि मैं क्या करूँ।"

"बन्धुवर! जो कुछ करना था आप कर चुके। आप पिछले एक वर्ष से खुरासान के सम्पर्क में है। आपने खलीफा साम्राज्य में शरण चाही है। आपने उनके गुप्तचरों को नारायण कोट में शरण दी है। आपने एवं श्री ज्ञानबुद्ध ने अरब सेनाओं को सिन्ध पर शासन स्थापित करने का निमंत्रण दिया है। अब अरबों ने सामान्य लोगों की सामूहिक हत्या की है, तो आप घबरा गए?"

"आपको संभवतया गलत जानकारी मिली है?"

"मैं मान लेता हूँ मैं गलत हूँ। आप तो हमें यह बताएँ कि पिछले वर्ष जब हमने महाराज कुमार जयसिंह के नेतृत्व में देवल में प्रवेश कर अरब आक्रमणकारियों को खदेड़ा था तब आपका बौद्ध समाज हमारी सेना के विरुद्ध खड़ा हो गया और हम लोगों ने आपकी भावनाओं को स्थान देते हुए आपके क्षेत्रों में बिना बुलाए सेना भेजने पर स्वतः प्रतिबंध लगा दिया। अब आप बताएँ कि हम आपकी सहायता कैसे करें?"

"क्या उनसे कोई लेन देन करके अरब सेना को नहीं लौटाया जा सकता है?"

"महाराज दाहर ऐसा नहीं कर सकते हैं। वे लड़कर मरना पसंद करेंगे। शत्रु के समक्ष लेन देन की बात तब होती है, जब हम हारने की स्थिति में हो। अभी तक तो युद्ध शुरू ही नहीं हुआ है। देवल में जो कुछ हुआ है, यदि वह हिंसा की श्रेणी में आता हो तो इस पाप के पक्षधर आपके मित्र श्री ज्ञानबुद्ध कहे जायेंगे।"

"क्या मैं उनसे बात करूं?"

"अब तक आपने जो बातें गुप्त रीतियों से की है, क्या उसमें आलोर के सेनापति से पूछा गया?" सेनापति का आवेश बढ़ता जा रहा था। भण्डारक को लगा जैसे उसके समस्त रहस्य आलोर के सामने स्पष्ट है। आलोर को अंधेरे में रखकर जो कुछ देवल में हुआ, उस डर के निराकरण का कोई मार्ग उसे नहीं सूझ रहा था। भण्डारक का भांडा अब फूट चुका था। भय का एक कारण ओर भी स्पष्ट था। राजा दाहर को यदि उसकी गुप्त गतिविधियों की पूरी जानकारी है, तो क्या वह उसे क्षमा करेगा? सेनापति जो कुछ कह रहा है, यह तो किसी भी राज्य के विरूद्ध एक षड़यंत्र की श्रेणी में आता है। ऐसे व्यक्ति को क्या आलोर की सेना यों ही छोड़ देगी।

किसी प्रकार क्षमा याचना कर नारायण कोट का प्रशासक रात्रि विश्राम हेतु नगर के श्रेष्ठी प्रमुख शाक्यवंशी के आवास पर चला गया। उसने यह तो समझ ही लिया था वह जहाँ भी जाएगा, गुप्तचरों की गिद्ध दृष्टि उस पर रहेगी। उसने बौद्ध प्रमुख शाक्यवंशी परिवार के मुखिया के समक्ष अपने मन को खोला और उसे भय के कारणों से अवगत कराया। रात भर दोंनो बौद्ध धर्मी संभाव्य भय के निराकरण का उपाय सोचते रहे।

उधर मुहम्मद देवल में रूक कर अरमनबेल भेजे गए सैनिक दस्ते की टोह यात्रा के समाचार की प्रतीक्षा करने लगा। इन्हीं उहापोह के दिनों मे उसे महाराज दाहर का एक पत्र मिला। संदेशवाहक को उत्तर की प्रतीक्षा करने हेतु दो दिन देवल में ठहरने का सुझाव देकर उसने दुभाषिये के माध्यम से पत्र पढ़ा। पत्र इस प्रकार था-

"सिन्ध साम्राज्य के शासन के प्रति अवज्ञा का आचरण करने वाले प्रांतपाल हज्जाज की अरबी सेना के सेनापति श्री मुहम्मद पुत्र श्री कासिम को इस चेतावनी के साथ पत्र भेजा जा रहा है, कि वह तत्काल अपनी गतिविधियां बंद करे और अपने देश की ओर पलायन कर जाए। पिछली बार भी एक सेनाधारी आया था, जिसे आप लोग बुंदेल के नाम से पुकारते थे। उसकी कब्र देवल दुर्ग के बाहर हम लोगों ने बनवाई थी क्योकि उसके अंतिम संस्कार को करने वाले या तो आपके देश की ओर भाग गए या युद्ध में मारे गए। मृत शरीर मिट्टी के समान पवित्र

माना जाता है। शव का कोई शत्रु नहीं होता। किन्तु देवल में शवों के सिर काट कर जिस पाशविकता का प्रदर्शन तुमने किया है, ऐसा कार्य तुम्हें कौन से स्वर्ग की सीढ़ियाँ सुलभ कराएगा। इसे तो तुम्हारा महाराज ही बता सकता है। बिना युद्ध किए तुमने, देवल के प्रशासन के साथ छल करके दुर्ग के द्वार खुलवा दिए। सामान्य लोगों, निहत्थे लोगों, अबलाओं, बच्चों, बूढ़ों और अपाहिजों की सामूहिक हत्या से तुम्हारा खुदा प्रसन्न हुआ होगा, ऐसा कोई भी समझदार व्यक्ति स्वीकार नहीं करेगा। आपका पंवित्र ग्रंथ कुरान भी ऐसी हत्याओं को गुनाह मानता है। उन लोगों का क्या अपराध था? संभव है, तुम्हारे मन में यह भाव रहा होगा कि जितना अधिक जुल्म किया जाएगा, उतना ही तुम्हारा प्रभाव बढ़ेगा। हत्या, बलात्कार और सांस्कृतिक विरासतों को नष्ट भ्रष्ट करके और आत्म मुग्ध होकर खुदा द्वारा दी गई जिन्दगियों को ख़त्म करके तुमने जिस दरिंदगी का प्रदर्शन किया है, ऐसा ही व्यवहार यदि तुम्हारे साथ हम लोग करें तो तुम्हें कैसा लगेगा? देवल कश्तिकारों और व्यापारियों का नगर था, जहाँ सर्वथा अहिंसक समाज के लोगों की आबादी थी। वहां ऐसा कोई नहीं था जिसमें थोडा बहुत भी शस्त्र तेज रहा हो। निःशस्त्र लोगों को मार कर तुमने हत्या के मानदंड स्थापित करने का प्रयास किया है, क्यों कि तुमने अभी तक एक भी सिन्धी शूरवीर का सामना नहीं किया है। सिन्ध सम्पूर्ण भारत वर्ष की अर्गला है। सदियों से हम भारत वर्ष के पश्चिमी भाग की सुरक्षा करते आये है। सिन्ध के सपूतों के तलवारों की आग जगत देख चुका है। तुम्हारी सेना के सिन्ध आगमन के पूर्व भी कई बार कई सेनापति सिन्ध विजय के स्वप्न लेकर यहां आए थे। उनमें से अधिकांश सेनापति या तो मारे गए या दुम दबाकर पलायन कर गए। तुम्हारी दुर्गति और अंततोगत्वा अंत्येष्ठी का आयोजन सिन्ध में ही होगा, ऐसा धुव्र सत्य है।

यदि वास्तव में तुम शूरवीर हो तो धोखाधड़ी की अपेक्षा सीधे युद्ध हेतु हमें ललकारो। भूमि के किसी अहिंसाव्रत धारी भोमिए के साथ छल करके उसकी बिरादरी को समाप्त करना ठगों, चोरों और लुटेरों का काम है। यदि वीरत्व शेष है, यदि अरब तलवारों में पानी है, या तुम्हारी बर्छियों में तीखापन बचा है तो सीधा युद्ध करो। तुम्हें अब महाराज कुमार जयसिंह की उन तलवारों का सामना करना होगा, जो अतातायी और आंतकी अरब लोगों के रक्त में स्नान चाहती है। उन हाथियों की सेना का सामना करना करना पड़ेगा, जिनके मारे बुंदेल की अश्वारोहियों की सेना ने पलायन किया था। यदि स्वंय के प्राणों से मोह हो तो चुपचाप खुरासान का रास्ता पकड़ों अन्यथा हज्जाज की बेटी जैसी युवती को विधवा होने का संदेश भिजवा दो। सिन्ध एक जीवंत देश है। यहां का प्रत्येक वयस्क अपने एक हाथ से हल चलाता

है, तो दूसरे हाथ से शर संधान करता है। उसका मुँह देवाधिदेव सदाशिव को स्मरण करता है तो उसके पांव किसी तीर्थ स्थल की यात्रा करते हैं। दूसरे के राज्य में प्रवेश करना, कपट का आचरण करना और पराई सम्पदा को छीनना हमारा धर्म नहीं है। इस देश की धरती ने अंगुलीमाल, हूण, कुपाण और शकों के मन बदले है। अच्छा हो तुम भी इस मिट्टी से कोई सबक लेकर जाओ। बहुत शीघ्र तुम्हें हमारी शांति की तह में उबलती अग्नि का साक्षी बनना पड़ेगा। हम कायरों की भांति दबे पाँव चलने की अपेक्षा तुम्हें युद्ध की चुनौती देते है। तुम्हें जो कुछ अभीष्ट हो, वह पूरा करलो। मृत्यु तुम्हारे सिर पर चक्कर लगा रही है। तुम शीघ्र महाकाल के भेंट हो जाओ, इसकी कामना के साथ एक बार तुम्हें पुनः चेतावनी देता हूँ।

यह पत्र महाराजाधिराज की दाहिर श्री आज्ञा से लिखा गया था। इस पत्र पर सचिव के हस्ताक्षर थे। पत्र को दो बार पढ़ा गया। पत्र के निहितार्थ को स्पष्ट करने के लिए सेना के बड़े अधिकारियों की बैठक बुलाई। जिस युद्ध का उल्लेख पत्र में किया गया है, वह कब होगा, कहाँ होगा, हमारी स्थिति क्या होगी.... ऐसे अनेक प्रश्न थे जो त्वरित उत्तर चाहते थे। क्या नारायण कोट ही संभावित युद्ध का रणक्षेत्र बनेगा? यदि ऐसा हुआ तो आलोर की सेना को नारायण कोट के दुर्ग का सहारा मिल सकता है। इसी प्रकार अरमन बेल के जंगलों से होकर हमारा सम्पर्क खुरासान से जुड़ा हुआ है, यदि उस जंगल के दुर्ग को हमने अधिकार में नहीं लिया तो हमारी सेना यहाँ एकान्त में फँस जाएगी। सेना के अधिकारियों ने अनुभव किया कि देवल का कत्लेआम एक अच्छा कदम नहीं था। इस नरसंहार के भय के कारण राजा दाहर के प्रति लोगों की आस्था घटने की अपेक्षा बढ़ रही थी।

बहुत कुछ सोचने के बाद नितिगत निर्णय लिया गया कि अरब की सेना को तुरंत देवल छोड़ देना चाहिए। अगला लक्ष्य नारायणकोट को जीतना तय किया गया। आलोर के गुप्तचरों को भ्रम में डालने हेतु सेना की एक टुकड़ी को अरमनबेल की ओर भेजा जाना निश्चित हुआ। जहां तक बन पड़े प्रत्यक्ष युद्ध से बचा जाए और अपनी शक्ति को आलोर की सेना से लड़ने हेतु सुरक्षित रखा जाए, यह बात मुहम्मद ने अपने सेना नायकों को स्पष्ट रूप से बता दी।

सेना ने देवल छोड़ दिया। देवल के उस ब्राह्मण परिवार को इस्लाम धर्म में दीक्षित किया गया, जो ज्ञानबुद्ध का दूत बनकर आया था। उन मुसलमान महिलाओं को जो हजयात्रा पर जाते हुए देवल में बंदी बनाई गई थी, मुक्त करा दिया गया। जिस ब्राह्मण ने कारागृह की अवधि में इन महिलाओं के साथ सहानुभूति का वर्ताव किया था, उसे भी इस्लामी दीक्षा देकर देवल में बनाई गई मजिस्द का मौलवी

नियुक्त कर दिया गया। सेना के एक अधिकारी को दुर्ग एवं आस-पास के गावों का मुखिया बनाकर सेना ने नारायणकोट की और प्रस्थान कर लिया।

उधर आलोर में दूसरा ही नाटक खेला गया। नारायण कोट के स्वामी श्री भण्डारक बीमार पड़ गए। शाक्यवंशी परिवार के सूत्रों ने बताया कि श्री भणडारक को तेज बुखार ने घेर लिया है, अतः उन्हें पूर्ण विश्राम हेतु सिन्धु तट पर बने उनके उद्यान गृह में निवास करने का आग्रह किया गया। शत्रु द्वार पर खड़ा है, और वहां का शासक स्वयं के सिर को छिपाने की जुगाड़ में आलोर मे पड़ा है। यह देश का दुर्भाग्य ही कहा जाएगा कि यहां के अहिंसक प्रशासकों ने स्वयं के अस्तित्व को देश और प्रजा से ऊँचा समझा। सामान्य जन समूह राजन्य वर्ग को परमात्मा के बाद सबसे बड़ा शक्तिशाली समूह मानता रहा और यह डरपोक वर्ग भगवान बुद्ध की अहिंसा को, कछुए के पैर समेट कर अपनी ही खोल में बंद रहने की नीति पर आचरण कर भोले-भोले किसानों, मजदूरों एवं वनवासियों की राज्य श्रद्धा के साथ छल करता रहा।

श्री भण्डारक को उसके गुप्तचरों ने बता दिया कि अरब सेना नारायण कोट पहुँच गई। नारायण कोट के दुर्गपाल ने दुर्ग के द्वार बंदकर, अगले आदेश के लिए अपना दूत आलोर की ओर भिजवा दिया। राजा दाहर यह सब कुछ सुनकर सन्न रह गया। जिस दुर्ग का सर्वाधिकारी आलोर में पडा हुआ, बीमारी का नाटक कर रहा हो क्या वह सेना का सामना कर पाएगा? क्या यह देश इन बौद्धों की दुरंगी चालों के समक्ष स्थिर रह पाएगा? क्या राजा होकर उसे कुछ करना चाहिए? वह क्या करे? तत्काल सेना को भेजना भी एक विकल्प था। शत्रु सेना ने अपने मोर्चे जमा लिए होगें। वैसे भी नारायण कोट लगभग समतल प्रदेश है। इसके आसपास यदि छोटी-बड़ी ऊँचाई वाली भूमि है, वहां मुहम्मद की सेना जम गई होगी। आलोर की सेना को भेजना बौद्धों के साथ हुए समझौते को तोड़ना कहा जांएगा। दाहर यह भलिभांति समझ गया कि अव सेना भेजना भी एक प्रकार से पराजय का कलंक लगाने का कार्य होगा। वह यह भी जान गया कि बौद्धलोगों की निष्ठा आलोर राज्य के प्रति नहीं है, विशेषत: मठाधीशों, सांमतों और श्रीमंतों की। सामान्यतः बौद्ध किसानों और मजदूरों का मन तो उनके नेताओं पर ही टिका था। दूसरे देशों या पराये देशों के प्रति निष्ठा, समर्पण, उनके साथ गुप्त संधियां करना तथा अपने देश की व्यवस्था का विरोध करना दक्षिणी सिन्ध के बौद्धों के गुण हैं, यह सत्य राजा दाहर के मन में गहराई के साथ उतरता जा रहा था, फिर भी वह मौन था, क्योंकि कुछ राष्ट्रवादी बौद्ध भी थे जो दाहर का साथ दे रहे थे। चिंतित दाहर की नींद जाती रही।

तीन दिन बाद आलोर वासियों ने सुना कि बीमारी का बहाना करने वाला भण्डारक चुपचाप नाव पर सवार होकर दक्षिणी की ओर भाग गया। इस बौद्ध सामन्त का एक ही लक्ष्य था कि अतिशीघ्र नारायणकोट पहुँचा जाए। इसी बीच दाहर ने राजकुमार जयसिंह को सूचना भिजवा दी किवह ब्राह्मणबाद में अपनी स्थिति मजबूत करे। पूर्ण तैयारी के साथ वह ब्राह्मणवाद में जमा रहे और शत्रु की गतिविधियों पर दृष्टि रखे।

श्री भण्डारक ने नारायण कोट से लगभग एक कोस की दूरी पर रूककर मुहम्मद कासिम से संपर्क करने हेतु दो विश्वस्त लोंगों को भेजा। इन दूतों के साथ वह पत्र भी भेजा जो हज्जाज की ओर से भण्डारक को मिला था, जिसमें बौद्धों के सहयोग की एवज में उसे क्या कुछ दिया जाना था, इसका उल्लेख था। उधर श्री मुहम्मद की सेना में बौखलाहट थी। हज्जाज के आदेश से सेनाएँ छः दिनों की यात्रा कर नारायणकोट तो पहुँच गई, किन्तु यहां तो दुर्ग के द्वार बंद थे। सेना ने उपयुक्त स्थान देखकर अपना शिविर स्थापित कर लिया। देवल से लूटकर लाया गया अनाज भी कम पड़ने लगा था। यह भय भी गहराता जा रहा था कि यदि नारायणकोट ने सहयोग नहीं किया, तो आगे की यात्रा का क्या होगा? हज्जाज ने जिस विश्वास के साथ भण्डारक को अपना आदमी बताया, वह तो द्वार बंद करके बैठा था।

जैसे ही भण्डारक के दूत पहुंचे और उन्होंने मुहम्मद को समझाया कि भण्डारक आलोर गया हुआ था, अतः सेना को सहायता नहीं पहुंचा पाया। उसे आश्वासन दिया कि आज तक अनाज और घास उसके शिविर में पहुँच जाएगा। मुहम्मद के चेहरे पर प्रसन्नता छा गई, जब उसने देखा कि नारायण कोट की ओर से कई, बैलगाड़ियों, ऊँटों और गधों पर लदा हुआ अनाज और घास उसके शिविर में पहुँचा दिया गया। अगले दिन भण्डारक स्वयं विभिन्न प्रकार के रत्न, वस्त्र और अन्य भेंट सामग्रियां लेकर मुहम्मद के शिविर में पहुँचा और अपनी निष्ठा खलीफा और हज्जाज के प्रति प्रकट की। सेना के शिविर में भण्डारक का अभूतपूर्व स्वागत किया गया। आपसी कुशलक्षेम की वार्ता के बाद मुहम्मद को नारायणकोट दुर्ग के दरवाजे की चाबियाँ सौंप दी गई। इस पर मुहम्मद ने कहा- "इन चाबियों को आप ही रखें। हमारी ओर से एक हाकिम आपके दुर्ग मे रहेगा। उसके निर्देशों के अनुसार ही आप राज्य का संचालन करें और हमारी सेना की समस्त आवश्यकताओं की पूर्ति करें।"

"आपके पवित्र चरण हमारे दुर्ग में पड़ते तो हमारा सौभाग्य होता।" विनम्रता पूर्वक भण्डारक ने कहा।

"मेरा आना तो संभव नहीं होगा, किन्तु मैं आपके नगर में एक मस्जिद बनवाना चाहूँगा। हमारा नियम है कि मस्जिद वहीं बनेगी, जिसे पवित्र स्थान माना जाता हो। आपके नगर के बौद्ध मंदिर को तोड़ा जाएगा, क्योंकि अब वहां हम अपना इबादतखाना बनाएंगे। एक इमाम भी हम आपके यहां नियुक्त करते हैं, जो लोगों को इस्लाम धर्म के अनुसार प्रार्थना करना सिखाएगा। आप हमारे हाकिम और इमाम के कार्यों में दखलन्दाजी नही करोगे।"

भण्डारक का चेहरा यद्यपि थोड़ा संकुचित अवश्य हुआ किन्तु अब पछताए क्या होता है, जब चिड़िया चुग गई खेत। इस प्रकार सिन्ध का दूसरा दुर्ग बिना युद्ध के समर्पित हो गया। भण्डारक के सहयोगियों को प्रसन्नता थी कि देवल की भांति यहां कत्लेआम नहीं हुआ। उनके घर परिवार बच गए, उनके खेत खलिहान सुरक्षित रह गए किन्तु सिन्धु राष्ट्र के पांव में एक बड़ी कील ठोक दी गई। सिन्ध का शौर्य बिक गया। सिन्धु का पानी मानो सूख गया था।

16

सिन्धु के पूर्वी तट पर बसे ब्राह्मणावास (वर्तमान का हैदराबाद) एक वैकल्पिक राजधानी का स्वरूप लेता जा रहा था। महाराज दाहर के स्पष्ट निर्देश थे कि राजकुमार जयसिंह ब्राह्मणावास छोड़कर नहीं जाए। महाभारत काल से ही यहां ब्राह्मणों की बस्तियां अवस्थित थी। इसके पूर्व में बड़ा सा रेतीला भाग है, जिसे अगम्य माना जाता है। सिन्धु नदी का पूर्वोतट आज भी पाकिस्तान की कृषि सम्बन्धी कई प्रकार की आवश्यकताओं की पूर्ति किया करता है। जयसिंह वहां जमा रहा। उसके गुप्तचरों ने मुहम्मद की सेना के बढ़ते कदमों के मार्ग में आने वाले दुर्गों, ठाकुरों के घरों और बौद्ध मठों में अपना डेरा डाल दिया। राई रत्ती की खबरें उसके पास पहुँच रही थी। जयसिंह की सर्तकता, विश्वास एवं आपसी स्नेह से कई अनसुलझी समस्याओं का समाधान हो रहा था।

जयसिंह प्रायः अपने गुप्तचरों से गुप्त तरीकों से मिलता रहता था। विशेष दूतों से प्रत्यक्ष संवाद के स्थल या तो घने वन होते या कोई देवालय होता या सिन्धु नदी के जल में तैरने का स्थान हुआ करते थे। आज राजकुमार अन्न वस्त्र आदि वितरित करता हुआ, नदी तट पर एक सुदूर झोंपड़ी के परिसर में चला गया। राजकुमार के अश्व पालक ने आवाज देकर वहां के निवासी को बुलवाया। प्रौढ़ उम्र का झोपड़ी वासी रूग्ण था। संभवतया कहीं गिर पड़ा था। अतः हाथ पांव पर चोटें लगी हुई थी। कमर झुकाकर उसने राजकुमार को प्रणाम निवेदन कर पूछा- "आप कौन है और इस कुटिया को पवित्र करने का कारण?"

"मैं भी आपकी तरह एक इन्सान हूँ। लगता है कि आप रूग्ण है। आप आपकी झोंपड़ी मे विश्राम करें। आपके शरीर पर चोट के निशान हैं। आप यदि अनुमति दें तो आपकी चोट के विषय में जानना चाहता हूँ।"

"आइए श्रीमान्! आपने अपना परिचय नहीं दिया? संभव है आप स्वयं को मुझसे छिपाना चाहते है। आइए..... भीतर पधारिये।" वह व्यक्ति राजकुमार से आदरपूर्वक निवेदन कर झोंपड़ी में घुस गया। राजकुमार के अंगरक्षकों ने झोंपड़ी से निश्चित दूरी बनाकर अपने अपने स्थान तय किए। झोंपड़ी रिक्त थी। डोरियों

से गुंथा हुआ एक खाट अवश्य था, जिस पर सामान्य सा आस्तरण बिछा था। जयसिंह खटिया पर बैठ गया।

"आपने यहां आने का क्यों कष्ट किया, राजकुमार?" गृहपति ने पूछा। "मुझे ही बुला लिया होता।"

"आप सब कुछ छोड़कर इस देश के लिए रात दिन प्रवास पर रहते हैं और हम महलों में बैठकर आराम करते हैं। अब बताइये देवल के श्रीमान् ज्ञानबुद्ध कहाँ है?"

"युवराज! उन्हें कठोरतापूर्वक व्यवहार को सहन करने की आदत डालनी पड़ी है। उन्हें अमरकोट नगर की काल कोठरी में पहुँचाकर हमने कई रहस्यों को उगलवा लिया है। कुल मिलाकर स्थितियां अनुकूल नहीं है।"

"यह तो आपने अच्छा किया कि बौद्ध प्रमुख ज्ञानबुद्ध को सभी की नजरों से दूर ले जाकर बंदी बना दिया है। क्या आप उन रहस्यों को बताने की कृपा करेंगे, जिनकी जानकारी हमें नहीं है।" युवराज ने जिज्ञासा प्रकट की। सामने बैठा व्यक्ति महर्षि हारीत का शिष्य अमृत था। योग, साधना, ध्यान और समाधि जैसी वैयक्तिक प्रगति के मार्ग पर चलना चाहता था, इसी कारण तत्कालीन भारतवर्ष के प्रख्यात योगीराज श्री हरित की शरण में आया था, किन्तु राजनैतिक अस्थिरता के संधिकाल में हिंगलाज, स्कन्धहार की गुफाएँ, तक्षशिला का शिक्षालय एवं देवल के तीर्थ ही जब अपने अस्तित्व के लिए संकट में आ गए हों तो साधकों को भी अपने मार्ग बदलने हेतु विवश होना पड़ा। आलोर की सहायता के लिए अमृत की सेवाएँ, उसके गुरू श्री हरित ने निश्चित की थी, तभी से यह व्यक्ति पूर्ण समर्पण भाव से राजनीति की अप्रत्यक्ष कुटिलताओं की गहराई में उतर रहा था। देवल के भीषण नरसंहार के क्षणो में भी इस व्यक्ति ने स्वयं को बचाते हुए कई परिवारों को पलायन करने में सहायता दी थी। ज्ञानबुद्ध के अपहरण मे भी इसी का हाथ था।

"युवराज! सम्पूर्ण बौद्ध समुदाय मन से हमारा विरोधी बना हुआ है। जिस प्रकार आपके दादाजी श्री चचदेव ने बौद्ध समर्थक राजा साहसी की मृत्यु के बाद शासन पर अपना अधिकार जमाया, तब से ही बौद्धों का एकमात्र कार्य आपके राज्य को उखाड़ फैंकने का रह गया। सामान्य किसान, भी यदि बौद्ध सम्प्रदाय को मानने वाला है, तो वह भी आपके राज्य की सदाशयता में कोई न कोई त्रुटि खोजने का प्रयास करेगा। इन लोगों का चारित्रिक पतन इस सीमा तक हो गया है कि वे विदेशी आतंकियों के सम्मान में पलक पाँवड़े बिछा रहे है।"

"आपका सोच सर्वथा सत्य है, किन्तु हमारी विवशता है कि हम सीधे बौद्धों से टकराने की स्थिति में नहीं है। विदेशी फोजें आगे बढ़ रही हैं, और बौद्ध प्रजा नाराज की स्थिति में नहीं हो इस कारण हमें जहर के घूंट पीने पड़ रहे हैं।"

"मैं आपकी विवशता समझ सकता हूँ। आपके भण्डारक जी को प्रत्यक्ष रूप में अपना सहायक बना कर मुहम्मद कासिम ने नारायणकोट के दुर्ग के बाद बुधिया के दुर्ग का भी समर्पण करा दिया है। अब तक एक भी युद्ध मुहम्मद ने नहीं किया है। देवल के कत्लेआम का भय दिखाकर सामान्य लोगों को डराया जा रहा है।"

"क्या मेरे काका श्री वत्स जी (चचनामा के बछेरा नाम दिया हुआ है) ने भी आत्म सर्मपण कर दिया? शिविस्थान (वर्तमान का सेहवण, नवाबशाह नगर से उत्तर दिशा में सिन्धु नदी तट के समीप) और बुधिया पर तो उनका अधिकार था। मेरे दादाजी के छोटे भाई श्री चन्द्रदेव जी के पुत्र वत्स श्री को ये दुर्ग जागीर में दिए हुए थे।"

"तुम्हारे काका ने तो दुर्ग के द्वार बन्द करा दिये। सेना भी तैयार कर दी किन्तु भण्डारक के सहयोगी और इन दुर्गों के बौद्ध कोषाध्यक्षों ने दुर्गों में अनाज और घास की कमी बताकर, द्वार खुलवा दिए और मुहम्मद की शरण ग्रहण करली। इन विभीषणों का अरब सेना में स्वागत हुआ। इस प्रकार ये दो प्रसिद्ध दुर्ग भी शत्रुओं के हाथों में चले गए। इस समय वत्स श्री ने एक काम अवश्य किया, जिसकी सराहना हम करते हैं।"

"क्या....? कौन सा कार्य?"

"दुर्ग सौंपने के पूर्व वत्स श्री ने कोषाध्यक्ष एवं उन जैसे ही गणमान्य बौद्धों की समस्त संपदा का अधिग्रहण कर लिया। रात के अंधेरे का अवसर देखकर सम्पदा और सैनिकों के साथ वे कीर्थर पर्वत श्रेणी के जंगलों में विलीन हो गए। हमारा संपर्क वत्स श्री के साथ बना हुआ हैं। यदि सब कुछ अनुकूल रहा तो वत्स श्री और उनके सैनिकों की निष्ठा बहुत काम आएगी।"

"क्या ये सूचनाएँ आपने महाराज तक पहुँचा दी,"

"हमारी कोई भी सूचना ऐसी नहीं है, जिसे महाराज दाहर तक नहीं पहुँचाया गया हो। अब आप बताएँ कि आपने यहां आने का कष्ट क्यों किया।"

"मेरा मन यह सोचकर दुखी है कि महाराज मुझे ब्रहमणावास छोड़कर जाने की आज्ञा क्यों नहीं दे रहे है। एक के बाद एक दुर्ग समर्पण हो रहा है। बौद्धों की करतूतें जग जाहिर हो चुकी है। हम क्यों न सभी बौद्ध प्रमुखों को उनके पदों से हटा दें।

जितने भी बौद्ध कर्मचारी हैं, उनका एक दिन में सफाया करदें।।" अभी युवराज का वाक्य भी पूरा नहीं हुआ था, कि अमृत बोल पड़ा-

"ताकि शत्रु की योजना सफल हो जाए। आपके सुझाव को यदि स्वीकार कर लिया जाए तो प्रत्येक परिवार में आपसी झगड़े हो जाएंगे। हमारी सेना के सैनिक निष्चिंत होकर युद्ध के मैदानों में नहीं उतर पाएंगे। क्योंकि उन्हें भय रहेगा कि उनके परिवार पर उनका पड़ौसी बौद्ध कोई न कोई संकट ला सकता है। अतः महाराज दाहर का यह सोच सर्वथा सही है कि ऊपर के मन ही सही, बौद्धों पर हमें भरोसा है, यह दिखाना पड़ेगा।"

"यह तो एक प्रकार से हमारी नपुंसकता ही कही जाएगी?"

"अपनी आराम कुर्सियों पर बैठकर सदियों बाद हमारे काल खण्ड के बारे में इतिहासवेत्ता हमारे बारे में क्या धारणा बनाएंगे, इसकी चिन्ता व्यर्थ है। यदि मुहम्मद की सेना को विजयी मिलती है, तो भारतवर्ष के लोग हमारी निष्ठा पर संदेह व्यक्त कर सकते हैं, क्योंकि विजय पक्ष में इतिहास को समर्पित होता हुआ देखा जाता है। हारने वालों की त्रुटियां गिनना बहुत आसान है, किन्तु संघर्ष के क्षणों में योद्धाओं ने जिस पराजय को भोगा है उनके कष्टों को किस इतिहास में खोजा जाएगा?"

"यदि हम इस संघर्ष में विजेता रहे तो....?" युवराज की आंखों में तेज उमड़ आया था।

"विजय के साथ ही समस्त समीकरण बदल सकते हैं। जिन बौद्धों ने विदेशियों की चरणवंदना की है, वे ही कल पुनः आपकी शरण में आकर गिड़गिड़ाएंगे। विजय के समान कोई अन्य शुभ अवसर नहीं हो सकता है।"

"किन्तु महाराज का मुझे यहां रोके रहने का अर्थ....?"

"बहुत गहरा अर्थ है इसका। मुहम्मद सिन्धु नदी के पश्चिमी तट का अनुसरण करता हुआ बढ़ रहा है। सिन्धु के पूर्वी तट पर आलोर और ब्राह्मणावास स्थित हैं। नदी के कारण हम सुरक्षित है। यदि किसी प्रकार अरब सेना नदी पार कर पूर्वी तट पर आ जाती है, तो हमारे पास यहां से अमरकोट के बीच फैला मरूस्थल है। हम युद्ध को मरूस्थल की ओर धकेल कर अरब सेना को सर्वनाश हेतु विवश कर सकते हैं। संभव है, इसी कारण महाराज ने आपको यहां रहकर सैन्य संगठन को मजबूत बनाने का निर्देश दिया है।"

"मैंने जाटों, लोहानाओं और क्षत्रियों की सेनाएँ बनाली है। कई नए युवक सेना में आए हैं। गुजरात और अमरकोट के बीच जँहा भी पानी की सुविधाएँ उपलब्ध

है, सैनिक अभ्यास किए जा रहे हैं। इस महा मरूस्थल के हजारों ऊँटों को भी युद्ध का प्रशिक्षण दिया जा रहा है। यदि युद्ध का विस्तार यहां तक हुआ तो उनके घोड़े और हाथी यहां काम में नहीं आएंगे। रथ और बैलगाड़ियों का भी यहां प्रयोग असंभव होगा।"

"युवराज! आपकी सतर्कता पर ही तो भारतवर्ष का भविष्य आधारित है। आप अपने प्रयासों को मजबूत बनाए रखें, इसी में सभी का हित है। आप आलोर की नीतियों के प्रति कभी आशंका नहीं रखें। वर्षों तक राजनीति की असली गहराई में जाने के बाद में भी इस निष्कर्ष तक पहुँचा हूं कि जिन परिस्थितियों में आप लोग शासन सँभाले हुए हैं, वह बहुत ही कठिन कार्य है।"

"आप जैसे संत प्रवृत्ति के लोग बिना स्वार्थ के रात दिन खप रहे हैं, यह देखकर हमारा उत्साह भी दुगुना हो जाता है। बस खेद यही है कि हमें शत्रु के समक्ष दो-दो हाथ करने का अवसर नहीं दिया जा रहा है।"

"महाराज चाहते हैं कि आप और आपकी सेना सुरक्षित रहे, ताकि उचित समय पर आपको वह अवसर दिया जाए, जिसकी आप अपेक्षा करते हैं। बस एक ही निवेदन है कि कीर्थर पर्वत श्रृंखला में अपना समय काट रहे वत्यश्री से सम्पर्क बनाए रखें। जो भी सहायता वे चाहे वह सुलभ कराई जाए। यह नितांत आवश्यक है कि इन पर्वतीय वनों में निवास करने वाली जातियों के युवकों को संगठित किया जाए और एक सक्रिय सेना का गठन किया जाए।"

"आपके इस सुझाव पर मैं प्राथमिकता के आधार पर ध्यान दूँगा, यह मेरा वचन रहा। अब मैं जाने की आज्ञा चाहूँगा।"

आपसी अभिवादन के बाद जयसिंह झोंपड़ी के बाहर आ गया।

17

अन्ततः वह समय आ गया, जिसकी प्रतीक्षा मुहम्मद कई महीनों से कर रहा था। सिन्धु की अपार जनराशि का प्रवाह सामने था। इस प्रवाह के सामने वाले तट से कुछ दूरी पर सिन्ध साम्राज्य की राजधानी थी। अपने शिविर के बीच बने अस्थाई रूप से बनाए गए कक्ष में वह चहल कदमी कर रहा था। सिन्धु नदी को कैसे पार किया जाए, यह बड़ी समस्या थी। इसके साथ ही खतरे भी बढ़ते जा रहे थे। वह इस समय सिन्धु नदी के हृदयस्थल तक पहुँच चुका था। अपने वतन से दूर, अपने मित्रों, सहयोगियों और परिवार से दूर वह स्वयं को अकेला जैसा अनुभव कर रहा था। यद्यपि सेना थी, घोड़े थे, सेनापति थे, मुल्ले-मौलवी, दास दासियां, अनुचर-गुप्तचर जैसे कई सुरक्षा के घेरे उसके चारों तरफ फैले थे, तथापि उसका मन अशान्त था। उसके दो चार गुप्तचरों ने यह भी सूचना दी थी कि उसे इसी स्थान पर घेरा जा सकता है। न केवल रसद आपूर्ति रोकी जा सकती है, अपितु आग लगाई जा सकती है। यदि शत्रुओं के गुप्तचरों और कुशल सैनिकों ने ऐसा कर दिया तो किसी का भी जीवित लौटना कठिन हो जाएगा। चिन्ताएँ बढ़ रही थी। चिन्ताओं को बाहरी सुरक्षा कवच से रोका जाए यह सभंव नहीं है, क्योंकि ये तो स्वयं के हृदय कवच में प्रवेश कर सीधे दिल पर प्रहार करती है। धड़कनों की वृद्धि को सैन्यबल से रोकना संभव नहीं था। उसने खुदा का स्मरण किया। पवित्र कुरान के उपदेशों पर चिन्तन भी आंरभ किया, किन्तु मन था कि लग ही नहीं रहा था। उसने एक नहीं दो नहीं, बल्कि कई दिनों तक सिन्धु के तट पर पड़े-पड़े भविष्य की योजनाओं पर चिंतन किया, किन्तु कोई समाधान नहीं दिखा। उसने अपनी चिन्ता को श्री हज्जाज को भी लिख भेजा किन्तु उत्तर प्राप्त करना भी इतना आसान तो था नहीं। नींद कम हो गई। शरीर में भी शैथिल्य का अनुभव होने लगा।

कई दिनों की प्रतीक्षा के बाद उसे हज्जाज का पत्र मिला, जिसमें पवित्र ग्रंथ के उद्धरण देकर उसे समझाया गया कि वह मन को पक्का करे और सब कुछ परमात्मा पर छोड़कर निष्चिंत हो जाए। उसे सलाह दी गई कि वह किसी प्रकार सिन्धु नदी को पार करने का प्रंबध करे। यही समय है कि उन लोगों पर अधिक कृपा दिखाई जाए जो नदी को पार करने में उसकी सहायता कर सकते है। वह भूमि जहां उसकी

सेना का शिविर था, वह बौद्ध श्रमण मोक्षवास नामक एक सेनापति के अधिकार क्षेत्र में थी। मोक्षवास की इस जागीर का प्रमुख नगर "कोट" था। नगर यद्यपि छोटा था, तथापि उसकी स्थिति सिन्धु के पश्चिमी तट के समीप की भूमि की सुरक्षा के लिए महत्त्वपूर्ण थी। हज्जाज ने यह निर्देश भी दिया था कि चाहे जितना खर्च करना पड़े सिन्धु को पार करने का प्रयत्न किया जाए। इस निमित्त उसने नारायणकोट के श्री भण्डारक एवं अपनी सेना के दो बड़े अधिकारियों को मोक्षवास से सम्पर्क करने हेतु भेजा। पहचान के कारण भण्डारक और उसके साथियों को कोट दुर्ग में प्रवेश करने की स्वीकृति मिल गई। जब मंत्रणा के लिए उन्हें कक्ष में बुलवाया गया, तब भण्डारक को मन ही मन इस बात का भी भय लगा हुआ था कि कहीं नगर के लोगों को उसके आने की खबर न लग गई हो। वह अच्छी तरह जानता था कि सिन्ध की प्रजा में उसे देशद्रोही के रूप में माना जा रहा था। जिस प्रकार अरब सैनिको के समक्ष आत्म समर्पण किया था, इसे लेकर सामान्य जन में रोष भरा हुआ था। मन्त्रणाकक्ष में उसका स्वागत हुआ और दोंनो अरब सेनानायकों को भी उचित आसन पर बिठाया गया। आपसी कुशल क्षेम के पश्चात् चर्चा प्रारंभ हुई। "हम आपके इस कक्ष तक क्यों आए है, इसका अर्थ आपको भलीभांति ज्ञात है, फिर भी औपचारिक रूप से हम निवेदन करना चाहते है कि अब वे परिस्थितियां आ गई है कि आप राज्य भक्ति और सार्वजनिक हिंसा के बीच के भेद भाव को स्पष्ट रूप से परिभाषित करें।" भण्डारक ने विषय को दार्शनिक सोच के आधार पर प्रस्तुत किया।

"भण्डारक जी, एवं अरब अधिकारियों! आपने यहां आकर बात करने की इच्छा प्रकट की, इसके लिए तो मैं आपको धन्यवाद देता हूँ। यह भी सत्य है कि कोई भी बौद्धमतावलम्बी हिंसा के पक्ष में अपना मत नहीं देगा, किन्तु हिंसा का भय दिलाकर क्या अरब सेना के सामने समर्पण करना ही, आपके सुझाव का सारांश है?" मोक्षवास के सीधे और बेबाक बयान से अरब सेनानायक चैंके। इनमें से एक ने मुँहं खोलते हुए कहा-

"हम हत्या या लूटपाट के पर्यायवाची है, यदि आपने यह धारणा बनाई है तो यह हमारे बारे में किया गया मूल्यांकन गलत है। इस्लाम कभी हत्या की बात नहीं करता है। हम समानता और भाईचारे के विचारों पर चलते है। विश्व के सभी नागरिक खुदा के बंदे हैं, बस यही पैगाम लेकर हम आपके पास आए है। हमारे साथ यदि आपने संधि की, तो आप सीरिया, ईराक, ईरान से लेकर सिन्ध तक के बहुत बड़े साम्राज्य का हिस्सा बन जाएँगे। आप भी उन सुख सुविधाओं के हकदार होंगे, जो हमें सुलभ है।"

"बड़े साम्राज्य का हिस्सा बने या नहीं, यह तो बाद की बातें हैं। प्रमुख बात यह है कि हम महाराज दाहर का विरोध किस आधार पर करें? उनकी और से मुझे जागीर मिली हुई है। राज्य में पर्याप्त सम्मान मिला हुआ है। उनके सुख-दुःख में हम सम्मिलित होते आए है। वे हम पर पर्याप्त स्नेह रखते है। हम उन्हें कैसे छोड़ें?" मोक्षवास ने अपना तर्क रखते हुए एक प्रति प्रश्न भी रखा "अधिक सुविधा ही यदि पक्ष बदलने का आधार हो तो क्या आप प्रमुख लोग आपके सेनापति श्री मुहम्मद के साथ विश्वासघात कर सकते हैं?"

"ऐसा तो स्वप्न में भी सोचा जाना असंभव है।" एक अरब ने तत्काल प्रतिक्रिया दी। किन्तु संभलते हुए उसने कहा- "यह राज्य ब्राह्मणों का है। ब्राह्मणों के कारण ही भारतवर्ष के बौद्ध धर्माचरण वालों का विनाश हुआ है। सर्पों के राज्य के चूहे कब तक आराम में रह सकते हैं?" दूसरे अरब प्रतिनिधि ने कहा।

"कौन सर्प है और कौन चूहा, इसका उदाहरण तो हमने देवल में भुगत लिया है। यह सत्य है कि यदि हम राजा दाहर के राज्य में चूहे हैं, तो हमारी आपके कथनानुसार उपेक्षा की जाती है किन्तु देवल के द्वार खोले जाने के बाद चूहों की सम्पूर्ण जाति को ही सर्प निगल गए। भण्डारक जी के नारायणकोट में बौद्ध मंदिर तोड़ कर मस्जिद बना दी गई। ऐसा उदाहरण तो राजा दाहर ने कभी भी प्रस्तुत नहीं किया।" मोक्षवास के तर्क के समक्ष टिकना कठिन था, फिर भी एक अरब अधिकारी कहने लगा-

"गलतियां कौन नहीं करता है? संभवतया हम तर्कों या बहस पर उतर आए हैं। अच्छा हो कि हम मुख्य प्रश्न पर आएँ। आप ही बताएँ, हम पूरी सेना को नदी के उस पार कैसे ले जाएँ?" भण्डारक ने स्थिति संभालने की चेष्टा की।

"यह तो बहुत आसान है। आप मेरे अधिकार क्षेत्र में बिना पूछे आ गए और शिविर लगा कर बैठ गए हैं, तो बिना पूछे नदी भी पार कर सकते है। इसमें मेरी सहायता की आवश्यकता कहां से हो गई?" मामला सुलझ नहीं रहा था। अरब सेना नायकों को चिन्ता सताने लगी। इनमें से एक ने वार्ता को मोड़ देने हेतु कहा-

"मोक्षवास जी! हमारे प्रधान श्री हज्जाज और आपके बीच लगभग दो वर्षों से पत्र व्यवहार होता आ रहा है। आपके गुप्त संदेश वहां तक और उनके सुझाव आप तक भी आते रहे हैं। सच तो यह है कि श्री हज्जाज आपको अरब निवासियों के मित्र के रूप मे देखते हैं। उसी मित्रता को ध्यान में रखकर हम सहज रूप से आपके राज्य में आ गए। उन्होंने ही अपने दूतों के माध्यम से हमें आदेश दिया है कि सिन्धु नदी के पार करने में आपकी सहायता ली जाए।" "मित्रों! श्री हज्जाज और मेरे बीच संवादों का क्रम चलता रहा है, यह सत्य है। यदि मैं यह कहूँ कि आज

आपसे जो चर्चा हो रही है, और मैं आपके शिविर को बिना किसी प्रकार की हानि पहुँचाए चुप बैठा हूँ इसके पीछे श्री हज्जाज की दूरदर्शिता ही एक प्रमुख कारण है।"

"अब आप ही बताएँ कि हम श्री हज्जाज को आज की बैठक का क्या निर्णय लिख भेजें? क्या हम उन्हें लिख दें कि आपने सिन्धु नदी को पार करने में हमारी सहायता करना स्वीकार कर लिया है?"

"ऐसा करें कि आप मुझे एक दिन का समय दें। मैं भी अपने सहयोगियों के साथ विचार विमर्श कर लूँ। आप कल संध्या के समय पुनः यहीं पधार जाँय। संभव है कोई न कोई परिणाम निकल आए।"

"बहुत अच्छा...। हम अब जाने की इजाजत चाहेंगे।" अरब नागरिक उठ गए।

"आपके सेनापति श्री मुहम्मद बिन कासिम को मेरा नमन निवेदन करना। यदि आपको एतराज न हो तो श्री भण्डारक को कल सुबह ही यहां भिजवा दें। मेरा इनके साथ पारिवारिक सम्बन्ध रहा है। परिवार के साथ रहने का इससे अधिक अच्छा अवसर और क्या हो सकता है?"

"जी बहुत ठीक। हम हमारे सेनापति से स्वीकृति लेकर इन्हें भी भिजवा देंगे और सध्या तक हम भी आपकी सेवा में पहुँच जायेंगे।" आपसी अभिवादन के पश्चात् अरब प्रतिनिधि मंडल अपने शिविर में लौट आया।

व्यक्ति किस ओर जाए। एक ओर का मार्ग था पेट और परिवार के हित चिन्तन का, दूसरी ओर का मार्ग स्वदेश के लिए सर्वस्व समर्पण था। यदि पक्ष परिवार का लिया जाए और अरब सैनिकों की और निष्ठा रखी जाए, तो देश द्रोह, स्वार्थपरता एवं स्वामी और आलोर के प्रति विश्वासघात जैसे शब्द, विशेषण और व्यंग्य सुनना ही एक प्रकार की नियति बन जाएगी। यदि अरब सेनाएँ जीत जाए, तो हो सकता है, स्वयं का प्रभुत्व बढ़ भी जाए। यदि निष्ठा आलोर के प्रति रखी जाए तो यह जागीर, यह गांव, यह परिवार, ये मन्दिर देवल की भांति जलकर राख हो जाएँगे। क्या किया जाय और क्या नहीं। पुत्र-पुत्रियां, पत्नि, सगे सम्बन्धियों की मृत्यु और जीवन के बीच, आज का निर्णय ही एक मात्र महत्त्वपूर्ण सूत्र था। बौद्ध मन था, जो हिंसा की बात सोच ही नहीं सकता था। इधर जाए तो खाई थी और उधर जाए तो कुँआ था।

संभवतया विधाता उसी रात भारतवर्ष का भाग्य लिख रहा था। उस रात्रि को आने वाली सदियों तक की गुलामी, आतंकी अंधेपन, जोर जबरदस्ती और स्थाई सोच कि अबूझ कहानियों, सत्य घटनाओं और हिंसाचारों की नीवें रखी जा रही थी। व्यक्ति का स्वार्थ राष्ट्र पर भारी पड़ने जा रहा था। भगवान बुद्ध की शिक्षाओं को

व्यक्ति अपने स्वार्थ में कैसे भुना सकता है, उसका ऐतिहासिक उदाहरण दोहराया जा रहा था। संभवतया उस रात्रि को बौद्ध मंदिरों की प्रतिमाओं के आंसू टपके होंगे। पवित्र त्रिपिटक ग्रंथ सिसके होंगे, अपने अनुयाइयों की करतूतों पर। सेंकड़ों वर्षो से देवल, ब्राह्मणाबाद, तक्षशिला, लवपुर, आलोर, शिविस्थान, उपगण स्थान और पारसीक राज्यों की सीमाओं तक फैली गौत्तम बुद्ध की मान्यताओं एवं शांतिप्रिय आस्थाओं की बर्फ की मोटी चद्दर के पिघलने के आरंभ की वह कालरात्रि थी। निश्चित ही उस दिन देव रोया होगा। बौद्धों की अहिंसा का जाप, बुद्ध धर्म की नींव हिला रहा था। ऐतिहासिक इमारत स्वयं की संततियों द्वारा तोड़ी जा रही थी। सच है किसी जाति, धर्म या देश का पतन स्वयं की संतानों के माध्यम से ही होता आया है।

श्री भण्डारक अगली सुबह ही मोक्षवास के आवास पर आ गया। दोनों का धर्म एक था, सोच एक था और गौत्र भी एक जैसा ही था। एकान्त मिलते ही दोनों मित्र जम गए चर्चा करने।

“आप बहुत दिनों से अरब सेनाओं के साथ रह रहे है। आपके मुँह से ही मैं वह सब कुछ सुनना चाहता हूँ, जो मुझे अपना मार्ग चुनने में सहायता कर सके।” श्री मोक्षवास की शातिर आँखें भण्डारक के चेहरे पर आती जाती रेखाओं को पढ़ती जा रही थी।

“आपने मुझे आपके निर्णय की भागीदारी में सम्मिलित किया, इसके लिए आपका और भगवान बुद्ध का आभारी हूँ। अरब यहां की सम्पदा लूटने और इस्लाम धर्म में सभी को दीक्षित करने आए हैं।”

“लूटकर चले जाएंगे या स्थाई रूप से यहां बस जाएंगे?”

“वैसे अभी तक ऐसा कोई उदाहरण या घटना या चर्चा नहीं सुनी या देखी है, जिससे लगता हो कि इनका इरादा क्या है?”

“इन लोगों का व्यवहार कैसा है?”

“मित्रों और सहयोगियो का ये लोग आदर करते हैं। लूट के माल का हिस्सा भी उन्हें देते हैं किन्तु इनकी मित्रता का अर्थ है, जो कुछ ये लोग सोचते हैं, उसकी हां में हां मिलाते जाओ। यदि मित्र के नाते आप इनकी बातों का विरोध कर दे ंतो आप शत्रु की श्रेणी में आ सकतें हैं। शत्रु का सर्वनाश करना इनकी विषेशता है।”

“मित्र तो एक समान स्तर के होते हैं। यदि हम मित्र हैं तो आपस में भला बुरा सब कुछ कह सकते हैं। मित्र की उन्नति में हम प्रसन्न हों, मित्र की गलत बातो का उसके सामने विरोध करें, यह तो होता आया है।”

"संभव है, ये भी ऐसा करते हों किन्तु हमारी मित्रता एक विजेता और विजित की है। एक स्वामी और दास की है। शायद इन सम्बन्धों को मित्रता कहना ठीक नहीं होगा। हम जैसों का उपयोग इनकी स्वार्थ सिद्धि तक है।"

"अच्छा यह बताओ, आपने इनके सामने समर्पण क्यों किया?"

"नहीं करता तो हम सभी मारे जाते। नारायणकोट के समस्त निवासी मारे जाते। हजारों नर-नारी, बालक-वृद्ध, युवा-युवतियाँ, गाजर मूली की भाँति काट दिये जाते। देवल का इतिहास यहां भी दोहराया जाता। इसी कारण मैंने अपयश की तुलना मे लोगों का जीवन बचाना श्रेयस्कर समझा।

"क्या आपको लगता है कि जिस प्रकार का समर्पण आपने किया है, उसे समाज ने अच्छा माना है?"

"हमारा बौद्ध समाज तो इस कदम को अच्छा ही कहेगा। सनातन धर्मियों, शैवों, शाक्तों, नाथों योगियों, अघोर पंथियों जैसे विविध आस्थाओं पर चलने वालो ने कभी भी हम बौद्धों की प्रशंसा नहीं की है। क्या आप कुमारिल भट्ट जैसे इन बौद्ध द्रोहियों को भूल गए। अतः हमारा यदि किसी ने विरोध किया है, तो इन बौद्धेतर लोगों ने ही किया है। इनके विरोध को मैं मान्यता नहीं देता हूँ।"

"आप और हम आलोर साम्राज्य का एक अंग है। हमने दाहर को अपना राजा माना है। उसे हम वार्षिक कर देते है। क्या यह स्वामी के प्रति विद्रोह नहीं हैं?"

"हम कर इसलिए देते हैं कि हम कमजोर हैं। हमारी अहिंसा सम्बन्धी मान्यताओं को कमजोरी समझा गया है। इसीलिए हमने विदेशियों को आमंत्रित कर अपने चिर शत्रुओं से बदला लेना आंरभ किया है।"

"क्या स्वामी के प्रति द्रोह करना पाप नहीं है?"

"जब स्वामीगण हिंसक शस्त्र लेकर हमें दबाते हैं, तब वे भी तो पाप के भागीदार बनते हैं। यदि वे लोग पापी हैं, तो ऐसे लोगों के साथ जो भी व्यवहार हम कर रहे हैं, वह भले ही पुण्य नहीं हो, किन्तु पाप भी नहीं है।"

"अच्छा यह बताओ, यदि मैं आलोर राज्य की ओर से नियुक्त एक दुर्गपाल होने का दायित्व का पालन करते हुए, आपको पकड़कर राजा दाहर के समक्ष प्रस्तुत कर दूँ तो...?"

"यह संभव है। मुझे पकड़ने का अर्थ है, आपका सर्वनाश। आप आपका परिवार और आपकी वह सुन्दर सुलक्षणा पुत्री, आपके सेवक आदि अरब सेना के प्रकोप से नहीं बच पाएँगें। मुझे पकड़ना आपके बलबूते की बात नहीं है। अब आप बताएँ कि

आप मुझे अकेले में बुलाकर ओर क्या सुनना चाहते हैं?" भण्डारक के स्वर कुछ तेज हो चले थे।

"मेरा उद्देश्य, आपके मनोभावों को पढ़ना मात्र था। आप मेरे कथन को अन्यथा नहीं लें। जिस प्रकार हज्जाज के साथ आपने मैत्री की पहल की है, वैसी ही मैं भी कर चुका हूँ।" मोक्षवास कुछ ढीला पड़ा।

"मित्र असंमजस की स्थिति छोड़ो और कोई न कोई निर्णय लो। निमंत्रण पर उपस्थित अरब सेना का स्वागत करो। क्षणिक लोक निंदा के भय से आप विचलित प्रतीत होते हैं। लोक निन्दा की चिन्ता मत करो। भगवान बुद्ध भी तो लोकनिन्दा से नहीं बच पाए थे।" भण्डारक ने मानो दुखती रग पर हाथ रख दिया था।

"आप मेरे मित्र हैं, और रहेंगे। लोक निंदा के अपवादों से भी बचा जाए और अरब सेना का साथ भी दिया जाए, इन दोनों विरोधी ध्रुवों के बीच में भी ही मुझे कोई न कोई मार्ग खोजना होगा। आपके आने से मुझे निर्णय लेने मे सुविधा होगी।" मोक्षवास ने बैठने की स्थिति को बदलते हुए कहा।

"मोक्षवास जी, आप आलोर और अरब सेना के बीच बह रही नदी के प्रहरी हो। आपका अरब सेना की ओर मिल जाना, आलोर की नींव हिलाने के समान है। अरब सेना की ओर से मुझे यह कहने का अधिकार दिया गया है कि न केवल बेटे का दुर्ग अपितु ओर भी बहुत कुछ आपको दिया जाएगा, ताकि आपकी पीढ़ियां आराम से अपना समय बिता सके।"

"अरब सेना के इस सुझाव पर भी मैं विचार करूंगा।" मोक्षवास के कथन के बाद दोनों मित्रों ने बड़ी देर तक चर्चा की।

18

जयसिंह, यद्यपि ब्राह्मणाबाद में सेना का संगठन कर रहा था, तथापि गुप्तचरों के माध्यम से सम्पूर्ण सिन्ध पर उसक दृष्टि थी। गुप्तचरों, मित्रों, अधिकारियों एवं साधुओं के संगठनों से सूचनाओं का आदान प्रदान अनवरत चलता रहता था। एक दिन उसे कीर्थर पर्वत श्रृंखला में अपना आसन जमाए हुए भाई वत्सश्री का पत्र मिला। पत्र इस प्रकार था-

भाई श्री जयसिंह जी,

मता हिंगलाज एवं महाराज श्री दाहर की कृपा से हम सकुशल अपना कर्तव्य पालन कर रहे हैं। आप द्वारा भेजी गई धनराशि एवं अश्वों का समूह समय पर मिल गया। हारीत ऋषि के शिष्य श्री अमृत जी ने आपके मौखिक संदेश कह सुनाए। आपके सुझावों पर हमने कार्य योजना बना ली हैं। परिणाम स्वतः प्रकट हो जाएंगे। यद्यपि हम सर्तक हैं तथापि बौद्ध मठों में रहने वाले में कौन-कौन से व्यक्ति किस-किस ओर अपनी निष्ठा रख रहे हैं, इसे परख पाना कठिन है। अब यह तो स्पष्ट है कि इन मन्दिरों और मठों से ही अरब सेना के लिए सक्रिय गुप्तचरी की जा रही है। बोद्धेतर लोगों को प्रलोभन, भय और ऊँचे पदों का लोभ देकर अरब सेना की ओर सहयोगी रूख अपनाएं जाने हेतु बाध्य किया जा रहा है। देवल का सामूहिक हत्यांकाण्ड प्रजा में भय का कारण बना हुआ है। हमारी शरण में आने वाले कई बौद्धों को भी अब यह समझ में आने लगा है कि बौद्ध समाज का महाराज दाहर के प्रति अकारण वैरभाव रखना, स्वयं के पैरों पर कुल्हाड़ी चलाने जैसा है। बौद्ध मन्दिरो को तोड़कर उसी स्थान पर मस्जिद बनाना, बौद्धों के मन में भी चुभने जैसा आघात है। सैकड़ों धर्म भीरू लोग इस पर्वत श्रेणी में आ गए है। स्थानीय लोगों के सहयोग से इन लोगों को यहां बसाया जा रहा है। इन विस्थापितों में से कई युवक सामने आए हैं, जो अरब अत्याचारों का बदला लेना चाहते हैं। इन्हें संगठित किया जा रहा है।

इसी प्रकार इन पहाड़ियाँ में कई पारसी लोग भी आ गए हैं। ईरान से उखाड़े गए इन लोगों ने सिन्ध में शरण ली थी। देवल पतन के बाद कई लोग गुजरात भाग गए और कुछ लोग यहां आ गए हैं। इनमें से दो चार परिवार ऐसे भी हैं, जो

हमें आर्थिक सहयोग देकर, अपेक्षा कर रहे हैं कि हम इन अरब आक्रान्ताओं को मार भगावें।

इन महापर्वत श्रृंखलाओं में कीर्थर से लेकर काबुल-कन्धार तक कई साधुओं के आश्रम हैं। इन आश्रमवासियों में भी सुरक्षा को लेकर भय व्याप्त है। इन दिनों कई नकली साधू गाँवों में जाकर प्रचार कर रहे हैं कि महाराज दाहर के राज्य का अंत निकट है और अरब सेना का वर्चस्व बढ़ेगा, इसलिए सामान्य लोगों को भी चाहिए कि वे दाहर से नाता तोड़ लें। ऐसे साधुओं को हमने गिरफ्तार कर पूछताछ भी की है। ये सभी अरब सेना के गुप्तचरों के कहने तथा उनके द्वारा आर्थिक सहायता के बल पर ही ऐसा कर रहे हैं।

जिस साधु समाज ने महाराज चचदेव की भरपूर मदद की है, वही समाज हिमालय की पूर्वी पहाड़ियाँ में अपने आश्रम स्थापित करने लगा है। सामान्य लोगों की भांति इन लोगों में भी अप्रकट भय का भाव अंकुरित हो गया है। एक मात्र हारीत ऋषि ही ऐसा व्यक्तित्व है, जो ताल ठोक कर मैदान में खड़ा है। उसके कई शिष्य आम आदमी को हिम्मत बँधा रहे हैं। उन्होंने अच्छी मात्रा में हमें स्वर्ण भी भिजवाया है।

व्यापारियों की चांदी हो रही है। श्रमण संस्कृति के व्यापारियों का तो यह स्वर्णयुग जैसा है। विशाल अरब सेना को सामाग्रियों की आपूर्ति से ये लोग अकूत संपति एकत्रित कर रहे हैं। धर्म, देश, राजा, पड़ोसी जैसे शब्द "लाभ" शब्द की तुलना में हल्के सिद्ध हो रहे हैं। स्वर्ण संग्रह, स्वार्थ सिद्धि एवं स्व के भरण पोषण में संलग्न अधिकांश व्यापारियों का समूह नैतिकता, सद् आचरण, स्वाभिमान जैसे भावप्रधान कर्तव्यों को भूलता जा रहा हैं। इस आपाधापी के युग में कौन सा व्यापारी किस ओर है, यह कहना कठिन है।

देश की अंधिकांश आबादी कृषकों की है। इनके गांवों-खेतों-खलिहानों ओर पर्वतीय क्षेत्रों मे छितराए किसानों में महाराज दाहर के वीरत्व और न्याय के प्रति अटूट विश्वास भरा हैं। यही वह अन्नदाता है, जो शहरों, कस्बों, राजधानी में प्रपंच करने वालों को पेट भरता है। यही वह वर्ग हैं, जो शत्रुओं से लड़ने के लिये सैनिक देता है, पालतू पशु देता है और दुर्दिन आने पर अपना छोटा-मोटा सामान लेकर मारा-मारा फिरता है। राजागण आए और गए किन्तु यही वर्ग है कि जो जैसा था, वैसा ही आज भी वहीं है। हमें उस वर्ग की निष्ठा और सच्चाई पर पूरा विश्वास है। उन्हीं लोगों को आधार मानकर हमने अपनी नीतियां तय की है। अरबों की सेना की गति को सद्गति की ओर ले जाने का प्रयत्न हमने प्रारम्भ कर दिया हैं। आशा

करूँगा कि आप भी गुजरात के सौराष्ट्र से लेकर काबुल-कन्धार तक फैले इसी वर्ग को संगठित करने का प्रयत्न करेंगे।

महाराज और आपका स्नेही वत्स श्री।

जयसिंह और वत्सश्री की युगलबंदी चल निकली। पश्चिम सिन्ध का केन्द्र कीर्थर पर्वत श्रृंखला बन गई और पूर्वी सिंध संगठन ब्राह्मणावाद और अमरकोट तक फैल गया। हजारों युवक सैनिक प्रशिक्षण लेने लगे। सामान्य किसान संगठित होने लगा। कई युवको ने गाँवों में घूम-घूम कर बौद्धों की करतूतों और अरब सैनिकों की आचार हीनता, क्रूरता और अन्य धर्मों को मानने वालों के प्रति सतर्कता रखने का प्रचार करने का दायित्व स्वीकार लिया। जनमानस में राज्याश्रय अथवा राज्य से कुछ प्राप्त होगा, की आशा छोड़कर स्वयं अपने बलबूते पर गांवों की सुरक्षा करने का प्रयत्न प्रारंभ हो गया। शत्रुओं की गति को कैसे रोका जाए, उनके लिए आवश्यक आपूर्ति को कैसे बाधित किया जाए, अवसर आने पर उन्हें कैसे लूटा जाए जैसे कई विषय थे जिन पर गाँवों की चौपालों पर चर्चा होने लगी। पश्चिमी सिंध में तो युवाओं ने जो कुछ किया उसके परिणाम भी सामने आने लगे।

मुहम्मद बिन कासिम अपने शिविर के बीचों बीच बने अपने तम्बू में बैठा चिंतित सा दिखाई दे रहा था। मुँह सूख गया था। उसकी चंचलता, वाचालता और आदेशों का रोब दाब ढीला पड़ गया। जो सूचनाएँ आ रही थी, वे शुभ नहीं थी।

“हुजूर! दक्षिणी सिन्ध से आ रही बैलगाड़ियों को लूट लिया गया।” एक संवाददाता ने कहा।

“किसने लूटा...? किसका साहस हुआ? किसने लूटने की प्रेरणा दी? सभी को पकड़ो और उनका कत्लेआम कर दो।” मुहम्मद चिल्लाया। खबरनवीस चुप बैठा रहा।

“मूर्ख.....। जाकर मेरी आज्ञा सुनाओ। सेना के एक दस्ते को भेजो और डकैतों को सिर काट कर लाने का हुक्म सुनाओ।”

“क्षमा करें, सेनापति जी! स्थिति गंभीर है।”

“कहो.... पूरा बयान करो।”

“हुजूर! नारायण कोट और आसपास के गांवों से लगभग एक सौ बैलगाडियों में गेहुँ, जौ और थोड़ा बहुत चावल लदा हुआ था। वह सामग्री हमारे शिविर की ओर आ रही थी। जंगल में सशस्त्र डकैतों ने बैलगाड़ियों पर हमला किया। बैलो को गाड़ियों से खोलकर भगा दिया। दो चार गाड़ी चलाने वालों की हत्या कर अन्य

चालकों को भाग जाने हेतु विवश कर दिया। इसके बाद हजारों कबीलाई युवक आए और अनाज की बोरियां उठा-उठा कर भाग गए।"

"क्या इन गाड़ियों के साथ फौज के लोग नहीं थे।"

"हुजूर....। उनकी संख्या इतनी ज्यादा नहीं थी कि वे सैकड़ों घुड़सवार धाड़ेतियों का विरोध कर सके। समस्त सामग्री कुछ समय में ही लूट ली गई।"

"ये डकैत किस ओर से आए?"

"जी...., ये लोग जंगल में छिपे हुए थे और जंगल में ही लुप्त हो गए। हमें बताया गया कि डकैत लोग चारों ओर से आए थे।"

"और कुछ कहना चाहते हो?"

"बस यही निवेदन करना था।" गुप्तचर तो चला गया किन्तु मुहम्मद के मन में एक क्षोभ, एक अज्ञात भय, एक विवशता के बादल उठ खड़े हुए। उसने तत्काल सेना के पाँच-सात बड़े लोगों को बुलवाया और अपनी चिन्ता प्रकट की।

"अब आप ही बताएं, इस स्थिति में क्या किया जाए।" मुहम्मद ने पूछा।

"स्थिति बड़ी कठिन है।" एक अधेड़ और अनुभवी युद्ध विशेषज्ञ ने अपने विचार प्रकट करते हुए कहा- "आपको यह जानकारी तो है कि पिछले दस दिनों में हमारे खाने में घोड़ों का मांस पकाया जा रहा है। तकरीबन एक हजार घोड़े बीमार चल रहें हैं। अनाज बहुत ही कम रह गया है। घोड़े मर रहे है। यदि हम अपने घोड़ों को इसी प्रकार खाते रहे तो इस जंग का क्या होगा?"

"बात यहीं तक नहीं है।" दूसरे प्रमुख सरदार ने कहा- "यदि डाकुओं के होंसले बढ़ते गए, और हमारे शिविर की आपूर्तियां इसी प्रकार लुटती रही तो वह दिन दूर नहीं जब हम लोग इस पराए देश में अलग-थलग पड़ जाएँगें।"

"संभव है, इस स्थिति में हमारे सैनिकों का मनोबल भी टूट जाए।" एक अन्य अधिकारी ने कहा।

"क्यों न हम, उन डकैतों की मांद तक पहुँचे और सभी को जमीन में मिला दें।" एक अन्य व्यक्ति बोल पड़ा।

"स्थितियां और उसके विकल्प इतने आसान नहीं है।" मुहम्मद ने गहरे अंदाज में कहना शुरू किया- "यदि हम डकैतों का पीछा करते हैं तो हम किस ओर जाएँ, यह स्पष्ट नहीं है। यदि हमें पता लग भी जाए, तो आलोर से युद्ध करने का जो हमारा लक्ष्य है, उसका क्या होगा? भोजन की कमी है। घोड़े स्थान परिर्वतन एवं घास की किस्म बदल जाने से बीमार चल रहे हैं और मर रहे हैं। उस ओर दरिया

के पार आलोर में सेनाएँ तैयार हो रही है। बीच में यह दरिया है, जिसे पार करना कठिन लग रहा है। समस्याएँ एक नहीं है।"

"हुजूर! अच्छा हो, यदि हम खुरासान से कुछ मदद मांग लें।"

"हम खुरासान पर ही भरोसा कर सकते हैं। मैं, हमारे पूज्यं श्री हज्जाज को पत्र लिख चुका हूँ। सारी परिस्थितियों की जानकारी मैं उन्हें दे चुका हूँ। आप तो यह बताएँ कि खुरासान से रसद और घोड़ों को यहां तक आने में वक्त तो लगेगा ही, तब तक हम क्या करें?"

"क्या हम देवल की भांति यहां भी आस पास के लोगों को मारपीट कर अनाज इकट्ठा नहीं कर सकते हैं। आखिर संभावित भूख का कोई न कोई उपाय तो सोचना ही होगा।" अब तक चुप बैठे एक वजीर ने कहा।

"लूटपात भी अब संभव नहीं है। यदि हमने लूटपाट प्रारंभ की तो जो कोई श्रमण हमारी ओर मिल रहे हैं, जिन ठाकुरों को हमने खरीदा है, वे भी हमारा साथ छोड़ सकते हैं। इससे काफिरों को संगठित होने का आधार मिल जाएगा और यदि जनता ने हमारे विरूद्ध युद्ध छेड़ दिया तो हम कहीं के नहीं रहेंगे।"

"हुजूर! उस मोक्षवास का क्या हुआ।"

"अभी वह दो घोड़ों की सवारी कर रहा है। वह तय नहीं कर पा रहा है कि वह किस ओर जाए। हमारे सहयोगी श्री भण्डारक उसके पीछे लगे है। अभी थोड़ी बहुत भोजन सामग्री उसी के यहां से आ रही है। आप लोग भोजन सामग्री का अपव्यय नहीं करें और कुछ समय तक संयमित होकर, सेना का मनोबल बनाए रखें, यही कहने के लिए आपको यहां बुलवाया था। स्थितियाँ कठिन अवश्य हैं, परन्तु अभी पानी सिर के ऊपर से नहीं गुजरा है। हमारे कूटनीतिक प्रयास जारी है।"

सेना के प्रमुख लोगों के चेहरे उतर गए। भीतर को कुरेदते एक अज्ञात भय की ठंडी लहर सभी के मन में दौड़ गई। घर-बार, परिवार, गांव-गली-मोहल्ले, अपने-पराए, अपने देश के रीति-रिवाजों से दूर पड़े हैं, जहां उनका कोई नहीं है। शिविर के बाहर से आने वाली हवा तक में जहर का संदेश लगता है। आखिर क्या मिलेगा उन्हें? पैसा-दौलत-जागीर.....संभव है मिल जाय, परन्तु इसकी कीमत....? मृत्यु रोग, अंग भंग यातना..., यही तो लिखा है, सैनिकों के भाग्य में। जब सेना के प्रमुखों के अन्तस में ही ये प्रश्न तैरने लगे, तो मनोबल का टूटना यथार्थ था, अवश्यंभावी था। हताशा, आत्म प्रवंचन और कायरता के विषाणु वातावरण में फैलने लगे। मुहम्मद के दिलासा देने के बावजूद सैन्य प्रमुखों से ये बातें नहीं छिप सकी कि वह इन दिनों चिड़ चिड़े मिजाज का हो गया है। जल्दबाजी में निर्णय लेता

है। छोटे-मोटे अपराधों पर भी बड़ी सजा देने लगता है। और तो ओर, गुप्तचरों की सूचनाओं पर भी भभक पड़ता है। घोड़ों की स्थितियां दयनीय हो गई। यदि आलोर की सेनाएं दरिया पार करके आ गई तो लड़ना तक कठिन हो सकता है। चिन्ताओं का कोढ़ सभी को लग चुका था। निर्मूल आशंकाएँ सोते जागते पीछा नहीं छोड़ रही थी।

सैकड़ों कोस दूर बैठे हज्जाज को भी सूचनाएँ मिल रही थी। मुहम्मद का पत्र भी उसके पास पहुँच चुका था। उसके स्वयं के गुप्तचर भी सेना में थे, जो उस तक समस्त सूचनाएँ पहुँचाते रहते थे। उन निराशा के क्षणों में हज्जाज ने एक पत्र मुहम्मद बिन कासिम को भेजा-

"मेरे बेटे मुहम्मद!

तुम्हारा खत मिला। मुझे लगता है कि तुम इन दिनों निराशा के सागर में गोते लगा रहे हो। मेरा सुझाव है कि तुम इच्छा से काम न लेकर बुद्धि और विवेक से काम लो। मेरी हार्दिक इच्छा है कि तुम युद्ध में विजयी होओ और खुरासान की पूर्व दिशा के सभी शासकों को अपने अधीन करो। काफिरों को तबाह करो। तुम यह कार्य करने में शक्तिहीन क्यों हो गए हो? विलम्ब क्यों कर रहे हो? मुझे यह जानकारी है कि तुम में दुश्मन की चालों पर काबू पाने का सामर्थ्य है। मुझे आशा है कि शत्रु की चाल के षड़यंत्र विफल होंगे। वह (दाहर) चाहता है कि इस्लामी सेनाएँ वापस लौट जाएँ, किन्तु तुम्हें निरूत्साहित नहीं होना चाहिए। कितना ही खर्चा क्यों नहीं करना पड़े, वह तुम करो। जो भी तुमसे भूमि अथवा जागीरें मांगे, उनको निराश मत करो। उनकी प्रार्थना स्वीकार करो। उनको बड़े-बड़े पुरस्कार एवं उपहार दो। उन्हें लिखित में सुरक्षा का वचन देकर उन्हें उत्साहित करो। तुम्हें यह जानकारी होनी चाहिए कि शासन हाथियाने के चार रास्ते हैंः- प्रथम भलमन्साहत, शांति, नम्रता और सहमति। दूसरा उपाय है मुक्त हस्त से पैसा खर्च करना, भेंट देना आदि। यदि इससे भी बात नहीं बने और असहमति बनी रहे तो विवेक और बुद्धि से काम लेते हुए शीघ्र उपाय करना। चौथा उपाय है अपनी शक्ति और बल पर विश्वास रखकर शत्रु को वश में लाना और उसे धकेलने की योग्यता रखना। प्रयास यह करो कि देशी शासकों की ओर से जो भी मांगे आएें उनको आदर पूर्वक स्वीकार करो और उन्हें पक्का विश्वास दिलाकर राजी रखो।

इन सभी अपेक्षाओं के बावजूद मुझे तुम्हारा व्यवहार पसंद नहीं आता है। तुम्हारे व्यवहार से शत्रु तक तुम्हारी बुद्धिहीनता का संदेश पहुँचेगा। तुमने कितना समय दरिया के किनारे बैठे रहकर गँवा दिया है। तुम शत्रु के सम्मुख चुपचाप बैठे हो। यदि तुम्हारे मन में दाहर से युद्ध करने का विचार कम हो गया हो तो मुझे

अन्यथा सोचना पडेगा। मुझे वो उपाय करने पडेंगे जिससे तुम्हारी बुद्धिहीनता टूट सके। जब दाहर को तुम्हारी हीनता का एवं मूर्खता का पता लगेगा तो वह ओर हठी हो जाएगा। लोगों तक यह संदेश फैल जाएगा कि तुम संधि के प्रयास कर रहें हो। इससे तुम्हारी बुद्धि का दोष जग जाहिर हो जाएगा।

तुम आगे बढ़ने का मन बनाओ। खुदा सब खैर करेगा।

पत्र के साथ दो हजार घोड़े और नए सैनिकों का समूह भी साथ आ गया। मुहम्मद ने हज्जाज के पत्र को कई बार पढा। यह पत्र उसे नसीहत दे रहा है या उसके गाल पर थप्पड. का अहसास करा रहा हैं? क्या हज्जाज उसे सेनापति पद से हटा देगा? क्या उसने कोई वैकल्पिक व्यवस्था करली है? क्या उसके गुप्तचरों ने निराशा के माहौल की सूचना उसे दी है? उसे कैसे बताऊँ शत्रु के छापामार सैनिक हमें किस प्रकार तबाह कर रहे है? पशुओं के सूखे धास में सतर्कता के बावजूद कई बार आग लग चुकी हैं। और तो और खाना पकाने की सूखी लकड़ियाँ तक दो बार आग की भेंट चढ़ चुकी हैं। शिविर के चारों ओर के मार्गो पर शत्रु के लोगों का पहरा रहता है। हमारे लोग शिविर में बाहर निकलने में डरते हैं। वे सदा समूह में ही बाहर जा पाते हैं। अनाज की आपूर्ति बाधित हो रही हैं। सैनिकों, में यह भय भी फैलने लगा है, कि यदि वे मारे गए तो उनके परिवारों का क्या होगा? शत्रु के गुप्तचर दाहर की शूरवीरता के किस्से सुनाकर सैनिकों के मनोबल को भी तोड़ने का प्रयास कर रहे है। इधर सीरियाई सैनिकों, और सिन्धी सहायकों के बीच भी रस्साकशी चल पड़ी है। प्रत्येक समूह एक दूसरे को नीचा दिखाने की होड़ में अपनी अपनी ढ़पली और अपना अपना राग अलापने लगा हैं। दूसरी ओर मोक्षवास है, जो कभी हमारी और झुकता है, तो कभी दाहर की ओर। उसे शक्ति के बल पर दबाया भी नहीं जा सकता। विचारों में निराशा घुल रही थी। आशंकाओं की सघनतासे मुहम्मद का सिर फटा जा रहा था।

हज्जाज के पत्र से दो संदेश साफ - साफ दिखाई दे रहे थे। एक तो यह कि चाहे जितनी भी राशि खर्च की जाए, स्थानीय शासकों को खरीदकर, उन्हें लालच देकर या फुसलाकर अपनी ओर मिलाना है। दूसरा सत्य यह भी प्रकट हो रहा था कि एक जगह बैठे रहने की अपेक्षा सैनिकों को किसी अभियान में लगाना होगा अन्यथा निराशा, हताशा और कुण्ठा से सर्वनाश तक की स्थिति पैदा हो सकती हैं।

उसने भण्डारक को बुलाकर साफ साफ कह दिया कि मोक्षवास से बात कर वह यह सुनिश्चित करें कि वह सिन्धु को पार करने में उसकी सहायता करें। नदी के बीच में जो द्वीप हैं, और उस पर एक छोटा सा दुर्ग बना हुआ हैं , उस पर अधिकार करने का दायित्व वह स्वीकार करे। इस निमित्त जो भी सुविधा सेना से चाहे वह

उसे दी जा सकती है। यह कार्य अगले तीन दिनों में पूरा हो जाए, ऐसा सन्देश उस तक पहुँच जाए अन्यथा सेना कुछ भी कर सकती है। पचास दिनों तक यहां पड़ा रहना अब अखरने लगा है। सेना के लोग देवल जैसा ही यहां कुछ न कुछ कर बैठें, इससे पहले ही मोक्षमास को संभल जाना चाहिए।

मुहम्मद का सन्देश, आदेश ओर सुझाव स्पष्ट था, भण्डारक का मस्तिक अब परीक्षा के समय से गुजर रहा था, उसकी चिन्ता ओर भी बढ़ गई। यदि देवल जैसा नरसंहार यहां हुआ तो.......? वह भयाक्रांत होकर सीधा मोक्षवास के आवास पर पहुँचा और मुहम्मद की अप्रसन्नता का समाचार दिया। उसने साफ कहा कि या तो धन, पद और भूमि स्वीकार करो या सर्वनाश के लिए तैयार रहो। मोक्षवास चिन्ता में पड़ गया। क्या करे ओर क्या न करे? दुविधा से वह संतृप्त हो गया।

"आखिर आपके मन में निर्णय न करने के पीछे कारण क्या हैं?" भण्डारक ने पूछ लिया।

"कारण एक नहीं अनेक हैं।" मोक्षवास ने चिंतितभाव से उत्तर दिया।

"क्या आप मुझे , उन अनेक कारणों में से एक दो कारण मुझे बता सकते हैं?"

"भाई सबसे बडा भय महाराज दाहर का है। उन्होने मुझे क्या नहीं दिया? धन दौलत जागीर, सम्मान...... सब कुछ दिया। "मेरा नैतिक साहस नहीं है कि मैं महाराज दाहर के विरूद्ध जा सकूं।"

"और कोई कारण.......?"

"मेरे परिचित, मेरे मित्र और मेरी प्रजा, मेरे बारे में क्या सोचेगी? यदि मैं अरबों का साथ देता हूँ तो मैं सभी की नजरों से गिर जाऊँगा। में स्वयं अपनी नजरों से भी तो गिर सकता हूँ। मेरे परिवार के सदस्य तक मुझ से धृणा कर सकते है।"

"और जब नंगी तलवारें आपकी प्रजा की गर्दन काटेगी, जब आपकी बहन बेटियों के साथ खुलेआम अत्याचार होगा और आपकी संपदा लूटी जाएगी, तब क्या आपका मन शांत हो पाएगा। हजारों लोंगों का सड़क पर बहता रक्त क्या आपको सुख दे पाएगा?

"जो आप कर रहे है। वह भी एक सत्य स्वप्न है।" जो घटित हो सकता है।

"किन्तु उस दुःस्वप्न को तोड़ा जा सकता है। आप तबाही से लोगों को बचा सकते है।"

"कुछ सोचने का अवसर दो मित्र ......।"

“समय तो बहुत दिया जा चुका है। अब मुहम्मद का धैर्य टूटता जा रहा हैं।” उसके सैनिक अन्यथा कर बैठे, इसके पूर्व ही आपको निर्णय ले लेना है।

“सोचता हूँ....।” मोक्षवास उदासी के अंधकार में डूब गया।

“एक सुझाव अवश्य हैं। भगवान बुद्ध ने और महावीर ने मध्यम मार्ग को पकड़ने की बात कही थी, क्या आप ऐसा कोई तरीका नही सोच सकते हैं, जिससे सांप भी मर जाए और लाठी भी ना टूटे।”

“उपाय तो है, पर डर हैं कि समाज क्या कहेगा?

“हम समाज को मृत्यु से बचानें का ही तो प्रयास सोच रहे हैं।” भण्डारक ने मोक्षवास के चेहरे पर आते जाते भावों को पढने का प्रयत्न किया। कुछ क्षण यों ही बीत गए। सहसा मोक्षवास उठा और इधर से उधर चक्कर सा लगाने लगा। भण्डारक ने भी मौन साध लिया और देखता रहा मोक्षवास की गतिविधियों को। सहसा मोक्षवास रूका और भण्डारक के समीप आकर कहने लगा-

“आप मेरे सन्देश मुहम्मद तक पहुँचा देना। अन्य किसी भी व्यक्ति को इसकी जानकारी नहीं हो।”

“आप निश्चिंत रहें।”

“कल की संध्या के समय मैं और मेरी जागीर के बीस ठाकुर इस दुर्ग के उत्तरी द्वार से निकलकर पुरूषपुर की ओर जाने वाले मार्ग पर जांएगे। कुछ दूर जाने पर एक जंगल आता हैं। आप मुहम्मद से कहें कि उसके सैनिक वहां पहले से छिपे रहें। जैसे ही हम वहां पहुँचे, हमें घेर लिया जाए और बंदी बना लिया जाए।”

“आपका संदेश मुहम्मद तक पहुँचा दिया जाएगा, किन्तु आप बताएँ कि आप ऐसा क्यों करना चाहते हैं?

“इसलिये कि लोगो तक यह संदेश पहुँचे कि मोक्षवास ने अरब सेना के समक्ष समर्पण नहीं किया। वह तो दाहिर का हितैषी था, किन्तु उसे गिरफ्तार कर लिया गया।”

“वाह, आपने तो भगवान बुद्ध के मध्यम मार्ग को खोज निकाला।”

“भाई, ध्यान रखना, यह रहस्य या तो मैं जानता हूँ या आप। अब तीसरा व्यक्ति केवल मुहम्मद ही होगा जिसे इस योजना का पता होगा। “

“अवश्य..........। आप जैसा चाहते हैं, वैसा ही होगा। अब आप मुझे आज्ञा दें।” भण्डारक चला गया।

जिसे हम नियति, भाग्य या प्रारब्ध कहते हैं, वही भारतवर्ष के साथ एक प्रहसन कर गया। मोक्षवास और उसके समर्थक बीस ठाकुरों को अगले दिन रात्रि के प्रथम पहर में अरब सैनिकों द्वारा पकड़ लिया गया। भारत का स्वाभिमान, स्वामी भक्ति और साहस का भाव योजनानुसार समर्पण कर गया। मोक्षवास और भण्डारक जैसे श्रृगांल वृति के राज्याश्रयी लोगों की पक्ष परिवर्तन की वृति एक दूसरे विभीषण का अध्याय दोहरा गयी। व्यक्ति का स्वार्थ, समाज से ऊपर हो गया। देश, राष्ट्र और राज्य के प्रति निष्ठा के भाव पराभूत हो गए, स्वयं के सत्ता सुख की चौखट पर। स्मरण रहे कि इस अवसर पर कोई किसान, कोई दरिद्री, कोई मजदूर नहीं बिका था। बिका हुआ व्यक्ति था- प्रबुद्ध-प्रशासक और सत्ता शीर्ष का एक स्तंभ। इतिहास साक्षी हैं कि धोखा देने वाला सदा बड़ा आदमी ही दिखेगा, जिसने देश धर्म जाति और समाज जैसे विस्तृत महासागरों की तुलना में स्वयं के स्वार्थो के अंधकूपों को अधिक महत्त्वपूर्ण समझा हैं। बिकने वाला व्यक्ति सदा से ऊँचा, बड़ा या सम्पन्न व्यक्ति ही रहा हैं।

मिर्जा कलीच बेग द्वारा लिखित चचनामा के अनुसार मोक्षवास का अरब सैन्य शिविर में स्वागत किया गया। इस लेखक के शब्दों में- "मुहम्मद बिन कासिम ने मोका बसाया (मोक्षवास पुत्र बसाया) को बेटे का परगना उसके निजी राज्य के रूप में दे दिया और उसकी प्रार्थना पर इस बात का लिखित पट्टा अपने हस्ताक्षर से बना दिया। उसे एक लाख दरहम, एक हरा मयूर छत्र, एक सिंहासन एवं एक सरोपा भेंट स्वरूप दिया। उसके सभी ठाकुरों को भी उसने सम्मानजनक वस्त्र, घोड़े आदि अनेक वस्तुँए भेट स्वरूप दी। उन्हें हर तरह से प्रसन्न किया।"

इस प्रकार सिन्ध के पतन का प्रमुख द्वार ध्वस्त हो गया। इस सम्मान, जागीर और भेंट के बदले में मोक्षवास से अपेक्षा की गई कि वह सिन्धु नदी को पार करने की योजना को क्रियान्वित करें। डॉ. नबीबक्ष बलोच ने अपने पुस्तक "फतहनामा सिन्ध" में लिखा हैं कि- "मुहम्म्द बिन कासिम ने मोका पुत्र बसाया को बुलाकर कहा कि दरया पार करने की योजना सोचनी चाहिए।"

मोक्षवास का शासन सिन्धु तट के बेटे परगने पर था। राजधानी आलोर तक सिन्धु नदी के पश्चिमी भाग से पहुँचने वाली रसद एवं अन्य सामग्रियों की आपूर्ति इसी स्थान से हुआ करती थी। मोक्षवास के नियन्त्रण में सेकड़ो नावों का बेड़ा था। देश-विदेश से नावों के माध्यम से होने वाली समस्त व्यापारिक गतिविधियों का प्रमुख संचालक मोक्षवास ही था। उसने योजना बनाई। अपने कुशल मल्लाहों को बुलाकर उसने आदेश दिया कि नदी के बीच के द्वीप तक की लम्बाई को नापा पाए। इस द्वीप पर एक सुदृढ़ दुर्ग बना हुआ था। नदी पार करने के लिए द्वीप

दुर्ग से होकर ही जाना संभव होता था। इस दुर्ग के आगे भी सिन्धु का जल बहता हैं। सम्पूर्ण सिन्धु नदी की चैड़ाई की गणना का कार्य ही सर्वप्रथम पूरा किया गया।

महाराज दाहर भी सतर्क था। उसे पता लग चुका था कि मोक्षवास ने पक्ष परिवर्तन कर दिया हैं। इस घटना की सर्वत्र निन्दा हुई। दाहिर के दरबार में जब मोक्षवास की काली करतूत का कारनामा कहा जा रहा था, उस समय मोक्षवास का भाई जिसे इतिहासकार रासिल के नाम से पुकारते हैं, सबसे पहले खड़ा हुआ, और कहने लगा - "हुजूर, मेरे भाई ने देशद्रोह किया हैं। उसने हमारे परिवार को कहीं भी मुँह दिखाने के योग्य नहीं रखा हैं। उस परिवार का सदस्य होने के कारण मुझे जिस किसी दंड के योग्य समझा जाए, उसे मैं सहर्ष स्वीकार करूँगा .

"इस दरबार में न्याय किया जाता हैं। जब आपका कोई अपराध ही नहीं हैं, तो आपको दंड कैसे दिया जा सकता हैं?" प्रमुख न्यायाधीश ने तत्काल व्यवस्था दी।

"अपराध देश की अस्मिता को मिटाने का हैं। अपराध देश को बेच देने जैसा है। अपराध अपने पालनहार राजधिराज के विरुद्ध षड्यंत्र रचने का है। अपराध देश के शत्रुओ के साथ सहयोग करने कहा हैं। शत्रुओं के देश में तो परम्परा हैं कि ऐसे अपराधी के परिवार को समूल नष्ट किया जाता हैं, मैं भी उस विद्रोही परिवार का सदस्य हूं। हुजूर! मुझे सजा दी जाय यही प्रार्थना करता हूं", रासिल की देशभक्ति आक्रोशित भाव से प्रकट हो रही थी।

"उनके देश की न्याय व्यवस्था हमारे देश में स्वीकार किए जाने की परम्परा नहीं हैं। आप इस देश एवं राजा के प्रति समर्पित हैं। आपने कोई अपराध नहीं किया। आप निश्चित रहें"। एक वरिष्ठ मंत्री ने रासिल को संकेत कर, बैंठ जाने का आग्रह किया। "मेरे कलंकित भाई के कार्यों से में शर्मिन्दा हूं।" कहता हुआ वह सभा को नमन करता हुआ बैठ गया।

"नदी में तैरती नावों की क्या स्थिति हैं? "महाराज दाहिर ने विषय बदलते हुए पूछा। इस पर देश का वितमंत्री खड़ा हुआ और कहने लगा -

"श्रीमान्! अब तक नावों की आवाजाही पर बेट का जागीरदार निगाह रखता था। यह जागीरदार स्वंय मोक्षवास था। हमारी जानकारी के अनुसार लगभग सभी नावें उसने अपने अधिकार में कर ली हैं। यह भी संभव हैं कि शत्रुओं की सेना , इन नावों के माध्यम से दरिया पार करने का प्रयत्न करें"।

"यदि ऐसा हुआ तो हमारे सेनापति जी को तैयार रहना चाहिये"। महाराज दाहर ने एक तरह से युद्ध की घोषणा कर दी।

"हमारे धनुर्धर उनकी योजना को ध्वस्त करने के लिए तत्पर हैं। इसी क्रम में मेरा यह भी निवेदन हैं कि नदी के बीच जो हमारा जलदुर्ग बना हुआ हैं, वहां हमें एक सशक्त सेनापति को नियुक्ति कर देना चाहिए। यदि उन्होंने नावों का प्रयोग किया तो नदी के बीच का दुर्ग हमारा सबसे बड़ा सहायक होगा"। युवराज जयसिंह भी बिना बोले नहीं रह सका। इसी क्रम में सेनापति भी कहने लगा -

"क्या, और कोई विकल्प नहीं हैं , नावों को एकत्रित करने का या उनकी नावों को दरिया में डुबोने का? यदि यह सभा अनुमति दे सके, तो ऐसा प्रयत्न हमें करना चाहिए।"

आप सेनापति हैं। देश पर युद्ध थोपा जा रहा है। हमें ऐसे अवसर पर वही सब कुछ करना चाहिए, जो देश और समाज के हित में हो। आप जो भी करना चाहें, करें।" महाराज दाहर के आदेश से सेनापति मुस्करा उठा।

"अब एक ही प्रश्न शेष है। नदी के बीच स्थित द्वीप दुर्ग का भार किसे सौंपा जाए?" वृद्ध मंत्री ने प्रसंग उठाया। कुछ क्षणों तक इधर-उधर की बातें चलती रहीं। अंततः युवराज जयसिंह ने सुझाव दिया-

"क्या श्री मोक्षवास के भाई श्री रासिल को अपने परिवार पर लगे देशद्रोह के कलंक को धोने का अवसर दिया जाना चाहिए?"

"क्यों नहीं.....?" सेनापति ने कुँवर जयसिंह का समर्थन किया।

"श्री रासिल! आप क्या कहना चाहेंगे?" महाराज दाहर ने पूछा।

"यदि यह सभा मुझ पर भरोसा करती है, तो जो भी राजकार्य मुझे सौंपा जाएगा, मैं पूर्ण निष्ठा के साथ उस कार्य को पूरा करूँगा। आप अवसर देकर देखें और मुझे परखें।" रासिल के कथन में विश्वास भरा था। दाहर ने भी सोचा कि एक प्रमुख बौद्ध को यदि दायित्त्व नहीं दिया गया, तो लोगों तक बौद्धों के प्रति राज्य का संकुचित संदेश ही जाएगा। अतः उसने भी श्री रासिल की जलदुर्ग के अधिकारी के रूप में की जाने वाली नियुक्ति में सहमति दे दी। रासिल गद् गद् हो गया। उसने विगलित स्वरों में कहा- "महाराज एवं इस सभा ने मुझ पर भरोसा किया है। मैं विश्वास दिलाता हूँ कि राज्य, समाज और महाराज के सम्मान के लिए मैं सब कुछ दाँव पर लगा दूँगा। शत्रु सेना नदी पार नहीं कर पाएगी, यह मेरा वचन रहा।"

सभा में उपस्थित सभासदों के चेहरे खिल उठे। वहां उपस्थित बौद्धों, जैन समाज के अधिकारियों एवं अलाफियों के मन में महाराज दाहर की न्याय प्रियता, असंबद्धता और उदारता के भाव अंकित हो गए। सभी ने मुक्त कंठ से महाराज की महिमा की प्रशंसा की। दरबार खत्म हुआ।

19

"हूँ...... हूँ...... छप...... छप......।"

"प्रहरी! यह ध्वनि, और इतनी रात गए......? कोई जलजीव है या कोई मानव......? दौड़कर जाओ, तट पर......।"

"जी.....।" इस एक शब्द के साथ ही दुर्ग की विशाल फाटक में बनी खिड़की से एक प्रहरी बाहर आया और दौड़ पड़ा नदी तट पर बने घाट की ओर। सर्द रात में अलाव तापते प्रहरी को दौड़कर भागना पड़ा। यह कैसा जीवन है? अन्य लोग अपनी रजाइयों में दुबके पड़ें होंगे, और उसे नदी की ओर से आ रही ठंडी हवा में दौड़ना पड़ रहा है। द्वार रक्षक दल का प्रमुख तो आराम से आग ताप रहा है। राजा दाहर अपने महल में सो रहा है। इस जल दुर्ग का अधिपति रासिल भी आराम कर रहा होगा, और इस सेवक को भागना पड़ रहा है। आखिर नौकरी का सवाल है। मन ही मन बड़बड़ाता प्रहरी दौड़ा जा रहा था तट की ओर। तट तक पहुँच, सीढ़ियों पर खड़ा हो उसने सिन्धु के प्रवाह को तीक्ष्ण दृष्टि से देखा।

एक नौका दिखाई दी। उसने पेड़ की आड़ लेकर नौका की ओर अपना ध्यान केन्द्रित किया। यदि कोई शत्रु हुआ तो? यदि आठ दस धनुर्धर हुए तो....? संशय और संशय की कोख में पलता संभाव्य भय खदबदाने लगा। वह एकाकी था। उसका हाथ कमर में बंधी तलवार पर अनायास ही चला गया। स्वयं के प्राणों की चिन्ता प्रतिक्षण बढ़ती जा रही थी। नौका भी इसी घाट पर धीरे-धीरे समीप आती जा रही थी। प्रहरी ने दुर्ग के द्वार तक की दूरी पर ध्यान दिया। यदि नाव पर सवार लोगों ने उस पर आक्रमण किया तो वह द्वार तक भाग कर जाना चाहेगा। कितना समय लगेगा? यदि आक्रमणकारियों ने बाण चलाए, तो वह मार्ग के किन-किन पेड़ों का चक्कर लगाकर द्वार तक पहुँचेगा। भय के कारण सुरक्षा की चिन्ता में मस्तिष्क कई विकल्प प्रस्तुत करने लगा।

नौका आई। तीन महिलाओं की काली मूर्तियाँ, नाव से उतरी। महिलाएँ शाल से आवृत्त थी। एक पुरुष आकार भी नाव से उतरा। थोड़ा बहुत सामान रहा होगा, उसे पुरुष ने उठाया और चारों प्राणी तटवर्ती सीढ़ियाँ चढ़ने लगे। आगे आगे पुरुष था और पीछे स्त्रियाँ आ रही थी। प्रहरी ने बिना आहट के स्वयं को वृक्षों के समूह में

छिपा दिया। आगत समूह चढ़ता गया और दुर्ग के मुख्य द्वार की ओर बढ़ गया। प्रहरी सोच में पड़ गया। होना तो यह चाहिए था कि वह दौड़ कर द्वार रक्षक दल के मुखिया को आने वालों की सूचना देगा, किन्तु अब तो देर हो चुकी थी। आने वाला दल ही जब आगे बढ़ गया तो वह क्या करे......? उसके मस्तिष्क में एक विचार आया। वह स्वयं को छिपाते हुए तट की ओर पेड़ों की आड़ में चलता हुआ नीचे उतरा। वह, दृश्य देखकर ठिठका। चार बलिष्ठ पुरुष लकड़ी की एक बड़ी संदूक को उतार रहे थे। इनके पास जमीन खोदने के फावड़े भी थे। सीढ़ियों से हट कर कुछ दूरी पर उन्होंने जमीन को खोदा और लकड़ी के बक्से को गड्ढे में दबाकर उस पर झाड़ियों का कचरा फैला दिया। प्रहरी दम साधे सारा दृश्य देखता रहा। सभी बलिष्ठ व्यक्ति नाव में बैठे और नाव पुनः लौट पड़ी।

प्रहरी क्या करे? क्या वह स्वयं उस संदूक को निकाल ले? यदि वह वस्तु भारी हुई तो वह कैसे ले जाएगा , कहाँ ले जाएगा? वह इस सत्य को किसे कहे? यदि संदूक में स्वर्णरत्न आदि हुए तो....... , उसे क्या मिलेगा? प्रश्नों और उसके समाधानों का प्रवाह अनन्त गति से बह रहा था। पेड़ की आड़ में खड़े- खड़े कितना समय निकल गया, इसका उसे पता ही नहीं रहा। नदी की ओर से आया ठंडी हवा का झोंका, उसे स्मरण करा गया कि वह कहां खड़ा है।

वह लौट पड़ा। रहस्य का उद्घाटन उसकी मृत्यु का कारण भी तो बन सकता है....? एक नया संशय छा गया - मन, मस्तिष्क पर। धीरे-धीरे वह द्वार तक आया। बंद द्वार की खिड़की के पास आकर उसने धीरे से अपने नायक को पुकारा। खिड़की की सांकल बजी। वह धीरे से द्वार के भीतर चला गया। नायक, आग के पास एक लड़की की तिपाई पर बैठा था। उसने तत्काल पूछा - "इतनी देर कैसे लगाई प्रहरी....?"

"जी.... जी....। तीन औरतों और एक पुरुष को नाव से उतर कर इस ओर आते हुए देखा। इसके बाद मेरे पेट में कुछ देर से चल रही अपच की गड़गड़ की शंका का निवारण करने हेतु शौच चला गया।"

"ये लोग कौन थे?"

"जी ...., मैंने इनसे पूछा नहीं। मैंने सोचा, ये द्वार पर जाएँगे और आपसे बात करेंगे ही महिलाएँ थी, इसलिए कोई खतरा भी नहीं था।"

"ठीक है। जो कुछ तुमने देखा उसे भूल जाओ।"

"जी .... बहुत अच्छा।" प्रहरी की जिहवा तो बंद हो गई किन्तु तर्क उमड़ने लगे। ये कौन थे? नायक का इस रहस्य से क्या सम्बन्ध है? उसने स्वयं के बारे में निर्णय लिया और कहने लगा-

सरदार! मेरा पेट अभी भी शाँत नहीं है। आप यदि आज्ञा दें तो समीप में जो साधु की धूणी है वहाँ चला जाऊँ और विश्राम करूँ।" नायक ने कुछ क्षण सोचा और हाँ" कहकर उसे जाने के संकेत दे दिया। प्रहरी समीपस्थ एक़ बाबा की धूणी पर चला गया।

राख को अपने शरीर पर लपेटने वाला यह साधु सदा सर्वदा एक कोपीन में ही रहता था। बाबा धूणी के पास ही गोबर से लिपे आंगन में सो रहा था। प्रहरी ने अलख निरंजन की ध्वनि कर फाटक खोली और धूणी के समीप पहुँच गया।

"महाराज! प्रणाम।"

"कौन है भाई" ए बाबा उठ बैठा और आँख मलते हुए पूछने लगा-" आवाज तो पहचानी हुई लगती है।"

"बाबा मैं मोहनसिंह।"

"अच्छा....अच्छा। मुख्य द्वार का प्रहरी....। आ जाओ बाहर बहुत ठंड है। थोड़ा गरम हो लो। बाबा का स्वर स्नेहयुक्त था। प्रहरी धूणी के समीप बैठ गया और हाथ लम्बे कर तापने लगा।

"क्या बात है मोहनसिंह आज थके हुए लग रहे हो। कहीं दूर से आए हो क्या?"

"नहीं तो....। वैसे ही कुछ समय से बेचैनी महसूस कर रहा था इसलिए सोचा कि आपके पास आ जाऊँ।"

"यह तो बहुत अच्छा किया, कि तुम यहां आ गए। यह धूणी मेरी तो है नहीं। लकड़ी आप लाते हैं आटा दाल आप देते हो, यहां के आस पास की सफाई आप करते हो। यह आपका घर है। कोई भी आए और यहाँ रूके मुझे कोई एतराज नहीं है। तुम बेचैनी की बात कह रहे थे।

"बात ही कुछ ऐसी हो गई कहूँ या ना कहूँ.... बड़ी दुविधा में हूँ।"

"मन की चिन्ता को बताने मे कोई हर्ज नहीं है। इससे मन हल्का हो जाता है।"

"महाराज! कह तो दूँ पर भय लगता है।"

"कैसा भय? किसका भय? बिना किसी संकोच के कह डालो।"

"संत जी! यदि यह बात फैल जाए तो मेरा सिर काटने में कोई भी देरी नहीं करेगा।" प्रहरी कह तो गया किन्तु जब उसकी दृष्टि कुछ दूर सोए एक ओर आदमी की ओर चली गई तो वह सकपका गया।

"डरो नहीं....।" संत ने प्रहरी की मनःस्थिति पढ़ने हुए कहना जारी रखा- यह व्यक्ति अपना ही आत्मीयजन है। इसमें और मुझमें कोई अंतर नहीं है। हम

दोनों महात्मा हारीत के शिष्य है। इनकी पहूँच सीधी महाराज दाहर तक है। यदि कोई राजकीय संकट आने की संभावना हो तो इससे बड़ा सहायक और कोई नहीं हो सकता है। मैं उसे भी बुला लेता हूँ। बाबा ने जोर की आवाज लगाई- "अलख निरंजन!"

"अलख निरंजन", सोया हुआ पथिक जग गया और कंबल को शरीर पर लपेटते हुए वह धूणी के पास आ गया।

"अब कहो मोहनसिंह! बिना भय के जो भी कहना चाहो सत्य सत्य कह दो। बाबा के विश्वास पर प्रहरी ने समस्त घटना को कह सुनाया। बाबा और पास बैठे व्यक्ति ने कहा- मोहनसिंह जी! कही नाव मिल सकती है?"

"नाव तो घाट पर मिल जाएगी किन्तु मल्लाह और डांड मिलना कठिन है। मोहनसिंह ने आश्चर्यपूर्वक कहा- परन्तु अभी नाव की आवश्यकता क्यों है?"

"खतरा मंडरा रहा है। हमें तुरन्त आलोर जाना होगा। तुम भी साथ आओगे क्योंकि सबसे पहले तुम्हें ही खोजा जाएगा।" साथ वाले की बात सुनकर प्रहरी घबरा सा गया।

"तुम चिन्ता नहीं करो" बाबा उठा। उसने एक सेवक को आवाज लगाई। आपस में कुछ क्षण गुप्त बातचीत हुई और दल चल पड़ा। आगे-आगे बाबा चल रहा था, बीच में दीपक को आवृत्त करने वाली एक ढिवरी पकड़े बाबा का गुरूभाई था। उसके पीछे मोहनसिंह का हाथ पकड़े का एक सेवक था। द्वार के समीप जाने के पर बाबा ही बोला- श्नायक! द्वार की खिड़की खोले। मोहनसिंह के पेट में दर्द है। इसे शौच के लिए बाहर ले जाना पड़ेगा।"

बाबा! आप क्यों कष्ट करते हो। मैं ही किसी सेवक को भेज देता हूँ। नायक ने सुझाव दिया।

"भाई, इसके साथ ही हम भी निपट आएँगे। आधी रात तो बीत ही चुकी है।" बाबा के कथन के बाद खिड़की खुली और बाबा का समूह बाहर चला गया। मोहनसिंह की निशान देही पर संदूक निकाली गई और समीप में बंधी नावों में से एक को खोला गया। हाथ की लाठियों के किनारे झाड़ियों के गुच्छे बांध कर उसे डांड का रूप दिया गया। बाबा सहित सभी लोग नाव में बैठकर राजधानी की ओर चल पड़े।

जल दुर्ग में पहुँची महिलाएँ जब दुर्ग के राजभवन में पहुँची तो वहां राजनैतिक खिचड़ी पकने लगी। इन महिलाओं में प्रमुख थी मोक्षवास की पत्नि और उसकी दो सेविकाएँ और साथ आया था सुगठित व्यक्तित्व का धनी एक सेवक। जिस प्रकार

श्री मोक्षवास की राज्य निष्ठा बदलने हेतु स्वजातीय भण्डारक ने प्रयत्न प्रारंभ किया वही भूमिका अब मोक्षवास की पत्नि ने प्रारंभ की। अपने देवर श्री रासिल और भाभी के बीच उस रात मंत्रणा हुई।

श्री रासिल की पत्नि और भाभी ने इस तथ्य की ओर बल दिया कि अरब सेना के साथ समझौता करने में ही लाभ है। भाभी का तर्क था-

"यदि आपने अरबों के साथ सहयोग नहीं किया तो आपका भविष्य समाप्त ही समझें।"

"क्यों....? बाहर से आने वाली सेना इतनी महत्त्वपूर्ण कैसे हो गई?" रासिल ने पूछा। रासिल को यह भी अच्छा नहीं लगा कि आधी रात को भाभी स्वयं अरबों का संदेश लेकर आएगी।

"देवर जी! ठंडे मस्तिष्क से सोचें। अब तक अरब सेना को कोई नहीं रोक पाया। ये सेनाएँ सिन्ध देश के हृदय स्थल तक पहुँच गई। यदि राजा दाहर में सामर्थ्य होता तो अब तक इन्हें भगा दिया होता।"

"अब तक युद्ध भी कहां हुआ है....? मात्र एक डर फैला हुआ है सेना का।

जब भी इन सेनाओं को राजा दाहर से टकराना पड़ेगा तब इन बाहरी लोगों का भागना तक कठिन हो जाएगा।"

"श्री रासिल भाई! आप यह क्यों नहीं देख पाते हैं कि देवल से लेकर सिन्धु नदी के उस पार तक के सभी ठाकुरों सामन्तों ठिकानेदारों ने अरब सेना के समक्ष आत्मसमर्पण कर दिया है। अकेला राजा दाहर क्या कर लेगा?"

"हम सदियों से इस धरती पर रह रहे हैं। कोई बाहरी व्यक्ति आकर यहां अधिकार करले और हम यहां देखते रहें यह कैसे संभव है?" रासिल का तर्क तेज स्वर से गूँजा।

"आने वालों के अधिकार को चुनौतियाँ कौन देगा? हम यदि जीवित ही नहीं बचे, हमारी संताने हमारे सामने ही काट दी जायँ तो फिर अरबों के आधिपत्य को कौन ललकारेगा? इसलिए समय की मांग है कि हम जीवित रहें, हमारी संतति जीवित रहे और समय आने पर प्रतिरोध करे।" भाभी का कथन अभी पूरा हुआ ही नहीं था कि श्री रासिल की पत्नि ने आँसू बहाते हुए कहा भाभी! मेरे पुत्रों और पुत्रियों को बचा लीजिए।" अपने पति की ओर संकेत करते हुए उसने कहा इनके सिर पर चढ़ा राजा दाहर का भूत नहीं उतरेगा। मैं अपने बच्चों के साथ आपके पास रहना चाहूँगी।" आँसुओं और सुबकियों की आक्रामकता ने रासिल को सोचने हेतु विवश कर दिया। वह चुप हो गया किन्तु भाभी ने कहना जारी रखा-

"मैं इसीलिए आई हूँ। अरब सेनापति ने आपके लिए बड़ी मात्रा में धनराशि भेजी है। एक बड़ी सी संदूक नावघाट के समीप दबाई हुई है। मुख्य द्वार के प्रहरियों को पता नहीं लगे, इस कारण उसे दुर्ग के बाहर ही रखा गया है। आप अपने आदमी भेजकर उसे मंगवालें। उसमें पर्याप्त मात्रा में सोना और रत्न भरे पड़े हैं। इसी क्रम में यह भी कहूँगी कि अरब सेना आपको एक स्वतंत्र राज्य का राजा भी मानने को तैयार है।"

"वह तो सब ठीक ही है। किन्तु मेरा मन आपके प्रस्ताव को स्वीकारना नहीं चाहता है।" रासिल के उत्तर पर भाभी कहने लगी-

"आप दुबारा विचार करें। अभी का करणीय यह है कि बच्चों बच्चियों और देवरानी जी को मेरे साथ भिजवायें। इनका बाल भी बांका नहीं होगा। हमारे लिए तत्काल नाव की व्यवस्था करें ताकि हम अभी प्रस्थान कर सकें।

"ऐसी भी क्या जल्दी है?"

"यह रात बहुत महत्पूर्ण है। मुझे अभी ही लौटना है।" भाभी तो चुप हो गई किन्तु रासिल की पत्नि ने रोना धोना शुरू कर दिया। रासिल के पुत्र और पुत्रियाँ भी वहाँ एकत्रित हो गए। अंततः यह तय रहा कि रासिल के परिवार के सदस्य भाभी के साथ अरब शिविर में चले जाँए। रासिल स्वयं अपने परिवार के साथ उस घाट पर आया जहां नावों का समूह तैरता रहता था। नाविकों को उनके घरों से बुलवाया गया। नाव-घाट से निशान देही के आधार पर ठीक पचास कदम दूर कदम्ब के पेड़ के नीचे गाड़ी गई लकड़ी की संदूक को ढूँढा गया किन्तु वहां सिवाय खुदी हुई मिट्टी के ओर कुछ नहीं मिला। मुख्य द्वार के रक्षक ने बताया कि एक प्रहरी और बाबाजी के साथ दो व्यक्ति कुछ समयपूर्व ही द्वार से निकले थे, किन्तु वे लौटकर नहीं आए। रासिल को भेजी गई भेंट सामग्री कौन ले गया और कहां ले गयाॉ यह अब खोज का विषय था। सभी को विदाकर रासिल दुर्ग की ओर जब लौटा रहा था, तब उसने मन ही मन सोचा- श्पत्नि गई, बच्चे गए और धन भी चला गया। उसका शरीर बचा था। क्या सम्बन्धों सम्पति और निष्ठाओं में ऐसे ही बदलाव आते है? क्या अपने और परायों के बीच सम्बन्धों की रेखाएँ इसी प्रकार से बनती बिगड़ती हैं? थका हारा रासिल उस सर्द रात की सुबह के धुँधलके में लौटना ही चाहता था कि तट की ओर तेजी से अरबी नाव की ओर उसका ध्यान गया। उसके पाँव ठिठक गए। उसने साथ खड़े सैनिकों को संकेत कर रूकने का आग्रह किया-

नाव बड़ी थी। उस नाव से एक चेहरे ने हाथ उठाकर पुकारा- रासिल....?"

स्वर परिचित लगा। अंधेरे में पहचाना जाना कठिन था। उसने पूछा .... कौन?"

"मैं भण्डारक।"

"अच्छा-अच्छा....। आओ....।" साथ खड़े सुरक्षा कर्मी कुछ दूर हट गए। जब बड़े आदमी आपस में मिलते हों तो पास खडे रहना शिष्टता भी तो नहीं कही जाती है। नाव समीप आई और तट पर लगी। नाविक ने नाव से सीढियों पर कूद कर नाव की रस्सी को पकड़ा। नाव सीढ़ियों के नीचे के भाग से धीरे से टकराई और रूक गई। भण्डारक ने रासिल को नाव पर ही आने का संकेत कर कहा-

"भाई! केवल दो क्षण बात करनी है। तुम ही यहां आ जाओं। रासिल उम्र में छोटा था। पद में भी वह कनिष्ठ था अतः न चाहते हुए भी वह नाव पर चला गया। नाव थोड़ी सी हिली। नाविक भी पुनः नाव पर चला गया और उसने संकेत से मल्लाहों को नाव खेने का आदेश दिया।

तट पर खड़े सुरक्षा कर्मी समझ ही नहीं पाए कि रासिल उस नाव पर क्यों गया और कहाँ गया? नाव तट से दूर चली गई। नाव लौटकर नहीं आई। एक प्रहर तक सुरक्षा कर्मी प्रतीक्षा करते रहे। सूरज उग आया था। मछुआरे स्नानार्थी एवं पानी भरने वाली स्त्रियाँ घाटों पर आने जाने लगी थी। सिपाहियों ने दुर्ग के अन्य अधिकारियों को सूचनाएँ दी और अंततः सूचना महाराज दाहर तक पहुँची।

"श्महाराज! के कक्ष में युवराज जयसिंह, युवराज गोपी कृष्ण, हारीत ऋषि का शिष्य अमृत आपस में चर्चा कर रहे थे। सूचना सुनकर सभी के चेहरे फीके पड़ गए। अमृत ने मुस्कराते हुए कहा-

"महाराज! आप क्षुब्ध न हों। कुत्तो की पूंछ सदा टेड़ी ही रहती आई है। आपने बौद्धों के प्रति करुणा का भाव रखा। राज्य के हितों के विपरीत जाने पर भी आपने उनके प्रति शत्रुभाव नहीं रखा। यह आपका बड़प्पन था, किन्तु उन्होंने आपकी सदाशयता की ओर कभी ध्यान नहीं दिया।"

अमृत जी! सत्ता शीर्ष पर बैठकर हमें न्याय के मार्ग पर ही चलना होता है। जब तक व्यक्ति अपराधी सिद्ध नहीं हो जाता उसके प्रति धारणा बना लेना उचित नहीं है। रासिल पर केवल इस आधार पर संदेह करना कि वह बौद्ध है। वह देवल के बौद्धों का मित्र है, या मोक्षवास का भाई है उपयुक्त सोच नहीं है। महाराज दाहर ने कह तो दिया, तथापि उसका अंतर्मन उसके साथ नहीं था। किसी न किसी कोने में बौद्धों के मन में बैठे ब्राह्मण विरोधी भावों को वह समझता था किन्तु राजा की मार्यादा उसे" निज मन की व्यथा मन ही राखो गोय" की अवधारणा के कारण बाँधे हुई थी।

"त्रुटियां मुझसे हुई है। मैने जलदुर्ग की रक्षा का भार श्री रासिल को सौंपने का सुझाव दिया तब, मेरे मन में भी यह भाव था कि संभव है श्री रासिल के माध्यम से बौद्ध प्रजा में इस विचार का संदेश पहुँचेगा कि हमारा राज्य बौद्धों का शत्रु नहीं है।" युवराज जयसिंह ने पश्चाताप के स्वरों में कहा।

"युवराज!" इस बार अमृत ने वार्तासूत्रों को अपने हाथ में लेते हुए कहना शुरू किया- इस समय क्या हुआ, किससे कहां चूक हुई यह सोचने का समय नहीं है। आगे के करणीय पर विचार करें। श्री मोक्षवास और श्री रासिल अरब खेमे में है। मेरी सूचना के अनुसार आलोर में बैठी अलाफियों की छोटी सी सेना अरब हितों पर अधिक ध्यान देगी अतः सर्वप्रथम अपने लोगों को उनकी गतिविधियों पर दृष्टि रखने की सुव्यवस्था की जानी चाहिए। उन्हें जो सम्मान अब तक दिया गया है वह बना रहे किन्तु सब कुछ आँखो के सामने स्पष्ट हो, यह भी आवश्यक है।"

"इसकी व्यवस्था की जा चुकी है।" युवराज गोपीकृष्ण ने कहा। उनकी सेना की प्रत्येक हलचल का लेखा-जोखा रखा जा रहा है।"

"अमृत जी! आप महर्षि हारीत से पूछकर बतावें कि इस युद्ध का परिणाम क्या होगा? यह संकट हमें किस ओर ले जाएगा?" महाराज दाहर ने मन के भय को स्वर दिए।

"क्या होगा और क्या नहीं यह निर्णय तो भविष्य के गर्भ में है किन्तु इतना तय हैं कि हमें आलोर को बचाने का पूरा प्रयत्न करना चाहिए। यदि आलोर नहीं बच पाया तो हमारी रणनीति क्या होगीॉ इस पर भी सोचा जाना चाहिए।

"यह संभव नहीं है कि आलोर हाथ से निकल जाए। फिर भी यदि भाग्यवशात् ऐसा हुआ तो बाहरी लोगों के विरूद्ध हमें प्रजा केा खड़ा करना होगा। जनयुद्ध का शंखनाद फूंकना होगा।" महाराज दाहर का ब्रह्मतेज चेहरे पर उभर आया था। उन्होंने पुनः कहा- "हमने पड़ौसियों को सूचनाएँ भिजवा दी है। अमरकोट के सोढा क्षत्रियों और भीनमाल के चावड़ा क्षत्रिय प्रमुखों के साथ हमारे सम्पर्क बने हुए है। दक्षिण गुजरात और सौराष्ट्र के परमार राजाओं ने भी हमें संकट के समय सहायता देने का संदेश भेजा है।"

"इसके साथ ही हमें आलोर और आस पास के युद्ध संभाव्य क्षेत्र पर दो प्रकार से सोचना चाहिए।" अमृत ने अपनी धोती को सीधा करते हुए कहा- प्रथम तो यह कि आलोर दुर्ग के चारों और निश्चित दूरी पर सेना की ऐसी टुकड़ियाँ लगाई जाएँ जो भोमियावट् (छापामार) युद्ध में प्रवीण हों। यदि नदी पार कर शत्रुसेना आलोर तक बढ़ती आए तो उसे घेरा जा सके। इसी प्रकार दूसरा प्रयत्न यह करना होगा

कि राजकीय कोष का वह भागॉ जिसका उपयोग इस युद्ध के लिए आवश्यक नहीं हो, उसे किसी सुरक्षित स्थान तक ले जाया जाना चाहिए। अमृत का कथन अभी पूरा ही नहीं हुआ कि जयसिंह बोल पड़ा-

"इस निमित्त हमें कश्मीर या गुजरात में से एक स्थान का चुनाव करना पड़ेगा। दोनों ही क्षेत्रों में हमारे सहायक हैं।"

"बेटा! राजनीति में न कोई स्थाई शत्रु होता है, न कोई मित्र। कोष ऐसे स्थान पर स्थानांतरित हो, जो सर्वथा गुप्त हो और किसी को भनक तक नहीं पड़े कि कहाँ क्या छिपाया गया है। इसी प्रकार उसे एक ही स्थान पर न रखकर अनेक स्थानों पर सुरक्षित रखा जाए।" महाराज दाहर के कथन पर उपस्थिति लोगों ने गहन विचार विमर्श कर खजाने को अमरकोट की ओर स्थानांतरित करने का निर्णय किया। सम्पूर्ण व्यवस्था राजकुमार गोपीकृष्ण के नियंत्रण में हो, यह भी तय किया गया। इस अवसर पर गोपीकृष्ण ने अपना सुझाव भी दिया- "आप यदि अन्यथा नहीं लें तो मैं चाहूँगा कि खजाने के लिए गुप्त स्थानों की खोज और वहां धन गाड़े जाने के बाद वहां की स्थाई सुरक्षा हेतु महर्षि हारीत के शिष्य हमारी सहायता करें।"

सुझाव स्वीकृत कर लिया गया। योजनानुसार सिन्ध का कोष धीरे-धीरे आलोर से हटाए जाने का उपक्रम प्रारंभ हो गया। अमृत और उसके सहयोगियों ने नाथ संप्रदाय के लिए नए आश्रमों के निर्माण एवं प्राचीन आश्रमों के जीर्णोद्धार की योजनाएँ बनाना शुरू कर दिया। उसी रात अमृत ने अपने सहयोगियों को सुझाव दिया कि ऐसे आठ-दस स्थानों का चयन अर्वली पर्वता श्रृंखला में करें जहाँ वन हो, पानी का स्रोत हो, सामान्य जनता की वहां आवाजाही कठिनतम हों। वहां रहने वाले साधुओं के लिए गुफा और धूणी का भी प्रबंध किया जाए।

अब यह खबर सर्वत्र फैल गई कि मोक्षवास और उसके भाई रासिल ने अपनी निष्ठाएँ बदल दी। इस खबर से राष्ट्रवादी बौद्धों के संकट बढ़ गए। उन्हें सामान्य लोगों की भर्तसना, व्यंग्य और सार्वजनिक निन्दा के दंश झेलने हेतु विवश होना पड़ा। यह दो चार बौद्धों की निष्ठाओं का प्रश्न नहीं था किन्तु हिन्दुओं और बौद्धों के बीच एक बड़ी दरार का कारण बन गया। महाराज दाहर के प्रशासन के समक्ष एक बहुत बड़ा प्रश्न यह उपस्थित हुआ कि धार्मिक तनाव यदि इसी भाँति बढ़ता गया तो राज्य अरब लोगों की चुनौतियों का सामना करेगा, या गलियों गांवों और नगरों में संभावित धार्मिक उन्मादियों को रोकने में पहल करेगा। वस्तुतः देश के समक्ष बौद्धों की निष्ठाओं को लेकर संशय की काली छाँया सर्वत्र फैलने लगी।

इधर समाचारों की आंधी सी आने लगी। आम जनता चौराहों पर, गाँव की चौपालों पर राजनैतिक वातावरण को लेकर बहस करने लगी। देश का क्या होगा?

अरब लोग हारेंगे या जीतेंगे? राजधानी के चारों ओर छितराए गाँवों से पलायन शुरू हो गया। घोड़ों ऊँटो बैलगाड़ियों एवं स्वयं की पीठ पर कपड़ों, बर्तनों और बिछौनों के गट्ठर लादकर गाँव खाली होने लगे। गायों घोड़ों के समूहों को प्रायः प्रतिदिन दूर दराज की उन बस्तियों की ओर ले जाया जा रहा था, जहाँ किसानों के रिश्तेदार रहते थे। इधर राजधानी आलोर के निवासियों को महाराज दाहर की शक्ति क्षमता और साहस पर अटूट विश्वास था। महाराज अजेय हैं कुँअर जयसिंह आक्रामक है गोपीकृष्ण की संगठन कुशलता असंदिग्ध है, ऐसा भरोसा सामान्य लोगों में व्याप्त था।

20

युद्ध की बदलियां गहराती जा रही थी। मोक्षवास और उसके भाई रासिल का सैन्य शिविर में अभूतपूर्व स्वागत हुआ। इतना सम्मान तो इन भाइयों को महाराज दाहर के दरबार में भी नहीं मिला था। हम बच जाएंगे, हमारा परिवार अक्षुण्ण रहेगा, धन-सम्पदा और प्रभुत्व स्थाई रहेगा.... बस इन्ही मंत्रों की अन्तर्धारा बह रही थी इन दोनों भाइयों के मन में। स्वागत के पश्चात् जब मोक्षवास और रासिल ने मुहम्मद को युद्ध में विजय प्राप्त करने की शुभकामना दी तब वह निराश सा हो गया और कहने लगा- मित्रों कोरी शुभकामनाएँ हमें बहुत लोगों ने दी। आपसे हम लोग कुछ अधिक ही चाहते हैं। मोक्षवास इतना तो समझता ही था कि मुहम्मद उससे क्या चाहता है तथापि वह कहने लगा-

“आप हमसे क्या चाहते हैं उसे अवश्य बतावें। अब मेरा भाई मेरे साथ खड़ा है। हम एक और एक दो नहीं ग्यारह हैं।”

“आपसे कुछ भी प्रच्छन्न नहीं है। आलोर और हमारे बीच यह चैड़ी नदी बह रही है। जब तक हम आलोर नहीं पहुँचते हैं हमारा यहां तक आना निरर्थक ही है। हमारी अपेक्षा है कि इस नदी को पार करने का कोई उपाय करें।”

“आप निराश न हों। एक सप्ताह में ऐसा प्रबन्ध कर लिया जाएगा कि आप आलोर पहुँच जाएँगे।”

“आपसे यही उम्मीद थी। आप अपना प्रयत्न प्रारंभ करें। जो भी सामग्री आवश्यक हो जितना भी खर्च करना पड़े आप अवश्य माँगे। खुदा आपकी मदद करे।”

दोनों भाई योजना बनाने में लग गए। दोनों ने सिन्ध क्षेत्र की समस्त नावों को एकत्रित किया। दो तैराकों को रस्सियों का सिरा पकड़कर द्वीप दुर्ग तक ही सही दूरी का आकलन करने का कार्य सौंपा गया। द्वीप दुर्ग पर रासिल की अनुपस्थिति में एक अन्य बौद्ध सहायक ने रासिल के निर्देशों का पालन करने का निश्चय कर लिया। नावों को एक साथ बांधकर एक लंबी रेखा का स्वरूप दिया गया। इन नावों में घास लकड़ियां भर कर उनके ऊपर लकड़ी के बड़े-बड़े पट्टे बांध दिए गए। एक तरह से इन नावों पर लकड़ी के पट्टों से पटी हुई एक सड़क बन गई जिन पर

घोड़े चल सकते थे। नावों की लम्बी लकीर को एक दिन सूर्योदय के पूर्व एक साथ फैलाया गया। अच्छे तैराक और मल्लाहों को इस योजना में सम्मिलित किया गया। नावों की रेखा का एक सिरा नदी के पश्चिमी तट के पेड़ों से मजबूती से बांधा गया और दूसरा सिरा बहते पानी पर फैलाया गया। द्वीप दुर्ग के दुर्गपाल को संदेश भेजा जा चुका था। वहां मार्ग बनी नावों के अंतिम छोर को वृक्षों से बाँध दिया गया। अब पुलिया तैयार थी। नावों को बांधना उन पर घास आदि बिछाना और पट्टों की सड़क की तैयारी सिन्धु के पश्चिमी तट पर की जा रही थी। लगभग एक प्रहर में ही यह तैरती सड़क फैला दी गई।

एक उत्साही सीरियाई सैनिक ने सर्वप्रथम इस नवीन पुलिया पर अपना घोड़ा उतारना चाहा। मुहम्मद ने स्वीकृति दे दी। संध्या का समय था। अंधेरा धरती पर उतरना चाहता था। सैनिक ने एड़ी लगाई किन्तु अश्व अड़ गया। जमीन डगमगाने जैसी थी। घोड़ा अब तक तो सख्त मार्ग पर ही चलता आया था। उसके लिए नए प्रकार की कृत्रिम धरती थी। एड़ी लगाने पर भी घोड़ा टस से मस नहीं हुआ और जोर से हिनहिना उठा। महाराज दाहर अपने राज प्रासाद की छत पर खड़े होकर नदी पर फैले नावों के पुल की ओर देख रहे थे। अश्व हिनहिनाया और वह भी इतनी जोर से कि वे समझ गए कि कोई न कोई अनहोनी घटना है। उन्होंने अपना धनुष मंगवाया। उस पर प्रत्यंचा चढ़ा पाना बड़े-बडे वीरों के लिए भी कठिन था। वीरवर दाहर ने धुनष पर डोरी चढ़ाई और उसे कान के पास तक खींच कर एक बाण छोड़ा। अग्रगामी सीरियाई सैनिक के पीछे खड़ा एक सैनिक यह देखकर दंग रह गया। मोक्षवास और रासिल तो वहाँ खड़े ही थे। मुहम्मद ने पूछा- यह तीर किसने मारा?

"हुजूर! यह तीर सामने से आया था।" चष्मदीद सैनिक ने कहा।

"सामने तो दरिया है। इस दरिया के उस पार से तीर का आ पाना असंभव है। क्या सेना में से किसी ने यह अपराध किया है?" मुहम्मद का कथन अभी समाप्त हुआ ही था कि मोक्षवास ने स्थिति संभाली और कहा-

"हुजूर! आप इस सैनिक पर नाराज नहीं हों। यह तीर महाराज दाहर का ही होना चाहिए।"

"यह असंभव है। नदी के उस पार से तो इस धुंधलके में लक्ष्य का दिखना भी कठिन होता है। तीर का इतनी दूर तक आना अपने आप में असंभव घटना है।"

"परन्तु महाराज दाहर के लिए यह सब कुछ संभव है। उन्हें शब्दभेदी बाण चलाने का अभ्यास है। घोड़े की हिनहिनाहट का शब्द ही उनका लक्ष्य था। रही बात इतनी दूर तक बाण फैंकने की तो यह बता दूं कि महाराज इससे भी अधिक दूरी

तक बाण फेंक सकते है। सैनिकों के शिरस्त्राण को भी भेद कर उनका बाण आहत कर सकता है।" मोक्षवास ने उत्तर दिया।

"क्या यह सच है?"

"शत प्रतिशत सच है?" मोक्षवास का उत्तर सुनकर सेनापति मुहम्मद का दिल ही बैठ गया।

"मोक्षवास! एक बार कह दो जो कुछ आपने कहा वह असत्य है।"

"नहीं सेनापति जी! मै असत्य नहीं कह रहा हूँ। महाराज दाहर की धनुष विद्या में गहरी पैंठ है। मैं इनकी वीरता की सत्य घटनाएँ सुनाकर आपको हताश नहीं करना चाहता हूँ। सचमुच वह व्यक्ति अद्भुद् बलशाली और साहसी है।"

मुहम्मद उत्तर सुनकर एक बार तो सकपका गया, किन्तु संभलकर कहने लगा, "सेना से कहो कि आधी रात के बाद पुलिया का प्रयोग करें। पहली बार पुलिया पर जाने वाले सैनिक की मृत्यु एक अच्छा शकुन नहीं है। उदास मुहम्मद अपने कक्ष की ओर चला गया।

महाराज दाहर के चेहरे पर भी उदासी छा गई। तीर चलाकर मानों उन्होंने युद्ध की घोषणा कर दी थी। वे कितने ही साहसी रहे हों सतर्क रहे हों न्याय परायण रहे हों तथापि बौद्ध प्रमुखों की निष्ठा बदलना उन्हें भी भीतर तक चोट पहुँचा गया। वे एक शासक थे। क्या शासक का धर्म छोड़ दें? उसके सामने तो सभी लोग समान होते हैं। उनके मन में एक विचार कौंधा। क्यों न उन लोगों की निष्ठा को परखा जाए जो उनकी कृपा पर पल रहे है। इस सोच के साथ ही जो नाम सबसे पहले उभरा वह था उस अलाफी सरदार का जो कई महीनों से स्वयं भी पाँच सौ सवारों की सेना लेकर शरण में आया हुआ था। उन्होंने एक सेवक को भेजकर उन्हें बुलवाया। राजकुमार गोपी को भी स्मरण किया। राजकुमार ने आते ही पिताजी को प्रणाम कर बुलाए जाने का कारण जानना चाहा।

"पुत्र! तुमने कई बार कहा था कि अपने राज्य में शरण पा रही अलाफियों की सेना को परखा जाए?"

"मैं तो आज भी कहूँगा। मेरा तो अनुमान है कि अरब सेना को यहां युद्ध में भेजने वाले शासकों ने इन अलाफियों को यहां गुप्तचर का काम करने के लिए भेजा है। आपकी सदाशयता के अलावा इनका इस राज्य में कोई सहायक नहीं था। इन लोगों के आने के बाद ही बौद्ध लोग खुले आम हमारे शासन के विरुद्ध शत्रुओं से साठं-गांठ करने लगे हैं। इन अलाफियों के अलावा स्थानीय बौद्धों का अरब, सीरिया और ईरान और ईराक से सम्पर्क कैसे संभव हुआ?"

"तुम लोगों ने कई बार अलाफियों के विरोध में बहुत कुछ कहा, किन्तु मैंने विश्वास नहीं किया अतः आज सोचा कि अलाफी सरदार से दो-दो बातें तुम्हारे समाने ही हो जाए।" दाहर ने स्वयं की त्रुटियों को स्वीकारने का संकेत देते हुए कहा।

"अच्छा तो आपने सरदार को भी बुलवाया है।" कहकर गोपी कृष्ण चुप हो गया। कुछ क्षणों के बाद अलाफी सरदार आ गया। उसने भी सिर झुकाने के बाद पूछा-" हुजूर, कोई खास वजह रही होगी, मुझे याद करने की।"

"ऐसा ही समझ लो। आपको यहां की सारी स्थिति की जानकारी है। शत्रु सेना नदी पार कर गई है। उन्होंने अपने खेमें गाड़ दिए हैं।"

"यह सच है, महाराज!"

"मैं चाहता था कि आप इस युद्ध में अपना करतब दिखाएँ। आपने ही हमें बताया था कि अरब सैनिकों ने आपको मकरान और पूर्वी ईरान से खदेड़ा था। यह अवसर है कि आप उन अरब सैनिकों से अपना पुराना वैर ले सकते हो।" दाहर का कथन अलाफी को भारी लगा। वह बिना बोले, मात्र सुनता रहा।

"क्या हुआ, अलाफी सरदार?" दाहर ने दुबारा पूछा।

"हुजूर! आपका सोचना सही है। आपने हमें शरण दी, इसलिए हमें भी आड़े वक्त आपके साथ होना चाहिए, किन्तु।" अलाफी की जीभ अटक गई।

"किन्तु? जो कहना हो साफ कहो।"

"महाराज, हम मुसलमान हैं। हमारा मजहब हमें उनके विरुद्ध खड़े होने से रोकता है।"

"क्यों? हमारा साथ देने में मजहब कहाँ बीच में आ गया? आप लोग जब मकरान में अरब लोगो के विरूद्व लड़ रहे थे, तब आपका मजहब बीच में नहीं आया?"

"हुजूर! वह हमारा जातीय मामला है। यहाँ अरब लोग इस्लाम के विस्तार के लिए आ रहे हैं। हम उनके खिलाफ खड़े होकर मजहब के विस्तार को नहीं रोकना चाहते हैं?"

"पता नहीं आप मजहब का क्या अर्थ लगाते हैं। कठिन समय में हमने आपका साथ दिया और अब हम पर संकट आया है, तो आपका मजहब बीच में आ गया है। इन्सानियत के खिलाफ तो कोई मजहब नहीं होता है।" दाहर की आँखो में ललाई फैलने लगी।

"मेरे सभी साथी यह विचार रखते हैं। आप हमें क्षमा कर दें, महाराज ...।"

“यदि मैं तुम्हारी जगह होता और तुम महाराज की गद्दी पर होते तो तुम मेरे साथ ऐसे अवसर पर कैसा व्यवहार करते....?” दाहर के प्रश्न का अलाफी के पास कोई उत्तर नही था। वह चुप रहा। पास खड़े गोपी कृष्ण ने अलाफी की ओर से कहा- “महाराज! यदि हम इनके सामने शरणार्थी होते और ऐसे अवसर पर साथ देने से मना करते तो, तो निश्चित समझिए, हमें कुतों की मौत मारा जाता।” राजकुमार के कठोर तेवर देखकर अलाफी सरदार काँपा। महाराज का क्रोध बढ रहा था, तथापि संयम पूर्वक उन्होंने कहा- “अलाफी सरदार, इसके पहले कि हमारी ओर से कुछ लोग आपकी दुर्गति करें, आप मेरी निगाह से दूर हो जाओ।” इस पर राजकुमार भड़क गया। उसने तत्काल कहा “यदि आज्ञा हो तो इसे और इसके पांच सौ साथियों को हम धरती से ही उठा दें।”

“नहीं राजकुमार! उनका मजहब इन्हें इजाजत दे या नहीं किन्तु हमारा धर्म कहता है कि जिसने हमारी शरण ग्रहण कर ली, उस पर हाथ उठाना, धर्म के विरूद्ध कार्य है। अलाफी सरदार!अब आप जा सकते हैं। “महाराज दाहर का स्वर अलाफी के प्राण बचा गया। वह दौड़ कर अपने खेमे में गया। उसे भय सताने लगा कि यदि कुछ भी देर हुई तो सिन्ध की फौज उन्हें ज़ीवित नहीं रहने देगी। सभी ने अपने अपने घोडे सँभाले और मुहम्मद की सेना के शिविर की ओर भाग गए।

महाराज दाहर की उदारता, राजा के शरणार्थियों के प्रति भावना पूर्ण विचार और महाभारत काल के युधिष्ठर से चली आई राजन्य वर्ग की न्यायप्रियता, इतिहास के पृष्ठों पर पुनः दोहराई गई। महाराज युधिष्ठर ने अपने भाई को भी सजा देने में चूक नहीं की थी, उसी महाराज ने अपना अहित करने वाले शकुनी और दुर्योधन के द्वय प्रसंग में चुप्पी साध ली। अलाफियों के उत्तर और पलायन की घटना से भारतीय एवं अरब देशों के निवासियों के सोच को समझा जा सकता है। अवसरवादिता, धोखा, पक्ष परिवर्तन जैसे राजनैतिक हथकण्डों के प्रमाण में इस घटना को गिनाया जा सकता है।

जब राजकुमार गोपी महाराज के कक्ष से बाहर आया तो उसने अपने एक मित्र से कहा-“महाराज के अनुशासन में हम बँधे हुए हैं। यदि ऐसा नहीं होता, तो आज एक भी अलाफी जिन्दा नहीं बचता। हम महाराज से कई बार कहते रहे हैं कि ये अलाफी अरब सेना की गुप्तचरी के लिए यहाँ आए हैं, किन्तु महाराज ने इन्हें शरणार्थी मानकर आदरपूर्वक रखा। इन्हें छोड़ना हमारे लिए बहुत बडी समस्या पैदा कर जाएगा।”

“कैसी समस्याएँ....?” मित्र ने कहा।

"यहाँ की भूमि, यहां के लोगों के व्यापार, हमारी आपसी फूट और हमारी सम्पदा की जानकारी शत्रुओं तक इनके माध्यम से गुप्त रूप से पहुँच रही थी। अब ये अलाफी सीधे रूप में शत्रु सेना में हमारे सामने खड़े होंगे। शत्रुओं को इनसे लाभ मिलेगा।"

"इसमें कोई सन्देह नहीं है कि शत्रुओं का पक्ष प्रबल हुआ है। ऐसे छोटे-बड़े प्रसंगो से हमारी सेना पर कोई प्रभाव नहीं पडेगा, किन्तु कुछ परिश्रम ही अधिक करना पडेगा, युद्ध में।"

"सो तो है ही।" राजकुमार ने घटना का पटाक्षेप किया।

अगले दिन औपचारिक सूचना मिली कि अरब सेनापति मुहम्मद बिन कासिम का एक प्रतिनिधि मंडल महाराज से मिलने आना चाहता है। सुरक्षा अधिकारियों ने आगन्तुकों का स्वागत किया और उन्हें महाराज के दरबार में ले जाया गया। इस दल में प्रमुख वार्ताकार के रूप में दो व्यक्ति प्रमुख थे। एक व्यक्ति था, अरब सेना का प्रमुख सलाहाकार, जो अपनी वाक्पटुता के लिए विख्यात था। दूसरा व्यक्ति था देवल का मौलवी। यह वही ब्राहाण था, जिसमें देवल के समीप लूटी नावों से जिन महिला पुरूषों को बंदी बनाया गया था, की सुरक्षा एंव देखरेख की थी। देवल पतन के समय ब्राह्मण ने इस्लाम स्वीकर कर लिया था, क्योंकि मृत्यु या इस्लाम में से उसे एक ही चुनाव करना था। सभा भवन की भव्यता देखकर अरब सलाहकार आश्चर्य में पड़ गया। इतना वैभव, साज सज्जा और दरबारियों के विशिष्ट सिंहासनों को उसने कभी नहीं देखा था। कुछ क्षणों के बाद महाराज के पधारने की घोषणा हुई। सशस्त्र सैनिकों से घिरे महाराज के आसन ग्रहण करने के बाद, सभा की कार्यवाही वेदो मंत्रों की स्तुतियों द्वारा प्रारंभ हुई। महाराज के संकेत पर दूतों का परिचय दिया गया।

"मैं मेरे, स्वामी मुहम्मद बिन कासिम की ओर से आपकी सेवा में विशेष निवेदन करने की, आप श्रीमान् से इजाजत चाहता हूँ।" यह कथन था अरब सलाहकार का जिसका अनुवाद देवल के नवदीक्षित मुसलमान मौलवी ने किया। राजा दाहर ने हाथ उठाकर उसे अपनी बात कहने की आज्ञा दी।

"हमारे स्वामी ने संदेश भेजा है कि आप और आपकी राजधानी के निवासी यदि अपना जीवन सुरक्षित चाहते हैं, तो राजधानी खाली कर दें और जो भी चल संपदा है, उसे हमें सौंप दें। यदि ऐसा नहीं हुआ तो न आप बचेंगे न आपकी संपदा। ऐसा भीषण आक्रमण होगा, जिसकी आपने कल्पना तक नहीं की होगी।" अरबदूत का कथन समाप्त होते ही राजकुमार गोपीकृष्ण ने महाराज की आज्ञा लेकर कहना आरंभ किया "अरब दूत! आपकी अब तक सिन्ध रक्त से भेंट नहीं हुई है। देवल में

आप एक सप्ताह तक दुर्ग के बाहर, इस आशा से पड़े रहे कि किसी तिकड़म के द्वारा खुलें। और सेना ने तीन दिनों तक कत्लेआम किया। जिसे हम प्रजा कहते हैं, जिसे हम अपनी संतान की भांति दुलार देते हैं, उन निशस्त्र नागरिकों की हत्या कर आतंक मचाया। क्या मिला आपको? आपका धर्म शायद आतंक का पाठ पढ़ाता होगा? इसके बाद आपने हिंसा को राष्ट्र से अधिक महत्त्व देने वाले सामंतो, ठाकुरों और अधिकारियों को खरीदकर, डरा धमकाकर अपनी ओर मिलाकर सिन्धु के इस तट पर पहुँचने की जुगाड़ की है। युद्ध तो आपकी सेना ने किया ही नहीं है। बिना शक्ति परीक्षण के आप स्वयं को शक्ति सम्पन्न समझने की भूल कर रहे है।"

अरब दूत को इस्लामी मौलवी ने राजकुमार के कथन का आशय समझाया। इस पर दूत ने कहा- "हम नहीं चाहते हैं कि आलोर को भी देवल के दिन देखने पड़े। इसी कारण हमारे सेनापति मुहम्मद ने आप तक यह संदेश भेजा है कि लोग प्राण बचाना चाहें उन्हें भागने का मार्ग सुलभ करा दिया जाएगा।"

महाराज दाहर ने संवाद सुनकर हँसते हुए कहा -

"दूत! अपने स्वामी से कहना कि वह और उसकी सेना, अपने परिवार से यहाँ कोसों दूर पड़ी हुई है। यदि भागना ही है तो आपकी सेना को भागना है। यह तो युद्ध की विभीषिका बताएगी, कि तुम्हारे कितने सैनिक आपने घर जाते हैं, या खुदा के घर।

"श्रीमान्! मेरा काम आप तक संदेश पहुँचाने का था। मेरा कर्तव्य पूरा हुआ। अब आप इजाजत दें।" दूत उठना चाहता था, किन्तु महाराज दाहर ने उसे बैठने का संकेत देते हुए कहा - "यह अनुवादक तो जाना पहचाना लगता है? इस पर इस्लामी मौलवी ने कहा- "महाराज! मैं जाना पहचाना था। मैं वहीं ब्राह्मण हूँ, जिसने देवल में कैद कर रखी गई श्रीलंका की महिलाओं की देखभाल की थी"।

"अब आप सिर पर हरा कपड़ा बांधकर इन विदेशियों के सामने दुम हिला रहे हो।" युवराज की टिप्पणी पर सभी दरबारी खिलखिता कर हँस पड़े। महाराज दाहर ने पूछा - "पंडित जी! प्राणभय से आपने आस्थाएँ बदल ली। राम-कृष्ण और शिव का पुजारी अब मुहम्मद का अनुयाई बन गया, किन्तु सामान्य शिष्टाचार भी आपने खो दिया, ऐसा लगता है।"

"कैसे"................ मौलवी ने पूछा।

"मैं देख रहा हूँ कि आप दोनों ने सामान्य अभिवादन जैसे शिष्टाचार का भी पालन नहीं किया है। आपका साथी तो अरब सेना का है। शायद इनके देशों में

शत्रुओं के सामने सलाम करने का रिवाज नहीं है, किन्तु आप तो इसी मिट्टी के हैं। आप तो अभिवादन कर सकते थे।

"महाराज! मेरा नाम इस्लामी मौलवी। मै देवल की मस्जिद में धार्मिक क्रियाकल्प में संलग्न रहता हूँ। मेरा अतीत व्यतीत हो चुका है। शत्रुओं के समक्ष झुकना हमारे मजहब को स्वीकार्य नहीं है।"

"पंडित हो या मौलवी, ये तो पद है। ये बाहरी आवरण है। क्या तुम्हारे भीतर का इन्सान भी बदल गया है?"

"मैं काफिरों के सामने सिर नहीं झुका सकता। अब मुहम्मद मेरा देवता है और कुरान शरीफ हमारा ग्रंथ है।"

"क्या गीता के रटे हुए श्लोक, यजुर्वेद के मंत्र और कर्मकाण्ड के स्तोत्र कभी तुम्हें यह याद नहीं कराते कि तुम भी हमारी जैसी काफिर जाति के हो?"

"महाराज! वे श्लोक अब भूल चुका हूँ। मेरे लिए आयतें ही सब कुछ है।"

"दूत के नौकर, मौलवी! तुम जिस रूप में यहां आए हो, उसकी अपनी एक मर्यादा है। यदि तुम दूत कर्म के निमित्त यहां नहीं आते तो तुम्हारा सिर इस दरबार में लुढ़कता हुआ दिखाई देता। मैं मर्यादावश स्वयं को रोक रहा हूँ, अन्यथा तुम्हारे जैसे देशद्रोहियों को जीवित रहने का भी अधिकार नहीं है।" महाराज दाहर दरबार से उठ खड़े हुए और अपने प्रासाद की ओर चल पड़े।

दूत और उसकी भाषा का रूपान्तरण करने वाले हतप्रभ हो गए। इस्लामी मौलवी नामक धर्मान्तरित ब्राह्मण अभिमानवश कह तो गया, किन्तु अब उसमें भय का संचार होने लगा। क्या ये दरबारी उसे यों ही जाने देंगे? जब वह महाराज के समक्ष संवाद कर रहा था, तब उसके मन में यह विचार गहराई में प्रबल हो रहा था कि उसका नया मालिक मुहम्मद जब सुनेगा कि नव दीक्षित मुसलमान ने राजा दाहर को प्रणाम नहीं किया, तो वह उसे निष्ठावान समझेगा, अपना हितैषी मानेगा और संभवतया इस उदाहरण पर उसे कोई पारितोषिक भी दे दिया जाए। मन में बैठा प्रशंसा सुनने का लोभ, नए मुसलमानों में अपनी वाहवाही होने का काल्पनिक सुख और पद प्रतिष्ठा बढ़ाए जाने का संभावित मानसिक आनंद, अब तिरोहित होना शुरू हो गया। स्वयं की मृत्यु की संभावना के समक्ष सभी कल्पनाएँ हवा हो गई। पसीना ओर कँपकँपी के लक्षण प्रकट होने लगे। अरबदूत यद्यपि महाराज और पंडित के संवादों को नहीं समझ पाया, किन्तु इतना तो समझ ही गया कि राजा दाहर नाराज होकर दरबार से चला गया। उसने पंडित को बाहर निकलने का आदेश दिया। लौटने समय से मार्ग में जो भी मिला उसने पंडित को जी भरकर सुनाया।

श्वान, गधा, स्वार्थी, देशद्रोही, धर्मद्रोही, नरकगामी, धरती का बोझ, माँ-बाप को कलंकित करने वाला जैसे कई शब्द थे, जो इस नव दीक्षित मौलवी को सुनने पड़े। गालियों की भी अपनी एक अलग शैली होती है। वह गाली ही क्या, जो मन को विचलित न करदे। तिरस्कार अवमानना, क्रोध, अन्तर्भेदी भय जैसे कई बिम्ब थे, जो पंडित को बौझिल बना रहे थे और वह किसी प्रकार जब नगर से बाहर आया, तब जाकर हवा के झोंकों से उसका अवसाद कुछ कम हुआ।

21

आलोर के दुर्ग की बुर्ज पर महाराज दाहर का राज्य चिन्ह, जो कि एक लंबी स्वर्णिम पट्टिका पर उत्कीर्ण था, चमक रहा था। प्रातः कालीन वायु प्रवाह से राजकीय ध्वज फहरा रहा था। दुर्ग के चारों ओर खाई में पानी भरा था। खाई का एक भाग इतना विस्तृत था कि वह एक झील जैसा दिखाई देता था। इस झील के अवशेष सेकड़ों वर्षों बाद आज भी दिखाई देते हैं। झील के सामने शत्रु सेना अपनी व्यूह रचना कर युद्ध की प्रतीक्षा कर रही थी। महाराज दाहर के सेनापति ने दुर्ग का सिंहद्वार खुलवाकर खाई पर बनी पुलिया से सेना को बाहर निकालने का आदेश दिया। इसी प्रकार दुर्ग के पीछे की ओर के द्वारों से भी सेना ने दुर्ग को छोड़ा। द्वारों से निकली सेनाओं ने उनके लिए निर्देशित दिशाओं की ओर बढ़कर अपने-अपने मोर्चो पर जमाव किया। "जयहर" "जय जय महादेव" और सिन्धुपति दाहर के घोष के साथ ही आक्रमण प्रांरभ हुआ। सिन्धी सेना का आक्रमण अत्यधिक तीव्र था। अरब सेना का अग्रिम मोर्चा टूट गया। हरावल से भागती अरब सेना के घुड़सवार मुख्य सेना की ओर लौटने लगे। मुख्य सेना में भी खलबली मच गई। लगभग दो प्रहर तक यही क्रम चलता रहा। दुर्ग के द्वारों से निकली सेना का रेला बढ़ता ही जा रहा था। दबाव बढ़ रहा था। अरब सेनापति ने श्वेत झंड़ा ऊँचाकर युद्ध विराम का संकेत दिया। युद्ध की विभीषिका कम हुई। दुर्ग की सेना पुनः दुर्ग की ओर लौटने लगी। यही क्रम तीन दिनों तक चला। हिंजरी संवत् 93, के रमजान माह की छः तरीख से पन्द्रह तारीख अर्थात् कुल मिलाकर दस दिन चले इस युद्ध का प्रथम दिन सिन्धु सैनिकों की विजय का रहा। मुहम्मद का दुःख उसके चेहरे पर स्पष्ट दिखाई दिया। रात को युद्ध के मंत्रणाकक्ष में जब दिन भर की गतिविधियों की समीक्षा की गई तो पता लगा कि उसकी सेना के घुड़सवारों की क्षति सबसे अधिक रही। तीन दिन हो गए। तीसरे दिन उसने पूछा-

"श्री मोक्षवास जी, श्री रासिल जी और अलाफी सरदार...., आप सभी महाराज दाहर के साथ रहे हैं। क्या राजा स्वयं युद्ध में नहीं आता है,"?

"वह आएगा। वह अवश्य ही आएगा। सिन्ध की असली सेना तो अभी रणक्षेत्र में आई ही नहीं है।" मोक्षवास का उत्तर था।

"तो...., ये जो हमसे लड़ रहे हैं, वे कौन हैं?" मुहम्मद बिन कासिम का चेहरा मोक्षवास का उत्तर सुनकर फीका पड़ गया।

"ये वे ठाकुर लोग और उनके अनुयायी हैं, जो युद्ध के आगे के मोर्चे पर रहते हैं। हमारी परंपरामें यह निश्चित है कि अमुक ठिकाने, गांव या नगरके प्रमुख प्रथम मोर्चा लेंगे। इन ठिकानों की जागीरों का उपभोग करने वाले ठाकुर अपने-अपने प्रबंध के साथ युद्ध में सम्मिलित होते हैं।" रासिल ने समझाया।

"क्या इनकों राजाकी ओर से कुछ भी नहीं दिया जाता है?"

"यदि आवश्यकता हो तो राजा सब कुछ दे सकता है, किन्तु युद्धके समय महाराज पर चिन्ता या व्यवस्था का बोझ नहीं पड़े, इसलिये प्रत्येक ठाकुर अपनी व्यवस्था के साथ युद्ध में आता है।"

"इनका भोजन कौन बनाता है?"

"दुर्ग में इनके आवास की स्थाई व्यवस्थाएँ हैं। प्रत्येक ठाकुर की अपनी अपनी हवेलियाँ हैं। हवेलियों में इतनी खुली भूमि और स्थाई झोपड़ियाँ है कि वहां ठाकुरों के सैनिक, घोड़े, मसाले, वस्त्र, अस्त्र-शस्त्र, ... सब कुछ इन हवेलियों में मौजूद रहता है। राजा को कुछ भी नहीं करना होता है।

"इसका अर्थ हुआ कि बिना राजा पर भार डाले, ये लोग कई दिनों तक लड़ सकते हैं? मुहम्मद का मन डूबा जा रहा था।

"यह सच है, सेनापति जी।" अलाफी सरदार ने भी समर्थन कर स्वयं की ओर ध्यान खींचा और कहने लगा - "युद्ध की सारी सामग्री इन ठाकुरों के पास है। जो बड़े सामंत हैं, उनका क्रम अब प्रारंभ होगा। वे लोग महाराज दाहर के साथ आएंगे।" मुहम्मद का मन काल्पनिक भय में डूबने लगा।

चौथा दिन आया। दुर्ग से युद्ध के नगाड़े बजने लगे। राजकीय ध्वज से सजा हाथी बाहर आया। द्वार के बाहर आते ही वह युद्ध भूमि की ओर चल दिया। हाथियों की पूरी सेना बाहर आई। लगभग एक सौ हाथी थे। हाथियों पर लोहे के छोटी-छोटी कड़ियों से गुंथी गई झूल चारों लटकी हुई थी। प्रत्येक हाथी पर महावत भी लोहे के आवरण से ढँके हुए थे। हाथियों के गंडस्थल पर मोटे मोटे लोहे के तवेनुमा ढालें बंधी हुई थी, जिन पर राजचिन्ह अंकित थे। प्रत्येक हाथी की सूंड पर भी लोहे की जालियों का आवरण था। हाथी स्वयं मोटी मोटी लोहे की बजनी तलवारें अपनी सूँड़ों में दबाए हुए थे।

गज सेना ने मोर्चा लिया इसके बाद महाराज दाहर अपने ऊँचे श्वेत हाथी पर बैठकर रणांगण में आए। उनके होदे के आगे महावत और पीछे दो प्रमुख तीरंदाज

थे। असंख्य और विविध आकृति के तीरों के तूणीर हाथी की पीठ पर लदे थे। अस्त्र शस्त्र और लोहे के लबादों से ढंके महाराज दाहर की शोभा देखने योग्य थी। "चचनामा" नामक ग्रंथ में इसका अच्छा वर्णन दिया हुआ है।

आज का युद्ध भयंकर होगा, इसका अनुमान मुहम्मद को हो गया था। उसने पवित्र पुस्तक कुरान की शपथ दिलाकर अरब सैनिकों का जोश बंधाया। दुर्ग के द्वारों से पांच हजार घुड़सवार और बीस हजार पैदाल सिपाही अपनी अपनी टोलियों में बाहर आकर निर्धारित स्थल पर एकत्रित हो गए। महाराज दाहर ने अपना धनुष उठाया और एक तीर अरबी सेना के प्रमुख को लक्ष्य कर फेंका। जैसे ही अरब घुड़सवार नीचे गिरा, युद्ध प्रारंभ हो गया। हाथियों की अग्रिम पंक्ति को देख अरबी घोड़े बिदकने लगे। इन घोड़ों के लिए ऐसे महाकाय पशुओं से पहली बार सीधा आमना सामना था। इस बार भी अरबी सेना विचलित हो गई। अरब घुडसवारों का मनोबल कम होने लगा। तीरों की बौछार दोनों ओर से चल रही थी। दाहर का बाण संचालन इतना तेज और लक्ष्य भेदी था कि वह जिस और भी बाण चलाता उसके सामने से शत्रु भागने लगते। कई अश्व, कई सवार और पैदल सैनिक या तो मारे गए या पीठ दिखाकर घायल अवस्था में पलायन कर गए। सिन्धी सेना का असली स्वरूप आज ही सामने आया। किसी तरह अपनी सेना का मनोबल ऊँचा करने का प्रयास मुहम्मद ने किया और संध्या होने पर वह सेना के साथ अपने शिविर में लौट आया। दोनों सेनाएँ लौट गई। यही अवसर होता था तब दूर दराज से आए कुछ युवक पेड़ों की ओट में छिपकर सांझ होने की प्रतीक्षा करते रहते थे। ये लोग दस्युवृत्ति के कहे जाते हैं। इनका काम संध्या के बाद युद्ध स्थल से बिखरी हुई वस्तुओं को बटोरने का हुआ करता था। इनका काम शवों को पहचान कर उनके शिविरों तक पहुँचाना भी होता था।

थका मांदा मुहम्मद मंत्रणा कक्ष में उपस्थित हुआ और अपने अधिकारियों से कुशल खेम पूछने लगा। कौन हताहत हुआ, उनकी अत्येष्टी हुई या नहीं, कहां से क्या समाचार आए, कौन युद्ध में सहयोगी और कौन उदासीन रहा, इसका भी लेखा जोखा लिया गया। उसके शब्दों की गंभीरता प्रकट कर रही थी कि मुहम्मद का मन स्थिर नहीं है। उसने स्वयं, प्रस्ताव की भूमिका में कहा-

"आज का युद्ध भयंकर रहा। हमारे कई सैनिक हताहत हुए हैं।"

"यह तो होता आया है सेनापति जी! युद्ध का अर्थ होता है विनाश।" एक सलाहकार ने कहा।

"मैं चाहता हूं कि युद्ध की ऐसी विकट स्थिति को देखते हुए कुछ व्यवस्था सम्बन्धी बात कहूँ"।

"आप फरमाएँ हुजूर....।" सामने बैठे प्रमुख सिपहसालार ने अर्ज किया।

"युद्ध किस करवट बैठेगा, इसका अनुमान लगाया जाना कठिन है। किसी भी समय कुछ भी हो सकता है। हम आज जो लोग यहां बैठे हैं, इनमें से कौन कल, यहां नहीं होगा, इसके बारे में भविष्यवाणी करना कठिन है। अतः मेरा आदेश है कि यदि मैं कल नहीं रहूँ तो मेरे बाद श्री महरजीन आपके अमीर होंगे। यदि वे भी युद्ध में काम आ जायँ तो श्री सैय्यद आपके सेनापति होंगे। इसके बाद....।" वाक्य पूरा नहीं हुआ कि श्री महरजीन ने कहा- "हुजूर! खुदा के लिए हम पर रहम करें। ऐसा कुछ नहीं होगा, जिसकी आशंका आप कर रहे हैं। हमारे अमीर आप हैं, और आप रहेंगे। आप अपने आप पर भरोसा रखें।"

"मेरे भाईयों! युद्ध की घटनाएँ स्वतः होती हैं। मुझे प्रसन्नता है कि आप हिम्मत के साथ युद्ध के मोर्चो पर हमारा भरपूर साथ दे रहे हो।" मुहम्मद उठ खड़े हुए। बैठक समाप्त हुई किन्तु अरब सैन्य प्रमुखों को समझने में देर नहीं लगी कि उनका सरदार भयाक्रान्त हो गया। एक ने कहा-

"सरदार को जैसा मायूस आज देखा, वैसा इन्हें कभी भी इस स्थिति में नहीं देखा।"

"युद्ध भी तो आज जैसा कभी नहीं देखा।" दूसरों ने कहा।

"सिन्धी ताकत का अन्दाजा भी आज ही लग पाया। हम भी दुगुने जोश के साथ कल उनके साथ दो-दो हाथ करें, इसी संकल्प के साथ में विदा होते है। खुदा खेर करें।" तीसरा सैन्य प्रमुख अपनी राह पर चल दिया।

युद्ध को चलते-चलते एक सप्ताह हो गया। मुहम्मद की खीज बढ़ती जा रही थी। आज इस पार या उस पार का युद्ध करना तय किया। विरोधियों के मोर्चे की राई-रत्ती की खबर देने वाला खबरनवीस कहने लगा। - "हुजूर! आज हरावल का जिम्मा राजकुमार स्वयं संभाल रहे है।"

"कौन सा राजकुमार? जयसिंह या गोपी? मुहम्मद ने पूछा।

"यह पहचानना बड़ा कठिन है। दोनों राजकुमारों की कद-काठी एक जैसी है। युद्ध में शिरस्त्राण, लौह श्रृंखलाओं का आवरण और हाथों पर बंधे बंध इस प्रकार फैले हैं कि सही स्वरूप पहचानना कठिन है।"

"राजकुमार के हाथी के मस्तक पर जो राज चिन्ह लगा है, वह राजकुमार के लिए ही काम में लिया जा सकता है।"

"अन्य मोर्चो की खबर दे।" मुहम्मद ने पूछा।

"अग्रिम मोर्चे पर दस हजार सैनिकों का जमावड़ा है। सभी अस्त्र शस्त्र और आवश्यक लोह आवरण से ढके हुए हैं। युद्ध के हाथियों की सेना को पूर्व और पश्चिम की ओर फैली सेनाओं के आगे खड़ा किया गया है। मध्य में श्वेत हाथी पर दाहर सवार है। उसके चारो और घुडसवारों का दल है।"

"ये जो हमारे सामने, सबसे आगे खड़े हैं, कौन है?"

"ये यहां के खूंखार लड़ाके हैं। इनकी पहचान यह है कि इनके बाल लंबे और कान के नीचे बंधे हुए हैं। हाथों में बिना म्यान वाली लंबी तलवारें हैं। कमर पर कटारें झूल रही हैं। लोहे का लबादा ओढ़े हुए हैं, और पैरों में मोटी जूतियाँ हैं।"

"इन्हें सामने रखने रखने का मकसद...?" मुहम्मद ने शत्रु सेना की ओर संकेत करते पूछा। "ये अजेय सैनिक हैं। आज का युद्ध, अब तक के युद्धों से अधिक भारी है क्योंकि राजकुमार, महाराज दाहर से भी अधिक अच्छे तीरंदाज हैं।" दूत का वाक्य पूरा हुआ ही था कि सामने से एक सनसनाता हुआ तीर मुहम्मद कासिम के घोड़े की गर्दन में आ घुसा घायल अश्व को सेना के बीच में होकर ले जाया गया। नया घोड़ा मंगवाया गया। आज का युद्ध प्रारंभ हो गया। चारों और कोलाहल, मारकाट, घोड़ों की हिनहिनाहट, हाथियों का चिंघाड़ना, उड़ते तीरों की सनसनाहट, आपसी चुनौतियों के मुखर स्वर, सर्वत्र गिर रहे घायलों की चीत्कार ..... कुल मिलाकर मानव जाति का रौद्ररूप अपने यौवन पर था।

दाहर का हाथी आगे बढ़ा। चार सो वीर योद्धा लोहे के कवच पहने, लोहे की चमकती तलवारें लिए हुए, हाथों पर लोहे के दस्ताने लपेटे.... ये योद्धा सिर्फ आगे बढ़ रहे थे। जो भी सामने आता वह न लौट पाता और न कहीं दिखाई देता। उसका शव पैरों तले कुचला जाता। इधर दाहर के हाथों में एक चक्र था, जिसकी लोहे कड़ियों के चारों ओर तेजधार वाली कटारें लगी हुई थी। इस चक्र के आसपास जो कोई फटकता उसका शरीर इस चक्र की चपेट से गाजर मूली की भाँति कट जाता। इस्लामी सेना के एक अत्यन्त साहसी सिपहसालार श्री शुजाह ने युद्ध प्रारंभ होने के पूर्व ही शपथ ली कि आज वह महाराज दाहर का वध करने के बाद ही भोजन करेगा। उसने लड़ते लड़ते अपने घोडे को दाहर की ओर बढ़ाया। अभी वह दाहर के समीप पहुंचा ही था कि दाहर ने चतुराई से अर्द्धचन्द्राकार द्विमुखी तीर चलाया। शुजाह का सिर इस प्रकार अलग हो गया जैसे लौकी का ऊपरी भाग एक ही झटके में अलग हो जाता है।

एक प्रहर चले युद्ध के बाद अरब सेना में खलबली मच गई। मुहम्मद घायल हो गया। वह पानी पानी चिल्लाता हुआ अपनी सेना के बीच केन्द्र की ओर भागा। पानी पीकर जब होश आया तो उसे यह देखकर दुःख हुआ कि उसकी सेना ने पलायन

शुरू कर दिया। चारों ओर से सिन्ध के सैनिक अरब सेना को घेरते हुए आगे बढ़ रहे थे। उसने तुरंत स्थिति को समझा और कहने लगा -

"हे अरबों! मै आपका अमीर मुहम्मद बिन कासिम हूँ। कहां भाग रहे हो? ढालें उठाओं, और धैर्य रखों क्योंकि काफिरों की हार हो रही है। विजय हमारी ही है।" उसने अपने योद्धाओं को नाम लेकर पुकारा और अन्त में कहा- "मित्रों, प्रेमियों, शस्त्रधारियों, खड़ग्धारियों, पहरेदारों तथा नेजा फेंकने वालों तुम ही तो इस्लाम की टेक हो। क्यों परेशान होते हों अपनी सेनाओं का उत्साह बढाओं।"

इसी समय दलबदलू मोक्षवास जिसकी सेना सुरक्षित सेना के रूप में पीछे खड़ी थी, उपस्थित हुआ। उसने मुहम्मद को हिम्मत बंधाई और शिविर में ले गया। संध्या उतरी थी। दोनों सेनाएँ लौटने लगी। दोनों ओर से मृत सैनिकों को उठाने वाले रणक्षेत्र में भ्रमण करने लगे थे।

आहत मुहम्मद के स्वर लड़खड़ा रहे थे। उसने मोक्षवास से पूछा-"आज यदि समय पर आप नहीं आते, तो युद्ध का पासा पलट जाता।"

"यह तो भगवान बुद्ध की कृपा है कि आप बच गए और किसी प्रकार आज का युद्ध समाप्त हुआ। जब सेना में भगदड़ मच गई तो मुझे तो आना ही था।"

"अब आप यह बताओं कि हम क्या करें, कि विजय हमारी हो?" मुहम्मद ने अपनी पीड़ा को स्वर देते हुए कहा।

"जब तक महाराज दाहर जीवित हैं, आपको विजय की कल्पना नहीं करनी चाहिए। वह अकेला भी रहेगा, जहां भी रहेगा,सेना एकत्रित हो जाएगी।"

"उसे कैसे खत्म किया जाए?"

"इसके लिए कोई उपाय सोचना पड़ेगा।"

"यही तो मैं कहना चाहूंगा कि यदि मुझे अग्रिम सेना में रहने का आदेश मिले तो मैं, काफिर दाहर का सिर आपके पैरों में रख दूँगा।

"आज नौ दिन हो गए हैं। हम लगातार युद्ध कर रहे हैं। मुझे अनुभव हो गया है कि प्रत्यक्ष युद्ध में उसे मात देना संभव नहीं है। हमारे कई योद्धा काम आ चुके हैं। हम खोते जा रहे हैं। ऐसा कोई सुझाव दें कि हमारा पलड़ा भारी हो जाए।" चोट की पीड़ा को दबाते हुए उसने दृढ़ता के साथ कहा।

"क्या हुजूर मुझे कल के युद्ध में आगे रहने का हुक्म देंगे?" अरब अधिकारी ने दुबारा पूछा।

"मेरे मित्र आपने जिस प्रकार की प्रतीज्ञा की है यह नई बात नहीं है। इन नो दिनों में आप जैसे कई कसम खाकर लड़ने वालों को युद्ध में खो चुका हूँ किन्तु मैं आपकी हिम्मत की प्रशंसा करता हूँ। आपको मैं मना भी नहीं करता हूँ किन्तु हाँ करते समय मेरा दिल बैठने लगता है।" मुहम्मद के मन में समाया अवसाद होठों पर आ गया।

"अपनी सेनामें से ऐसे सैनिकों की कुछ संख्या तो होगी, जिनके स्वर महिलाओं जैसे हों? मोक्षवास ने मुंह खोला।

"ऐसे सैनिक हैं। दस बीस को तो मैं जानता हूं।" मुहम्मद ने कहा।

"उन सैनिकों को मुझे सौंप दें। उनका उपयोग मैं करना चाहूँगा।" कथन के साथ ही मोक्षवास सेनापति के समीप चला गया और उसके कान में कुछ कहा। मुहम्मद ने सिर हिलाकर स्वीकृति दे दी। इस कानाफूसी के साथ ही आज की युद्ध मंत्रणा सम्बन्धी बैठक समाप्त हुई।

22

सेना में महाराज दाहर की उपस्थिति ही पर्याप्त थी। महाराज के हाथी को देखकर सैनिकों का मनोबल चौगुना बढ़ गया। दाहिर का हाथी दुर्ग से बाहर आया। हजारो घुड़सवार और पैदल सिपाही अपनी अपनी कतारों में चलते हुए सेनानायकों द्वारा निर्दिष्ट मोर्चो की ओर चल पड़े। हाथियों की सेना ने अपनी स्थितियाँ संभाली और महाराज दाहर के संकेत पर आज का युद्ध शुरू हो गया।

युद्ध जनित विभिषिकाओं के अन्तर्नाद शुरू हो गए। चीत्कार, सीत्कार, कोलाहल, मारो-काटों के कर्कश स्वर, घायलों का करूण क्रंदन, भागते अश्वों द्वारा वल्गाओं के बंधनों से मुक्ति के प्रयास, हाथियों की सूंडों में थमाई गई बड़ी बड़ी तलवारों के प्रहार, प्रत्यंचाओं से छूटते विष बुझे बाण, "पानी-पानी की मांग करते मरणासन्न सैनिकों के मर्मवेधी स्वर, तलवारों और भालों की टकराहट से निकलती चिनगारियाँ जैसे कई बिम्ब थे, जो दिन भर चमकते रहे, चहकते रहे और रणक्षेत्र को जीवंत बनाते रहे। आज के दिन, मानों महाकाल स्वयं आलोर के समीप आ गया था। यमराज के दूत, कालिका देवी की लपलपाती जिव्हा और दक्ष यज्ञ विध्वंस करते वीरभद्रों की वाहनियों के रोद्ररूपों को आज इस समरांगण में स्पष्ट देखा जा सकता था। आग बरसाती सूर्य रश्मियाँ वृक्षविहीन युद्ध भूमि और प्रत्येक क्षण में मृत्यु की आहट जैसी तनावदायक भाव भंगिमाएँ उस प्रत्येक मनुपुत्र के मानस में घुमड़ रही थी, जो पराभूत करने या प्रतिशोध लेने के निमित्त यहां उपस्थित था। मैं विजेता बनूं - यह अहं मुहम्मद के सीने में मचल रहा था, तो दाहिर का हृदय अपनी माटी की महक को बनाए रखने की लालसा में तप रहा था। पशु संभवतया आज अनुभव कररहे थे कि उन्होंने मानव की वल्गाओं और अंकुश को क्यों सहन किया?

मुहम्मद स्वयं कई बार घबरा कर पानी मांग चुका था। सिर पर बंधे लोह आवरण से उसका मस्तिष्क खदबदा रहा था। सब कुछ नियंत्रण से बाहर जैसा लग रहा था। हाथियों और घुडसवारों की सिन्धी सेनाओं को रोक पाना कठिन हो रहा था। जिन लोगों ने मुहम्मद को कल भरोसा दिया था कि वे दाहर का सिर काट देंगे, उनमें से कई लोग स्वयं अपने प्राण गंवा बैठे थे। दाहर अपने सफेद हाथी पर बैठा धनुष बाण और चक्र का प्रयोग निरन्तर कर रहा था। हाथी के होदे में

पीछे बैठे सेवक उसे बीच बीच में पान अवश्य दे रहे थे। जिस शत्रु राजा का सिर मुहम्मद अपने कदमों में देखना चाहता था, वह जैसा वह चाहता था, वैसा तो होना संभव भी नही था। मानसिक संत्रास को भोगते भोगते संध्या का समय निकट आने लगा। अब वह प्रतीक्षा करने लगा किसी चमत्कार का।

आज का युद्ध लगभग पूरा हो चुका था। थके माँदे सैनिक अपनी अपनी छावनियों की ओर लोटने लगे थे। दोनों और से युद्ध विराम के संकेत जारी हो चुके थे। सूर्य पश्चिमी क्षितिज तक पहुंचने की ओर था। पक्षियों को भी मानवी खटखट से अब राहत मिली थी। इसी समय एक ओर से महिलाओं के समूह के रोने की आवाज आई। "महाराज हमें बचाइए।"

"महाराज! हमारा अपहरण किया जा रहा है।"

"राजा जी! अरब लोग हमें भगाकर ले जा रहे है।"

"बचाओं! बचाओ ....! दौड़ो............ दौड़ो।"

दुर्ग की ओर लौटते महाराज दाहर ने हाथी रूकवाया और जोर से आवाज लगवाकर कहा -"तुम इधर आ जाओं, मैं यहां हूँ।"

"महाराज! हमें अरब लोगों ने बाँध रखा है। बचाओ....।"

"कौन है इस धरती पर जो सिन्ध की महिलाओं पर हाथ उठाता है....?" महाराज के संकेत पर हाथी उस और चल पड़ा जिस ओर से शोर हो रहा था। कुछ सैनिक भी उस और भागे। दाहर कुछ दूर तक गया ही था कि सनसनाते तीर महाराज की ओर आए। इन तीरों के अग्र भाग में नेफ्ता जैसा ज्वलनशील पदार्थ लगा था। अग्निवर्षी तीरों से महाराज के बैठने के स्थान पर तना वितान जल उठा। आग की गर्मी से हाथी को पीड़ा हुई। महावत के समस्त प्रयत्नों को नकार कर हाथी समीप की झील में धंस गया। हाथी ने तुरन्त डुबकी लगाई। महाराज और महावत भी एक बार तो पानी में डूब ही गए।

यही अवसर था जब दाहर पर तीर बरसने लगे। दाहर पानी में था, किनारों पर मोक्षवास की सेना खड़ी थी। सेना के साथ महिलाओं का परिधान पहने वे सैनिक भी खड़े थे, जो दाहर को धोखा देकर,इस ओर खींच लाए थे। महिलाओं के प्रति राजा की सदाशयता के निमित्त बढ़ते हाथों का अंत अब समीप ही था। दाहर ने चारों और की स्थिति को समझा। हाथी के शरीर की ओट लेकर कई तीरों से स्वयं के क्षत-विक्षत शरीर को बचाते हुए सिन्धु सम्राट दाहर ने अंतिम शरसंधान किया। इस बार के तीर का लक्ष्य था, देशद्रोही मोक्षवास। झील के किनारे खड़े मोक्षवास के गर्दन में तीर धंस गया। दाहर के कुछ सैनिक भी राजा के समीप पहुंच गए। अंधेरा

बढ़ता जा रहा था। कीचड़ में सने महाराज को खींचकर, सिन्धी सैनिक किनारे पर ले आए। महाराज के स्वर गूँजे - "हे धरती माँ, मेरा अंतिम प्रणाम स्वीकार कर।"

सैनिकों ने महाराज के शव को उठाया और दुर्ग की ओर ले भागे। कुछ सैनिक महाराज को बचाने के क्रम में शहीद को गए। महावत, हाथी और कुछ साथी कीचड़ में ही पड़े रहे। अरब सैनिकों ने मोक्षवास के शव को संभाला और कुछ शत्रु सैनिक महाराज दाहर के शव की खोज में, झील में कूद गए कीचड़ में लथपथ सिन्धी सैनिकों के शव तो हाथ आए किन्तु उनमें वह शव नहीं मिला जिसकी खोज में वे आए थे।

मुहम्मद ओर मोक्षवास का खेल सफल हुआ या असफल? उस रात इसी प्रश्न पर चर्चा होती रही। आलोर दुर्ग के द्वारा बंद थे। सब कुछ शांत था। मौन था। मरघट की शांति थी। मुहम्मद अब किसकी सलाह ले। उसके मित्र मोक्षवास का अंतिम संस्कार कर दिया गया। जिन सैनिकों के शव मिले उन्हें गाड़ दिया गया।

दाहर का गिरना, टूटना और अनंत की ओर उड़ जाना, चिन्तकों के लिए कई प्रश्न छोड़ गया। नारियों के प्रति सद्भाव के भावों ने धोखा खाया, सत्ता के शहद में आंकठ डूबे मोक्षवास और ज्ञानबुद्ध के पक्ष परिवर्तन ने सत्तान्तरण कराया। यह प्रथम अवसर था जब भारत का रक्षा कवच टूट, गिरा था। शत्रुओं ने हमारी फूट के छिद्रों को पहचान लिया। हम शत्रुओं की अपेक्षा अपनों से हार गए। बाड़ ही खेत को खा गई। रक्षक ही भक्षक बन गए। अपने ही घर की छत के डांडों से आँखें फूट गई। हत भाग्य भारत, संभावित कत्लेआम का मैदान बन गया। युद्ध की पराजय का बोझ तो अब उन नारियों और बच्चों को उठाना था, जिनके घर वाले अब नहीं रहे।

23

अर्बुद पर्वत पर स्थित वशिष्ठ आश्रम में आगंतुओं की भीड़ बढ़ती जा रही थी। इस पर्वतराज के चारों ओर के वे स्थान जहां पानी की सुविधा सुलभ थी सिन्ध से आने वाले हजारों परिवारों के अस्थाई आवास बने हुए थे। गायों घोड़ा भेड़-बकरियाँ ऊँटों के रेवड़ और अंतःप्रेरणा में छाए सम्बन्धों के निर्वहन की आदत वाले श्वानों के समूह इन बस्तियों में समा नहीं रहे थे। अर्बुद उपत्यका से निसृत जल प्रवाह की लकीर जिसे पश्चिमी बनाम कहा जाता है अपनी मंथर गति से बह रही थी। कई अस्थाई बस्तियाँ इस नदी के तट पर भी बस गई थी। श्री हारित इन दिनों एक सप्ताह के मौन में थे। वशिष्ठ आश्रम के समीप एक गुफा है जिसे जमदग्नि गुफा कहा जाता है। हारीत का मौन सत्र इसी गुफा में चल रहा था। अनवरत ध्यान और समाधि की स्थिति में रहते हुए वे केवल एक ही लक्ष्य की ओर केन्द्रित थे। लक्ष्य था मानव समूह के विघटन का। एक मनुष्य दूसरे की हत्या क्यों करता है? संपदा क्यों हड़पना चाहता है? स्वार्थ के घेरों का आकार क्यों बढ़ता जाता है? परमात्मा के अलग-अलग नामों की आड़ में अलग-अलग झण्डे खड़े कर मनुपुत्र आपसी हिंसा पर क्यों उतर आता है? हमारे समूह का सोच सही है इसे धर्म का नाम देकर दूसरों पर रूचिहीन लोगों पर या कमजोर लोगों पर क्यों थोपा जाता है? क्या धर्म को राजनेताओं की सत्तालिप्सा का माध्यम समझना चाहिए? प्रश्न के आयाम अलग-अलग थे किन्तु मूल एक ही था कि मानव मानव पर धर्म के नाम पर अर्थ के आधार पर शारीरिक बल के भरोसे पर या समूह की शक्ति का सहारा लेकर अपने ही भाई का शत्रु क्यों बनना चाहता है। अंतःकरण में छाए इस आतंक का आखिर अंत कहाँ होगा? दूसरी ओर विस्थापितों के समूह थे। बाबाजी उनकी सहायता कर रहे हैं और आगे भी करते रहेंगे इस आशा को संजोकर, अपनी बैलगाड़ियों में आवश्यक सामान लाद कर दक्षिणी सिन्ध का वह समाज जो धर्मान्तरित नहीं होना चाहता था अर्बुदांचल के चारों ओर एकत्रित हो रहा था। कई पारसी लोग भी थे जो आर्याना से देवल आए थे और अब देवल से अर्बुदांचल की ओर आ गए। सुरक्षा कौन दे? सुरक्षा कहाँ मिले? अन्न-जल कहाँ सुलभ हो.... बस यही था, इन विस्थापितों का लक्ष्य। सेठों और ठाकुरों का आश्रय समाप्त हो गया। राजा दाहर के प्रयत्न भी समाप्त हो गए। एक मात्र आशा थी- श्री हारीत और उसके संगठन के

प्रमुख कार्यकर्ता श्री रघुनाथॉ श्री सदाशिव और श्री अमृत की सेना की सहयोग की वृति। यदि श्री हारीत के सहयोगियों की सामयिक सहायता नहीं मिलती तो देवल के कत्लेआम से बचकर ये लोग कैसे यहाँ तक आ पाते। सिन्ध से लेकर अर्बुदांचल तक प्रत्येक दस कोस की दूरी पर अस्थाई विश्रामस्थलों पर इन विस्थापितों को छप्पर आटा-दाल, पानी पशुओं के लिए घास और लोगों के आपसी कलह को निपटाने के लिए बलिष्ठ लठैतों की टुकड़ियाँ तैनात थी। यदि मार्ग की ये सुविधाएँ नहीं होती तो इतनी दूरी तक इन सामान्य लोगों का बिना लुटे-पिटे यहाँ तक पहुँच पाना संभव नहीं था। आम आदमी की सद्भावनाएँ श्री हारीत के दूरदर्शी सोच के साथ थी। यदि हारीत और उसका संगठन नहीं होता, तो....?

इधर श्री हारीत ने एक सप्ताह तक समाधि में बिताया और बाहर आकर वे जनसेवा में संलग्न हो गए। वशिष्ठ आश्रम से पैदल चलकर पर्वत पदीय मैदान में बहती बनास के किनारों पर बसे जन समूहों से मिलते हुए वे इसी नदी पर स्थित अपने पैतृक विश्वनाथ आश्रम पर पहुँचे। हजारों लोगों की व्यथाओं की विविध कथाओं को सुन सुनकर श्री हारीत के कान पक गए। सामूहिक शिरच्छेद बलात्कार अपहरण किशोरियों को अरब देश में बलात् भिजवाना संपदाओं की खुली लूट और रामकृष्ण के स्थान पर अल्ला हो अकबर के नारे के स्मरण को थोपे जाने की अविरल कहानियाँ थी जो इन विस्थापितों के स्वरों से दिन रात बहती रहती थी। अरब सेना द्वारा देवल दुर्ग की घेराबंदी देवल के एक व्यक्ति का सफेद झंडा बताकर शत्रुसेना में जाना देवल के द्वारों को विदेशी सेना के लिए खोला जाना तीन दिनों तक आबाल-वृद्ध-वनिताओं-पुरूषों का अनवरत नर संहार, सात सौ किशोरियों को अरब सामन्तों के मनोरंजनार्थ भेजा जाना, लूटी हुई सम्पदा को अरब सरदार हज्जाज की सेवा में भिजवाना और कुछ अंश का अरब सैनिकों में वितरणॉ देवल स्थित शिव मंदिर को भ्रष्ट कर वहां मस्जिद का निर्माण देवल दुर्ग के द्वार खोलने वाले ब्राहाण को इस्लाम में दीक्षित कर उसे मस्जिद का मौलवी बनाना अरब सेना द्वारा बिना प्रतिरोध के देवल विजय की सूचनाओं से सामान्य जन का मनोबल टूटना... ऐसी कई कथाएँ थी जिसे सिन्ध की धरती ने अनुभव किया।

हारीत क्या करे और क्या नहीं? उसके अपने सहयोगी जीवित हैं? उन्होंने विस्थापितों की अनथक सहायता की है राजपरिवार के सदस्यों के संरक्षण में वे संलग्न हैं, भारी मात्रा में कोष और बहुमूल्य वस्तुओं को उन्होंने आलोर से अन्यत्र स्थानान्तरित किया है।.... इन खबरों से हारीत की चिन्ता ओर बढ़ जाती थी। यद्यपि सदाशिव और अमृत ने योग की ऊंची स्थितियाँ अर्जित की थी और शरीर की क्षति संभव नहीं थी तथापि वे किन कठिनाइयों से गुजर रहे होंगे इसकी

जानकारी नहीं थी। हारीत अपने कक्ष में बैठे अनागत भय आशंका और जन सामान्य की पीड़ाओं से चिंतित अवश्य थे, किन्तु विचलित नहीं थे। विश्वनाथ आश्रम भी एक शिविर जैसा ही बन गया था। युवक ब्रह्मचारी और रसोइयों की बहुत बड़ी संख्या थी जो सुरक्षा व्यवस्था पूछताछ संदेशों के आदान-प्रदान और भोजन की आपूर्ति जैसी विविध सेवाओं में संलग्न थी।

उस कक्ष में एक ब्रह्मचारी ने एक बड़े समूह के आश्रम में प्रवेश की अनुमति हेतु श्री हारीत से निवेदन किया।

"समूह कितना बड़ा है?" ष्ष्

"लगभग एक हजार विस्थापितों का समूह है। उनके साथ बैलगाड़ियाँ घोड़े दस बारह हाथी कई ऊँट भी हैं।"

"क्या आश्रम में उनके ठहरने की पर्याप्त व्यवस्था है?" श्री हारीत ने आगत ब्रह्मचारी की विवशता भरी आँखों को घूरते हुए पूछा।

"आचार्य! इतने बड़े समूह को आश्रम में प्रवेश दिया जाना तो संभव है किन्तु उनके लिए आवास-भोजन की व्यवस्था किया जाना संभव नहीं है।"

"ऐसा कोई समीपस्थ स्थान खोज निकालो जहाँ इन विस्थापितों को बसाया जा सके।"

"हमने आश्रम की सीमा के बाहर एक बहुत बड़ा क्षेत्र इन्हें सुझा दिया है। दल के सदस्यों ने स्थान का सर्वेक्षण कर वहाँ स्थानान्तरित होने की आशा की जा सकती है, किन्तु गलत है. प्रमुख लोगों का एक समूह आपके दर्शन किए बिना कहीं भी जाने को तैयार नहीं हैं।"

"यदि दस-बीस लोग आना चाहें तो उन्हें यहीं ले आओ और संख्या अधिक हो तो मैं उस दल के बीच जाना चाहूँगा।" श्री हारीत के कथन पर ब्रह्मचारी बाहर चला गया। हारीत पुनः उलझ गया, विस्थापितों की समस्याओं के चिन्तन में।

एक धूलधूसरित उलझे मटमैले बालों वाला और बढ़ी हुई दाढ़ी वाला व्यक्ति श्री हारीत के आश्रम में प्रवेश करता है। प्रबन्धक ब्रह्मचारियों ने इस व्यक्ति को स्नान और शुभ्रवस्त्र पहनकर आचार्य श्री हारीत से भेंट करने का सुझाव दिया किन्तु लड़खड़ाकर चलने वाले इस व्यक्ति ने सीधें आचार्य की कुटिया की ओर बढ़ने का दुस्साहस किया। उसे मना किया किन्तु वह मानों बहरा था या जान बूझकर बहरा बन रहा था। वह बंधन रहित बछड़े की भांति श्री हारीत के आवास के बाहर जाते जाते गिर गया। सांस की गति बढ़ गई। आँखे बन्द हो गई और अनवरत अश्रु गिरने लगे। गिरते गिरते उसने केवल श्गुरूदेव" की हुंकार अवश्य लगाई। गुरू

हारीत ने अपनी कुटिया से बाहर आकर सब कुछ समझ लिया और दौड़कर उस व्यक्ति के पास पहुँच गए।

सेवकों व्यवस्थापकों और ब्रह्मचारियों के लिए यह अभूतपूर्व दृश्य था। श्री हारीत ने उस पागल जैसे व्यक्ति का सिर अपनी गोद में लिया और वहीं जमीन पर बैठ गए। श्री हारीत की आंखे भी बरसने लगीं। दर्शकों के लिए श्री हारीत् के अश्रुओं के दर्शन का यह पहला अवसर था। तपश्चर्या की कठोरता स्व के दमन की भीषणता और अनुशासन के लौह आवरण के नीचे कोई सरस सलिल का प्रवाह है काषाय वस्त्रों के सर्वस्व त्याग के स्वरूप के अंतर में किसी अपरिचित से व्यक्ति के प्रति इतनी ममता होगी इसका अनुमान तो किसी का नहीं था। कठोर पाषाण खण्डों से निसृत जलधाराएं निकलती रही। ग्रीष्म के बाद मानों आसमान से श्रावण झर रहा था। शिष्य दौड़कर जल ले आए। गुरू हारीत ने अपने उत्तरीय से आगत व्यक्ति का मुँह पोंछा और उसके मुँह में धीरे धीरे जल की बूंदे टपकाई। गिरे हुए प्रिय व्यक्ति को होश आया। उसने आंखे खोली और गुरू के दर्शन कर पुनः सरस हो गई। श्री हारीत के संकेत पर शिष्यों ने व्यक्ति को उठाया और उसे गुरू की कुटिया में ले गए। इस बीच इस व्यक्ति के साथ आश्रम में आए सभी लोगों के लिए आदर सहित यथा योग्य आवास जल एंव भोजन की व्यवस्था कर दी गई। कोतूहल केवल यही था कि आश्रम के आचार्य और जाबालिपुत्र के ये अति प्रिय लोग कौन है? एक प्रहर के बाद हारीत ने ही वार्ता सूत्रों को प्रारंभ करने की दृष्टि से कहना शुरू किया- सप्रिय अमृत! मुझ जैसा कठोर इस धरती पर और कौन होगा जो अपने शिष्यों और हितैषियों को मरणान्तक संकटों में झोंक कर यहाँ आश्रमों में बैठा सुख भोग रहा है। तुम्हारे कष्टों की अनेक धटनाएँ मैंने सुनी है। आज यह गुरू नामक पद पर आसीन व्यक्ति अपने शिष्य के चरणों में झुकना चाहता है।"

"यह क्या कह रहे हैं आचार्यवर! यह आपका ही पुण्य है कि सिन्ध के हजारों नागरिक मलेच्छों की तलवारों से बच गए। ये आप ही थे जो संकट के क्षणों में हमे प्रेरणा स्फुरणा और कभी कभी तो अदृश्य होते हुए भी प्रकट वाणी से निर्देश देते रहे। प्रतिपल आपके सानिध्य का अनुभव कर हम प्रयत्न करते रहे। जो कुछ हुआ, वह आपके शुभाशीष का प्रतिफल है।"

"पुत्र! मुझे ज्ञात हुआ है कि तुमने देवल के प्रांतपाल ज्ञानबुद्ध को देवल छोड.कर भागते हुए पकड़कर अमरकोट पहुँचाया था। मुझे यह भी ज्ञात हुआ कि श्री ज्ञानबुद्ध ने अपना कोष देवल से ब्राह्मणावास भेजना चाहा थाॉ उस कोष का अपहरण तुमने ही कराया था। और उसे सुरक्षित रूप से गुप्त स्थानों तक पहुँचा दिया था।"

गुरूदेव! सब कुछ किया, किन्तु सिन्ध की पराजय को हम नही टाल सके मुझे यही एक मानसिक कष्ट है कि यहां केवल सिन्ध का नही अपितु सम्पूर्ण भारतवर्ष का पतन सिन्धु के पावन तट पर हो गया है और मैं उस पराभव को देखने हेतु जीवित बच रहा।"

"सहज में शरीर छोड. देना सामान्य सैनिकों का काम है। विशिष्ठ वे होते हैं जो स्वयं की सुरक्षा करते हुए शत्रुओं को सर्वनाश की सीमा तक पहुँचाए बिना विश्राम नहीं करते हैं। आप लोगो के दल ने जो कुछ किया है, वह नींव के पत्थरों जैसा कार्य है जिसे कोई नहीं देखता है। मैं आप सभी के श्रम, त्वरित निर्णय की क्षमता और संगठन की कुशलता से अत्यधिक प्रभावित हुआ हूँ। जब तक आप स्नान भोजन आदि से निवृत होते हैं। मैं आश्रम के प्रमुख लोगों को बुलवा लेता हूँ। चाहता हूँ कि युद्ध की प्रमुख धटनाओं की जानकारी सभी को हो जाए।" हारीत ने अमृत को शुभाशीष दिया और अमृत कक्ष से बाहर आ गया। दोपहर के भोजनोपरांत आश्रम के प्रमुख कार्यकर्ता को सही कहना भी गलत है आचार्य श्री की कुटिया के बाहर खुले स्थान पर एकत्रित हो गए। पेड़ों की सधन छाँया में सभी बैठ गए। ब्रह्मचारियों ने आचार्य श्री के लिए आसन की व्यवस्था पहले से ही की हुई थी। सत्र का शुभारम्भ करते हुए श्री हारीत ने सर्वप्रथम अपने शिष्य अमृत का परिचय देते हुए कहा, मित्रों! मृत्यु के मुहँ में जाकर मानवीय क्षमता का सफल परिचय देकर बिना किसी लांछन के लौट आने का जीवित स्वरूप कहीं देखना हो तो आप श्री अमृत के स्वरूप को परख सकते हैं। देवल के महाविनाश के प्रमुख सूत्रधार श्री ज्ञानबुद्ध को पकड़कर ले जाना उसके कोष का अपहरण करना और आसपास बसे नागरिकों को सौराष्ट्र तक पहुँचा देने में अपनी तत्परता अद्भुत संगठनों और समय के नियोजन का जो विशिष्ठ संमिश्रण हुआ है... ऐसा उदाहरण कठिनाई से मिलेगा। श्री अमृत मेरे शिष्य रहे हैं किन्तु अव वे मेरे सहयोगी बन गए हैं। मैं चाहता हूँ कि आप अपने मन में उठ रहे प्रष्नों को पूछें, जिसका उत्तर आपको नहीं मिल रहा हो।"

एक श्रोता तत्काल खड़ा हो गया। उसने पूछा- देवल के युद्ध में हमारी सेनाओं ने क्या आत्म समर्पण कर दिया था?"

"हाँ.... मित्र!" अमृत का स्वर स्वरित हुआ। "श्री ज्ञानबुद्ध ने दुर्ग के द्वार खुलवा दिए। बिना युद्ध किए, हमारी सेना का यह एक तरह से समर्पण था। परदेसी सेना ने तीन दिनों तक निरपराध नागरिकों की हत्याएँ की। लगभग सात सौ किशोरियों को पकड़कर अरब देश के अधिकारियों और धर्म गुरूओं के मनोरंजनार्थ भेजा गया। प्रत्येक परिवार की संपदा को लूटा गया।"

सिंध के महाराज श्री दाहर की सेनाएँ क्या चुनचाप देखती रहीं?" एक अन्य श्रोता ने पूछा।

मित्रों! कुछ महिनों पूर्व भी देवल पर आक्रमण हुआ था। अरब सेना का सेनानायक श्री बुंदेल मारा गया और अरब सैनिक भाग गए। उस युद्ध के बाद दक्षिणी सिन्ध के श्रमणों ने विद्रोह कर महाराज दाहर से सेना हटाने का आदेश निकलवाया। सिन्ध की सेना ब्राह्मणावास में मौजूद थी परन्तु श्री ज्ञानबुद्ध राजकुमार श्री जयसिंह को अंतिम समय तक यह संदेश देते रहे कि देवल सुरक्षित रहेगा। श्री ज्ञानबुद्ध और अरब सेना के बीच हुई दुरभिसंधि के कारण हमें बिना लड़े पराजय स्वीकारनी पड़ी।

"आलोर तक उनकी सेना पहुंची। क्या इस बीच किसी ने उनका प्रतिरोध नहीं किया?"

"यह भी एक कड़ुआ सच है कि प्रतिरोध नहीं हुआ। मार्ग के बीच में आने वाले प्रत्येक गांव में कत्लेआम हुआ। प्रजा भयग्रस्त हो गई। श्रमण लोगों ने जो कि सम्पन्न थे, अरब सेना का स्वागत किया। जो भी नागरिक अपने प्राण बचाना चाहता था और उसी गांव में रहना चाहता था, उसे इस्लाम धर्म में दीक्षित होना पड़ा। बिना युद्ध के शत्रुसेना सिन्धु नदी के उस तट पर पहुँच गई, जो राजधानी आलोर के निकट था।"

"सुना है उनकी सेना को सिन्धु नदी पार करने में भी हमारे ही लोगों ने मदद की?" सभा के पीछे की ओर बैठे एक व्यक्ति ने पूछा।

"आपको पता है कि आलोर के समीप सिन्धु नदी में एक द्वीप है। इस द्वीप के रक्षक भी एक श्रमण महाशय थे जो महाराज दाहर को अंतिम समय तक धोखा देते रहे। इस श्रमण महोदय को सिन्ध के एक प्रांत का राजा बनाए जाने का लालच दिया गया। इस व्यक्ति ने व्यक्तिगत लोभ के कारण नावों को जोड़कर एक कृत्रिम पुल तैयार कराया और रात के अंधेरे में मुहम्मद बिन कासिम की सेना को सिन्धु पार करा दिया।"

उन अलाफियों का क्या हुआ, जो राजधानी आलोर के निकट रह रहे थे?

ये पांच सौ सिपाही, इस्लाम के नाम पर श्री दाहर का साथ छोड़ कर अरबसेना से मिल गए।

श्री दाहर का स्वर्गवास कैसे हुआ?" इस प्रश्न पर अमृत ने कुछ क्षणों के अन्तराल के बाद कहना शुरू किया-

मित्रों! युद्ध कई दिनों तक चला। अरब सैनिकों के साथ यह पहला युद्ध था। अरब सेना पराजय के निकट पहुँच गई। तब उन्होंने एक चाल चली। उनकी सेना में से ऐसे सैनिकों को छाँटा गया जिनकी आवाज स्त्रियों की भाँति थी। इन सैनिकों ने रूदन भरे स्वरों से चिल्लाते हुए महाराज दाहर को पुकारा। बहु बेटियों के सम्मान की रक्षा के लिए महाराज दाहर युद्ध भूमि छोड़कर उस झील की ओर चले गए जिस ओर से आवाज आ रही थी। महाराज अकेले थे। उनके हाथी पर अग्नि बाण बरसाए गए। अग्नि से हाथी पर तना हुआ वितान जलने लगा। अग्नि के ताप से व्यथित हाथी ने महाराज के निंयत्रण को अस्वीकार करते हुए, झील में प्रवेश किया। उस झील में डूबते हुए हाथी और महाराज दाहर पर प्रखर बाणों की वर्षा हुई और वह सपूत वहीं सो गया।

"हमें यह खबर मिली कि महाराज दाहर की पत्नि श्रीमती लाडी ने अग्नि प्रवेश कर लिया।"

"श्री दाहर के देह के पतन के बाद युद्ध भूमि के सैनिकों ने महाराज के शव को आलोर के दुर्ग में पहुँचाया। दूसरे दिन राजरानी लाड़ी ने स्वयं वीरवेश धारण कर भंयकर युद्ध किया। जब युद्ध में विजय मिलना कठिन दिखाई दिया तब वे दुर्ग में आई और अपने पति के शव के साथ स्वयं को अग्नि के समर्पित कर दिया। उनके अंतिम स्वर थे- जय सिन्ध जय हर जय दाहर।" सभा में उपस्थित कई श्रोताओं की आँखे भर आई। सब कुछ मानों थम सा गया। कुछ अंतराल के बाद एक स्वर पुनः मुखरित हुआ- हम लोगों ने सुना है कि महाराज दाहर की दो बेटियों का अरब सेनापति ने अपहरण कर लिया है।" इस टिप्पणी पर अमृत मुस्कराया और कहने लगा-" ऐसी कई अफवाहें चल रही है कि उनकी दोनों बेटियों- सुश्री परिमल देवी और सूर्यादेवी का अपहरण कर उन्हें खलीफा की सेवा में बगदाद भेज दिया गया है। ये मात्र प्रलाप हैं जो फैलाये गए हैं।"

"सत्य क्या है? श्रोताओं में से एक बोल पड़ा।"

सत्य यह है कि महारानी लाड़ी देवी ने स्वयं को अग्नि में समर्पित किया है। उनके अंतिम स्वर जयहर" थे। इसी कारण संकट के समय महिलाओं द्‌वारा अग्निपथ को वरण करने की प्रथा को जौहर" कहा।

"और उन दोनों राजकुमारियों और ज्ञानबुद्ध की लड़कियों का क्या हुआ?" एक अन्य श्रोता कूक उठा। "हम श्री ज्ञानबुद्ध की पुत्री को नहीं बचा पाए। किन्तु श्री दाहर की दोनों पुत्रियां हमारे साथ है, और इसी आश्रम में मौजूद हैं।" इस कथन पर आपसी खुसर-फुसर होने लगी। एक वृद्ध ने कहा-" अमृत जी! क्या वे श्रमण

लोग अब इस्लामी शासन में प्रसन्न हैं? क्या अरब सेना में उन्हें सामंतो के योग्य भूमि या राज्य या ठकुराई दी है।"

आपने बहुत ही अच्छा प्रश्न किया। जब श्रमणों ने उन्हें सहयोग दिया तब श्रमणों को धन दौलत देकर उनका मान सम्मान बढ़ाया किन्तु जब उनका सिन्ध पर अधिकार हो गया तब अरब सेनापतियों ने चुन-चुनकर श्रमण लोगों का वध किया। अरब लोगों का तर्क था कि जो श्रमण अपनी धरती के वफादार नहीं रहे, जिन लोगों ने श्री दाहर जैसे राजा के साथ विश्वासघात किया वे अरबों के साथ भी धोखा कर सकते है अतः ऐसे बिकाऊ लोगों का धरती पर जीवित रहना उचित नहीं हैं। उन्होंने सामान्य प्रजा के सामने विश्वासघातियों का वध किया।"

अमृत और आश्रमवासियों के संवाद आगे भी चलते किन्तु श्री हारित ने निवेदन किया कि- "मित्रों! सिन्ध हमारे हाथ से चला गया परन्तु हम अभी जीवित हैं। हमारे सामने दो प्रकार के कार्य स्पष्ट दिखाई देते हैं। पहला यह कि सिन्ध के विस्थापितों को आस-पास बसाने में सहयोग करें तथा आपसी झगड़ों को आपस में मिल बैठकर सुलझावें। दूसरा कार्य यह होगा कि सिन्ध से लगे हुए समस्त राज्यों के राजाओं को न केवल बाहरी आक्रमणों के प्रति जागरूक बनावें अपितु प्रयास करें कि भारत का पश्चिमी द्वार जिसे सिन्ध कहा जाता है पुनः हमारे लोगों के अधिकार में आ जाए।"

श्री हारीत के कथन के साथ ही सभा विसर्जित हुई। जब लोग बिखरे रहे थे तब विश्वनाथ मंदिर परिसर में से शरणार्थियों के एक प्रमुख व्यक्ति ने बड़े ही विनम्र भाव से ही हारीत को प्रणाम कर निवेदन किया- गुरूदेव!

"कहो भाई .... कुछ पूछना चाहते हो?"

"जी हाँ गुरूवार ....! किन्तु अकेले में।" श्री हारीत उसके कंधे पर हाथ रखकर उसे एक ओर ले गए। अब वही व्यक्ति कहते लगा- गुरुदेव राजा श्री दाहर की दोनों बेटियां आपसे मिलने के लिए आपकी कुटिया में आपकी प्रतीक्षा कर रही हैं।"

"अच्छा .... अच्छा अभी चलते हैं।" कहते हुए श्री हारीत उस व्यक्ति के साथ अपनी कुटिया की ओर प्रस्थान कर गए। जिन राजकन्याओं ने कभी खेत खलियानों में काम करने वाले लोगों की वेशभूषा को धारण नहीं किया, वे उस समय सामान्य कृषक कन्याओं के रूप में श्री हारीत की प्रतीक्षा कर रही थी। हारीत जैसे ही कुटिया में पहुँचे, दोनों कन्याओं ने प्रणाम किया और फफक फफक कर रो पड़ी। बिछुडे पक्षियों को मानों घोंसला मिल गया था। माता-पिता विहीन कन्याओं को श्री हारीत के रूप में एक सच्चा अभिभावक मिल गया था। कुछ क्षण यों ही बीत

गए। भावनाओं का वेग श्री हारीत की आंखो से भी फूट पड़ा। समय के अन्तराल के बाद श्री हारीत ने दोनों बहिनों को ढ़ाढ़स बँधाते हुए कहा- बेटियों! जो होना था वह हो चुका। सिन्ध की स्मृतियों का रह रहकर उभर आना स्वाभाविक है। स्वयँ को सँभालो और नई परिस्थितियों के अनुसार स्वयं को व्यवस्थित करो। तुम अकेली नहीं हो। तुम्हीं यदि विचलित होती रही तो अन्य शरणार्थियों का क्या होगा? अपने करणीय पर विचार करो।"

करणीय ही नहीं सूझ रहा है गुरूदेव! प्रिमल देवी ने आँसुओं को पोंछते हुए टिप्पणी की।

बेटी! सिन्ध के हजारों प्रवासियों को हिम्मत बँधाना इस समय की सबसे बड़ी सेवा है। इसके साथ ही उन युवतियों युवकों गृहस्थ लोगों की सूचियां तैयार करो जिनके परिवार के सदस्य बिछुड़ गए या स्वर्गवासी हो गए या धर्मान्तरित हो गए। उन्हें इस आश्रम के प्रशिक्षक प्रशिक्षण देंगे। आप लोगों को एक सशस्त्र दल बनाकर सामान्य लोगों में जाकर उन्हें विदेशियों के खतरों के प्रति जागरूक बनाना होगा। उन्हें संगठित करो। देश और धर्म यदि बचेगा तो हमारा अस्तित्व बचेगा। उन लोगों के चेहरों से पर्दों को हटाओ जो अपने क्षुद्र स्वार्थों के वश में आकार माटी के प्रति गद्दारी कर रहे हैं। जन जागरण, जन संगठन और जन सुरक्षा ही हमारे मूल तंत्र हैं। आंसुओं को पोंछो और कर्म में संलग्न हो जाओ। धरती का एक टुकड़ा जिसे सिन्ध कहते हैं वह हमने खोया है पर हम जीवित हैं। देश के अन्य भाग सिन्ध की भांति पराभूत न हों इस निमित्त हमें अपने समय और श्रम को नियंत्रित करना है। अब आप विश्राम करो और आश्रम के प्रमुख लोगों के साथ बैठकर जन जागरण की योजनाएँ बनाओ।"

इसके बाद सभी को आशीर्वाद देकर श्री हारीत अपनी कुटिया के भीतरी कक्ष में प्रवेश कर गये।

परिशिष्ट

राजा चच की वंशावली

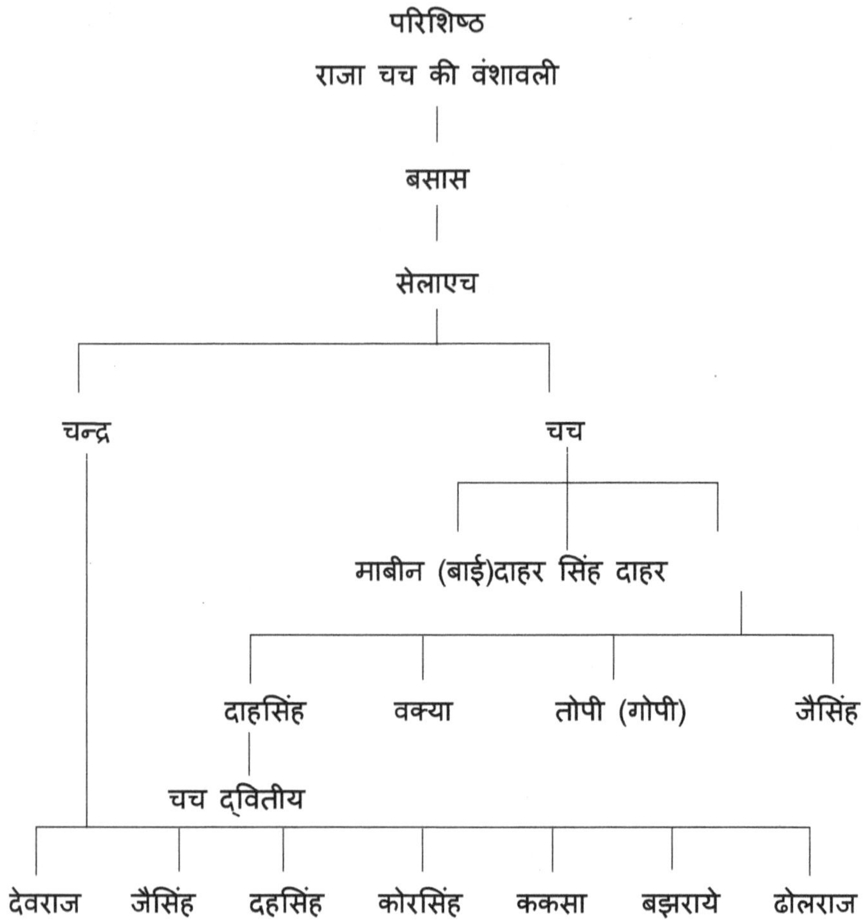

(नोट- उक्त रेखा चित्र को श्री हरीश चन्द्र तलरेजा द्वारा अनुवादित एवं संपादित "चचनामाह' नामक ग्रंथ के पृष्ठ संख्या 11 से साभार उघृत किया गया है।)

प्रमुख संदर्भ ग्रंथ

क्र.सं.	लेखक		पुस्तक का नाम, प्रकाशन आदि
1	अली कूफी पुत्र मुहम्मद	-	हिन्दी का इतिहास तथा सिन्ध विज (हिजरी संबत् 613 में प्रकाशित चचनामा में इसका उल्लेख है)
2	इलियत एवं डाउन्सन	-	टुबनर एण्ड कम्पनी 60 बाटरनोस्टर रो, लंदन, वर्ष 1867
3	उदयशंकर भट्ट	-	दाहर अथवा सिन्ध पतन (नाटक) मोतीलाल बनारसीदास, सैदमिट्ठा बाजार, लाहौर, वर्ष 1938
4	ओझा गौरीशंकर हीराचन्द	-	राजपुताने का इतिहास, पहली जिल्द वैदिक यंत्रालय, अजमेर वि.सं 1983
		-	उदयपुर राज्य का इतिहास भाग 1 एवं 2 राजस्थानी ग्रंथागार, जोधपुर प्रथम आवृत्त 1928, तृतीय संस्करण 1999 ओझा निबंध संग्रह, राजस्थान विश्व विद्यापीठ उदयपुर, वर्ष 1954
5	ओमप्रकाश	-	सिन्धुपति राजा दाहरसेन राजस्थान सिन्धी अकादमी, जयपुर वर्ष 2008
6	कुंभा	-	एकलिंगपुराण (संस्कृत)
7	गंगा प्रसाद	-	"हिन्दुस्तान" (नानकराम इसरानी द्वारा दिए गए अंश के आधार पर)
8	गेहलोत जगदीशसिंह	-	राजपुताने का इतिहास भाग एक एवं दो राजस्थान का इतिहास (तिथिक्रम से) राजस्थान साहित्य मंदिर, जोधपुर, वर्ष 1980

क्र.सं.	लेखक		पुस्तक का नाम, प्रकाशन आदि
9	गोपी नाथ शर्मा	-	मेवाड़ एंड मुगल एम्परर्स (अंग्रेजी) शिवलाल अग्रवाल एण्ड कं, आगरा, वर्ष 1954
10	जेम्स टॉड	-	एनल्स एण्ड एन्टीक्वीटीज ऑफ राजस्थान भाग 1 एवं 2
11	ठाकुरदास आसूदोमल वर्मा	-	नाटक महाराजा दाहरसेन (सिन्धी)
12	डॉ. नबीबक्श बलोच	-	फतहनामा सिन्ध उर्फ चचनामा (सिन्धी) सिन्धी अदबी बोर्ड, गवर्नमेंट ऑफ पाकिस्तान
13	नामकरन ईसराणी	-	सिन्धुपति महाराज दाहरसेन, हिन्दू भूमि प्रकाशन न्यास, अजमेर, वर्ष 1988
14	प्रकाशनाथ चैहान	-	नाथ इतिहास श्री सरस्वती प्रकाशन, जयपुर, वर्ष 1985
15	प्रहलाद नारायण वाजपेयी	-	बप्पा रावल शिल्पी प्रकाशन, लालजी रोड़, जयपुर वर्ष 1985
16	मिर्जा कलीच बेग	-	चचनामो (सिन्धी ब्लोटेक्सी प्रेस, हैदराबाद, सिन्ध वर्ष 1923
17	मिर्जा कलीचबेग फ्रदुनबेग	-	"दी चचनामा - एन एन्सियेन्ट हिस्ट्री ऑफ सिन्ध" (अंग्र्रेजी) (परशियन से अनुवाद) गर्वनमेंट ऑफ इण्डिया, नई दिल्ली प्रथम संस्करण सन् 1900, रीप्रिंट 2008
18	......	-	"ऋग्वेद एइन सिन्ध दरिया शाह (अंग्रेजी एवं सिंधी) नेशनल कौंसिल फार दी प्रोमोशन ऑफ सिंधी लेंगुएज, गर्वनमेन्ट ऑफ इंडिया, नई दिल्ली

क्र.सं.	लेखक		पुस्तक का नाम, प्रकाशन आदि
19	मुहणोत नैणसी	-	ख्यात, सरस्वती भवन पुस्तकालय पाण्डुलिपि संख्या 701, नागरी प्रचारणी सभा, बनारस
20	मोरूमल चेतनदास धान्धा "बेवतन"	-	सिन्ध जी तस्वीर या सिन्ध जो इतिहास (सिन्धी) 65/48, श्योपुर रोड़, प्रतापनगर सांगानेर, जयपुर
21	रघुवीर सिंह	-	पूर्व आधुनिक राजस्थान
22	वीर सावरकर	-	इतिहास के छः स्वर्णिम पृष्ठ
23	विजययेन्द्र कुमार माथुर	-	ऐतिहासिक स्थानावली वैज्ञानिक तथा तकनीकी शब्दावली आयोग मानव संसाधन विकास मंत्रालय, भारत सरकार - राजस्थान हिन्दी ग्रंथ अकादमी, जयपुर वर्ष1990
24	वेद व्यास	-	महाभारत भाग 1 से 6, गीताप्रेस, गोरखपुर
25	श्यामलदास	-	वीर विनोद भाग 1 से 4 राज यंत्रालय, उदयपुर, वर्ष 1886
26	सर चार्ल्स इलियट	-	हिन्दुइज्म एण्ड बुधइज्म प्रथम भाग (अंग्रेजी)
27	सुखवीर सिंह गहलोत	-	राजस्थान का इतिहास कोश, राजस्थान हिन्दी ग्रंथ अकादमी, जयपुर, वर्ष 2002

लेखक परिचय

श्यामसुन्दर भट्ट

पिताश्री - पण्डित श्री रामेश्वर जी (श्री नाथद्वारा)

माताश्री - श्रीमती जमना देवी

अनुभव - राजस्थान के विभिन्न माध्यमिक/उच्च माध्यमिक विद्यालयों में शिक्षक, प्रधानाध्यापक/प्रधानाचार्य, फीजी के एक विद्यालय में विभागाध्यक्ष, नवोदय विद्यालय में प्रधानाचार्य, शिक्षक प्रशिक्षण महाविद्यालय में प्राध्यापक, शिक्षा विभाग-राजस्थान सहायक निदेशक, वनवासी क्षेत्र के विद्यालयों का समन्वयक। सावित्री बा फूले संस्थान एवं सृष्टि सेवा समिति उदयपुर के विविध दायित्वों का निर्वहन।

प्रकाशित साहित्यः-

उपन्यास- शक्तिपुत्र, चेतक घोड़े का सवार, धरती का सूरज (तीन वर्षो तक राज्य की कक्षा 11 की अनिवार्य हिन्दी विषय की पाठ्य पुस्तक) गांधी टोपी, अपराजेय, दर्प, महाराणा सांगा, परशुराम, मेवाड़ का सूर्यपुत्र, मेवाड़ का भीष्म पितामह, जौहर की राख से शिखर तक, महर्षि श्री हारीत एवं श्री बप्पाा रावल, कालजयी श्री परशुराम, सिंधुपति चचदेव, सिंधु पुत्र श्री दाहर, सिन्धु मित्र श्री बप्पारावल कोष, सांस्कृतिक भूगोल कोष।

अन्य राष्ट्रीय शिक्षा नीति 86, आपरेशन ब्लेक बोर्ड, फीजी का मानस पंचांग (4 वर्ष तक), राज्य की कक्षा 5 की पाठ्यपुस्तक आदि। वर्तमान में राजस्थान में चल रही कक्षा 3 से 5 तक की सामाजिक अध्ययन पाठ्यपुस्तक के लेखन का समन्वयन।

सम्मान राजस्थान शासन द्‌वारा सम्मानित, राजस्थान साहित्य अकादमी द्‌वारा उपन्यास विधा का रांगेय राघव पुरस्कार, महाराणा मेवाड़ फाउण्डेशन द्‌वारा कुंभा अलंकरण एवं हिन्दी साहित्य सम्मेलन के साहित्य मण्डल द्‌वारा भाषा भूषण उपाधि एवं अन्य कई संस्थाओं द्‌वारा सम्मानित।

संप्रति स्वतंत्र लेखन

सम्पर्क 15/6, सागर एनक्लेव, विद्‌या भवन रोड, उदयपुर- 313001

दूरभाषा: 09413666395

www.ingramcontent.com/pod-product-compliance
Lightning Source LLC
LaVergne TN
LVHW041214150826
845673LV00001B/393
9798889869092